NOTES HISTORIQUES

SUR

HAUBOURDIN

Lith Boldoduc Frères Lille

M. Dieudonné TESTELIN
(Haubourdinois.)

Membre du Corps Municipal, du Bureau de Bienfaisance, de la Société de Musique, du Conseil de Salubrité publique; Premier Élu aux Élections Municipales de 1846. Président de la Société des Secours mutuels.

NOTES HISTORIQUES

SUR

HAUBOURDIN

ET SES SEIGNEURS

Par TIERCE

Juge de paix, Conseiller d'arrondissement

LILLE
IMPRIMERIE DE E. REBOUX
Marché-aux-Poulets, 17

—

1860

INTRODUCTION

Rappeler des faits historiques inconnus ou épars en divers lieux où ils séjournent depuis longtemps, c'est, personne ne le contestera, se rendre utile au triple point de vue 1° de l'archéologie, 2° de l'intérêt de la commune qui fait l'objet de ce travail, 3° de l'instruction de ses habitants, particulièrement de ceux appartenant à la classe ouvrière

Notre vieille habitude consistant à donner au public, par goût et par profession, des conseils pour aplanir les difficultés de tous genres, a fait naître en nous une affection profonde pour nos concitoyens.... C'est donc le cœur plutôt que l'esprit qui nous a fait entreprendre ce travail.

N'étant ni écrivain, ni historien, l'entreprise était une tâche bien grande pour notre faiblesse; mais, inspiré par cette pensée que le zèle peut, parfois, suppléer au talent, notre insuffisance nous a moins effrayé et nous nous sommes mis à l'œuvre. En écrivant ces notes, puissions-nous être de quelqu'utilité à nos chers concitoyens.

Notre récit, à certains endroits, nous le savons bien, sera plus monotone qu'amusant. Mais peut-il en être autrement lorsqu'on est obligé de se renfermer dans le cercle que nous nous sommes tracé, et de s'abstenir entièrement de tous ces contes romanesques que l'on recherche de nos jours avec tant d'avidité?

Le lecteur trouvera peut-être aussi que nous nous sommes trop étendu sur certains faits. Nous dirons sur ce point que si ce défaut doit être attribué à notre incapacité, nos récits néanmoins sont restés impartiaux, afin d'éviter la critique comme la flatterie sur les hommes comme sur les choses.

Nous sommes resté dans notre territoire, et si parfois nous avons mis le pied sur le champ voisin, c'est que la description d'un objet s'enchaînait tellement à autre chose que nous ne pouvions éviter cet écart.

Une notice spéciale a été consacrée aux seigneurs d'Haubourdin; elle est incomplète, assurément, et si elle contient des erreurs ou des inexactitudes, c'est que nous n'avons pu la faire réviser par M. le comte Adalbert d'Hespel, qui avait eu l'obligeance de nous procurer des notes sur ce sujet, M. d'Hespel étant décédé avant l'achèvement de notre travail.

La vie des seigneurs d'Haubourdin depuis Henri IV offre très peu d'intérêt pour notre localité, qu'ils n'ont d'ailleurs jamais habitée. Disons aussi que les documents que nous avons recueillis sur les deux derniers siècles, et qui pouvaient concerner lesdits seigneurs, sont trop informes pour servir de matière à une notice spéciale sur chacun d'eux.

Ces raisons nous ont engagé à placer dans les faits.

chronologiques du temps les particularités qui se rattachent aux mêmes seigneurs.

Ceux-ci en conséquence ne figureront que dans une généalogie, dont la date remonte à 1603 pour finir à la Révolution.

LETTRE DÉDICATOIRE.

A MONSIEUR GUSTAVE MENCHE,

MAIRE D'HAUBOURDIN,

Monsieur le Maire,

J'avais l'honneur, il y a vingt-cinq ans, alors que vous étiez chef du parquet de Lille, de travailler sous votre direction, et de puiser auprès de vous ces principes du droit qui guident le magistrat et sont la base des décisions judiciaires.

Vous êtes aujourd'hui, Monsieur, à la tête de l'Administration municipale du chef-lieu de canton que nous habitons; cette localité si belle et si intéressante méritait d'être décrite. Pénétré de cette pensée, j'ai consacré mes loisirs à préparer à cet égard quelques notes historiques. Je me fais un devoir et un plaisir tout ensemble de vous dédier ce modeste travail.

Si vous daignez l'agréer, vous donnerez une nouvelle marque d'estime à celui qui a l'honneur d'être,

Monsieur le Maire,

Votre très humble serviteur,
TIERCE.

Haubourdin, 15 août 1859.

HAUBOURDIN.

SON AVENIR.

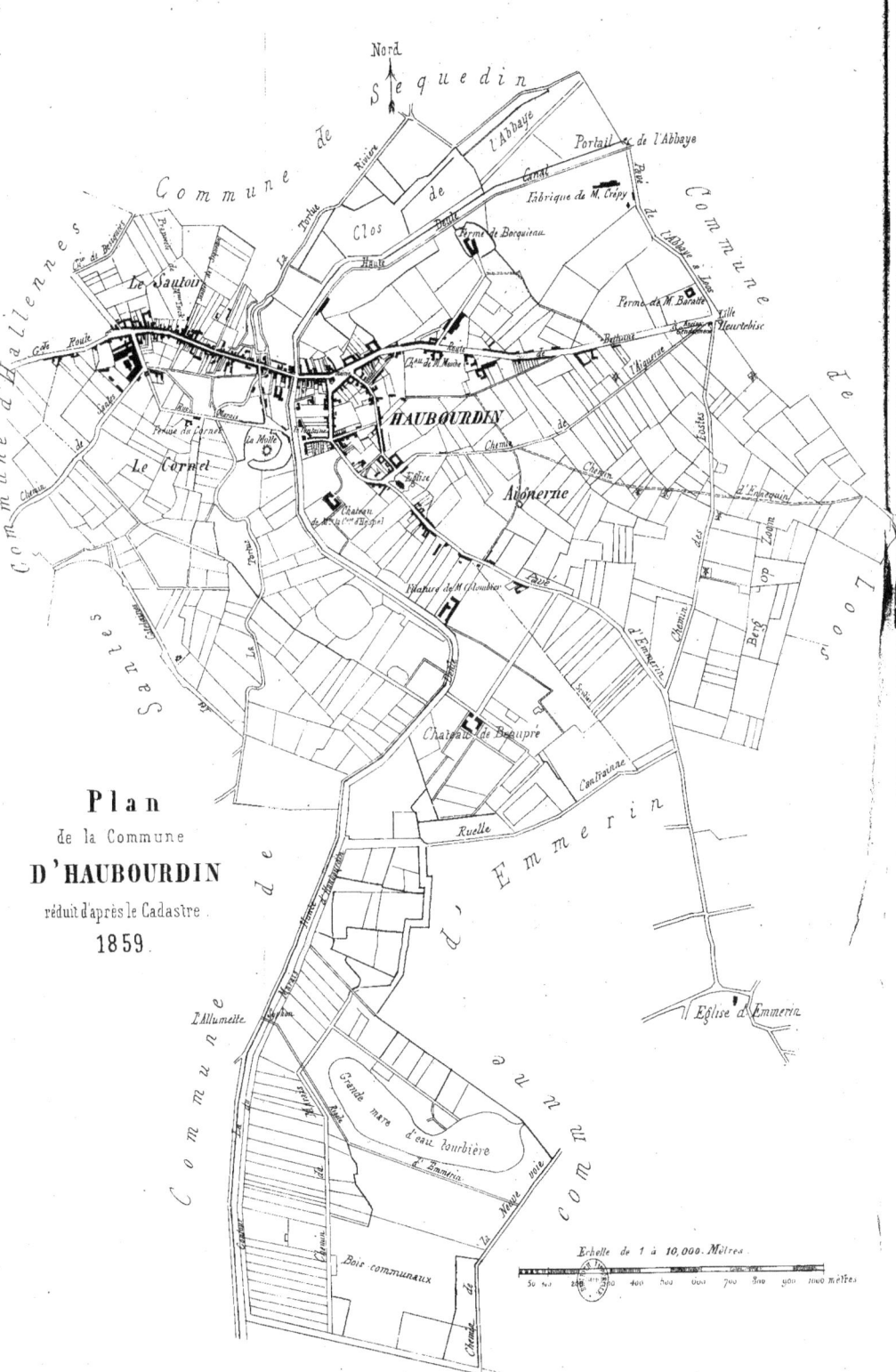

HAUBOURDIN.

Son état actuel, son avenir.

Haubourdin est situé à l'ouest et à 4 kilomètres de distance de Lille, dont l'agrandissement jusqu'au territoire de Loos vient d'être décrété par l'Empereur (décret du 2 juillet 1858). Nous nous trouvons donc tout près des murs de la plus vaste et la plus importante des cités au nord de l'empire.

Haubourdin, chef-lieu de canton, comprend dans son ressort 16 communes, savoir : Beaucamps, Emmerin, Englos, Ennetières-en-Weppes, Erquinghem-le-Sec, Escobecques, Hallennes, Haubourdin, Le Maisnil, Ligny, Lomme, Loos, Radinghem, Santes, Sequedin et Wavrin.

Il est le siège de diverses administrations, notamment des bureaux de poste aux lettres, des domaines, des contributions, etc. On y trouve, sur la Grand'Place, deux marchés hebdomadaires de légumes et comestibles divers.

Traversées par la chaussée impériale N° 44 de Lille à Béthune et par le canal de la Haute-Deûle, nos propriétés présentent tous les avantages et tous les agréments désirables. Les constructions modernes que l'on y trouve, celles surtout qui bordent les rives du canal, les avenues plantées d'arbres des plus belles essences, les bois, les pièces d'eaux, les fossés où l'on se livre au plaisir de la pêche (1), tout se réunit pour faire de ce bourg un très joli séjour.

Ajoutez à cela de grandes facilités de communication que procurent un service d'omnibus ayant ses départs toutes les demi-heures, un excellent trottoir bordant la chaussée, un chemin de fer à traction projeté ; tout concourt à donner à Haubourdin une richesse et une splendeur peu ordinaires ; et, s'il est permis de comparer les petites choses aux grandes, on peut dire, sans vanité, qu'il sera pour Lille le Saint-Germain de Paris.

La reconstruction de l'église en voie d'exécution, le

---

(1) L'exercice de la pêche est aussi ancien que celui de la chasse. Les premiers hommes qui s'établirent le long des côtes de la mer ou sur le bord des fleuves et des rivières ne vécurent que de coquillages et de poissons. Plus tard, ils envoyèrent à leurs voisins, éloignés des eaux, le fruit de leurs travaux pour en tirer par échange les autres choses nécessaires à la vie.

La pêche, chez les Romains, était un exercice aussi utile qu'agréable. On rapporte qu'ils l'aimaient beaucoup plus que la chasse, sans doute parce qu'ils ne croyaient pas faire un bon repas s'ils n'avaient du poisson, dont ils étaient très friands.

On pêchait alors avec le tramail, la sème, les dideaux, les lignes et toutes sortes de filets, comme on le fait de nos jours.

Parmi les divers édits qui ont paru pour protéger la pêche, nous citerons l'ordonnance de l'intendant de justice en Flandre, en date du 23 août 1718, qui en probitant le rouissage des lins dans l'Escarpe, de la haute et basse Deûle, avait un double but : la salubrité publique *et la conservation du poisson.*

C'est aujourd'hui la loi du 15 avril 1829 qui régit les droits de la pêche fluviale.

La pêche, de nos jours, doit mériter toute protection ; il semble pourtant qu'on laisse dans l'oubli les lois et les règlements qui la régissent.... On fait tant de sacrifices pour la chasse !

pavé projeté conduisant de cet édifice à Heurte-Bise, et le dessèchement des marais, qui aura lieu au printemps prochain, présentent encore pour Haubourdin des moyens puissants de grandeur et de prospérité.

CHAPITRE Ier.

La Molle

CHAPITRE Ier.

1° COUP-D'ŒIL RÉTROSPECTIF ET GÉNÉRAL SUR NOTRE PAYS; ORIGINE D'HAUBOURDIN; LA MOTTE;
2° CHATELLENIE; LES *CATTELAINES*;
3° TABLE CHRONOLOGIQUE POUR NOTRE PAYS, OU DOMINATIONS SUCCESSIVES PAR LESQUELLES IL A PASSÉ;
4° SEIGNEURS D'HAUBOURDIN DEPUIS L'AN 1200 JUSQU'A LA RÉVOLUTION.

Coup-d'œil rétrospectif et général sur notre pays. Origine d'Haubourdin. — La Motte.

Lors de la conquête de César (59 ans avant J.-C.), nous faisions partie de la Gaule Belgique.

Ce pays, on le sait, comptait à cette époque divers peuples formant des confédérations, où les plus faibles étaient groupés à divers titres comme sujets ou comme clients autour des plus puissants; de ceux-ci il faut nommer les *Bellovaques*, les *Suissonnais*, les *Rémois*, les *Tréveniens* et les *Nerviens* (1). Sauf des révoltes de peu de durée, depuis ce temps jusqu'à l'invasion de 406, ces

(1) Auxquels nous appartenions.

peuples restèrent soumis aux Romains, dont la domination n'y cessa totalement qu'en 486, à l'époque de l'établissement des *Francs* et dix ans après la chute de l'empire d'Occident.

Cette époque qui, à proprement parler, commença la monarchie française, nous présente le pays bien différent de ce qu'il a été depuis.

Sous le rapport physique, c'est une tout autre géographie. A part un port de mer, Bononia (aujourd'hui Boulogne), et quelques routes stratégiques, créations qu'il faut attribuer à *César-Auguste*, l'histoire n'a rien de bien marquant à signaler. Partout où tombe alors le regard, c'est pour rencontrer une nature sauvage et agreste. Rien nulle part, si ce n'est broussailles, marais, eaux stagnantes: aspect triste et monotone, rompu à distance par quelques bourgades, comme Bavai, Cambrai, Tournai, etc.

Telle la contrée, tels aussi les hommes qui l'habitent. Ce sont des barbares à la taille gigantesque, à l'œil bleu et farouche, à la chevelure d'un rouge ardent : nature turbulente, toujours en action, impatiente de tout joug, aimant par dessus tout le rude métier des armes.

Grâce à la salutaire influence du christianisme sur les hommes et sur les choses, on vit bientôt s'opérer chez nous une totale transformation. Dès le ixe siècle, le mouvement est sensible, et entr'autres personnages éminents qui l'ont provoqué, continué, développé, nous avons à citer saint Médard et saint Éloi qui devinrent évêques de Tournai (1).

Cependant, ce travail de transformation, opéré au milieu de nous et à tous les degrés par la religion chrétienne, se trouve bientôt fatalement arrêté.

Le ixe siècle vit apparaître dans la Flandre des invasions armées. Des barbares du Danemark, de la Suède et de la Norwége, poussés par la rigueur du climat et la privation de toutes choses, quittèrent ces tristes pays, vinrent s'abattre, comme des oiseaux sauvages, à l'embouchure des fleuves et des rivières de notre contrée, et, sur leur passage, brûler et piller les villes, les villages, et surtout les églises et les monastères. La terreur était grande à l'approche de ces farouches envahisseurs : on regardait leur arrivée comme un châtiment de Dieu. Aussi y eut-il pendant longtemps, dans les litanies, ce verset : *De la fureur des Normands* (nom de ces barbares), *délivrez-nous, Seigneur*.

Plusieurs fois durant le même siècle, ces hommes farouches ravagèrent les peuples flamands; ils attaquaient surtout les gens d'église : ceux à qui ils n'avaient pas crevé les yeux ne retrouvaient plus bientôt que de tristes décombres, à la place de leurs églises ou de leurs abbayes.

Dans leurs courses vagabondes entre Courtrai et Douai, en l'année 884, les Normands durent traverser nos villages épouvantés... Pour se protéger contre les déprédations de

---

(1) C'est ainsi que depuis cette époque notre territoire a fait partie du diocèse de Tournai jusqu'au concordat en 1802, c'est-à-dire pendant plus de treize cents ans.

ces bandes de pillards, les populations construisirent de nombreux châteaux forts, et la tradition rapporte que c'est à cette époque qu'on éleva à Haubourdin le lieu dit *la Motte* (1), ainsi que la forteresse de *Beaupré*, devenue plus tard le château que nous voyons de nos jours et auquel nous consacrons un article particulier. L'un était à droite du fossé de la Deûle, l'autre à gauche et à une distance d'environ 600 mètres du premier.

Pour remédier à tant de maux, le roi de France (Charles-le-Chauve) convoqua des assemblées d'évêques, puis nomma des commissaires pour aller partout constater les dommages. Ingelram, déjà gouverneur, fils de Lydéric, d'*Harlebeke*, fut l'envoyé royal dans notre contrée et devint bientôt, de même que son fils Baudouin, *dit* Bras-de-Fer, comte du royaume, et reçut en bénéfice total la région comprise entre l'Escaut, la Somme et l'Océan, région qui embrassait conséquemment tous les environs de Lille.

Baudouin prit le nom de marquis des Flamands, et devint ainsi premier comte de Flandre (année 862).

C'est dans le même temps que le pays fut divisé par quartiers, connus sous les noms de *Mélantois*, de *Ferain*, de *Weppes*, de *Pévèle*.

---

(1) Le gros du fief d'Haubourdin était *La Motte*, que l'on voit encore aujourd'hui. C'est en effet là que se trouve la naissance des principaux domaines de nos seigneurs.

A l'époque où M. Hespel de Guermanez construisit sur *La Motte* une glacière, on y trouva des vestiges et des débris de fortes maçonneries révélant l'existence d'une ancienne forteresse.

Nous pouvons considérer encore *La Motte* d'Haubourdin comme le type primitif de nos forts et citadelles d'aujourd'hui.

Le quartier de Weppes, où nous nous trouvons, avait pour limites les terres comprises entre la Haute-Deûle et la Lys. C'est ainsi que deux villages voisins sont nommés Ennetières-en-Weppes et Sainghin-en-Weppes.

Est-ce à cette époque qu'il faut faire remonter l'origine d'Haubourdin ?

Nos nombreuses recherches ne permettent pas de nous prononcer pour l'affirmative.

Néanmoins, Buzelin dit que le château de Wavrin et celui de Santes existaient vers 960 ; que le premier fut même assiégé quelques années auparavant. Il est donc très vraisemblable que notre village était alors formé et habité.

Quant à l'origine du nom, ou plutôt à son étymologie, il n'a jamais été révélé et n'apparaît dans aucun titre ancien ; mais voici ce que nous pouvons en dire.

Tout le monde sait que primitivement la Flandre fut habitée par des hommes qui, faute d'idées plus relevées, avaient emprunté à la nature physique les noms de leurs localités ; on est dès lors invinciblement amené à donner sur cette origine l'opinion ci-après :

On écrivait autrefois : *Haut-bourg-din* ou *Haut-bourdin*.

La première syllabe s'applique évidemment à la hauteur de la portion de notre territoire, comparée aux terres voisines bordant les marais.

La seconde signifie que la localité est plus grande que celles qui l'environnent. (Un bourg est une petite ville.)

Et la finale *din* veut dire *marais* (1).

C'est ainsi que l'on a appelé d'autres villages de notre contrée, qui bordent, comme Haubourdin, la Haute-Deûle et les marais, tels que *Sequedin, Emmerin, Houplin, Herrin, Wavrin, Annœullin, Sainghin, Provin,* etc.

Châtellenie. — Châtelain. — Origine de ce nom, ses pouvoirs, etc. — Les CATTELAINES.

Les châtellenies furent formées au xiie siècle. C'étaient certaines étendues de territoire attribuées à la juridiction des seigneurs châtelains.

Les châtelains n'étaient autres que les comtes (2) institués dans les provinces par les anciens conquérants. Ils furent quelquefois élus par le peuple. Le prince choisissait de préférence *quelque sieur* en guerre, tel qu'un capitaine, qui alors avait sous sa charge une compagnie de gens à cheval ou à pied.

(1) Ce qui justifie cette assertion, c'est que, d'après l'auteur des *Petites Histoires* (M. Dutbilleul), *Tressin* signifie *trois marais*.

(2) L'origine de la dignité de *comte* nous vient de Rome et l'étymologie de la langue latine, car *comes*, mot dérivé de *comitari*, se prenait communément pour celui qui était de la suite et compagnie *d'un grand*.

Ils étaient les premiers officiers de tout le pays de leur ressort, et tenaient plaids et justice. Ils avaient toutefois, à côté d'eux, une puissance égale, appelée *Missi Dominici* (députés n'allant à leurs missions que très rarement).

C'est ainsi que les châtelains devinrent seigneurs féodaux sans charge d'aucun office. Il fut des temps, néanmoins, où ils exerçaient leur ancien office de premier lieutenant et officiers du comte au territoire de Lille.

Charlemagne confirma les pouvoirs des *châtelains*. Un capitulaire de ce grand empereur ordonne que *tel comte* ait toujours près de sa personne *suos scabineos*, ses échevins. — Tel est l'origine de ce dernier nom donné à ceux qui, dans les communes, composèrent le conseil du mayeur ou maire jusqu'à la Révolution française (1).

Au XVIe siècle, les châtelains étaient pour la châtellenie de Lille ce qu'était le bailli pour le plat pays.

Cette charge était héréditaire et passait même aux filles.

Sous ce rapport, la succession des châtelains de Lille offre quelque similitude avec celle des seigneurs d'Haubourdin.

Il y eut, en effet, chez les uns et les autres, trois branches successives, par le mariage des filles avec des princes de diverses maisons. — On les désignait ainsi : la branche de Lille, celle du Luxembourg et celle de Vendôme, laquelle

(1) Voir aux mots *Mayeur, Echevins*.

fit arriver le double titre de châtelain de Lille et de seigneur d'Haubourdin dans la famille de Henri IV.

Il existe à Haubourdin une propriété appelée *les Cattelaines*, qui faisait partie autrefois du domaine de nos seigneurs châtelains.

Cette propriété appartient aujourd'hui à M. Deledeuille, qui l'a acquise de Mme de Houchin ; elle est plantée de superbes canadas, qui s'étendent majestueusement sur de longues lignes et forment la limite de notre territoire d'avec celui de Santes.

Les allées tracées par ces lignes d'arbres semblent destinées à donner naissance aux boulevards de notre cité.

Table chronologique pour notre pays depuis l'ère chrétienne jusqu'à nos jours.

De l'an 1er de N.-S. jusqu'à 486. Domination romaine.

Années.

487
à   Domination française.
861

862 à 1304	Les comtes de Flandre (1). Bauduin-Bras-de-Fer à Gui de Dampierre.
1304 à 1383	Les comtes de Flandre : Robert III, dit Robert de Béthune, à Marguerite de Dampierre, qui épousa en 1384 le duc de Bourgogne.
1384 à 1480	Les ducs de Bourgogne, de Philippe-le-Hardi à Charles-le-Téméraire.
1482 à 1520	Maison d'Autriche.
1521 à 1667	Domination espagnole, de Charles-Quint à Philippe IV.
1667 à 1708	(28 août). Entrée de Louis XIV à Lille. Domination française.
1708 à 1713	Domination des États-Généraux de Hollande.
1713	Notre pays est rendu à la France pour lui appartenir désormais.
1715 à 1722	La Régence.

(1) Ici commence l'époque féodale, et l'autorité du roi devient plutôt nominale que réelle.

1723 à 1774 } Règne de Louis XV.

1774 à 1789 } Règne de Louis XVI.

1790 à 1802 } La République, le Directoire.

1802 à 1804 } Le Consulat de Bonaparte.

1804 à 1814 } Règne de Napoléon Ier, empereur.

1814 (3 mai) à 1815 (mars) } Règne de Louis XVIII, roi de France.

1815 (mars) à (juin) } Règne de Napoléon Ier.

1815 à 1824 } Règne de Louis XVIII.

Luxembourg de la Trémouille

M. Duchatel de la Hovarderie

de Houchin Mis de Longastre

Marquis de Roquelaure.

1824
à
1830
} Règne de Charles X.

1830
à
1848
} Règne de Louis-Philippe, roi des Français.

1848
à
1851
} République, sous la présidence de Louis-Napoléon Bonaparte, fils de Louis, ex-roi de Hollande.

1852
à
18
} Règne actuel de Napoléon III, notre magnanime Empereur.

SEIGNEURS D'HAUBOURDIN [1].

Maison de Lille (portait pour armes de gueules au chef d'or).

Jean, troisième du nom, châtelain de Lille, seigneur d'Haubourdin et de Haringhien, petit-fils de Seswales ou

---

(1) Dans les pays où régnait la FÉODALITÉ, le *seigneur* était le maître ou possesseur d'une terre, ou bien la terre et le fief relevaient de lui.
Quelques explications paraissent utiles sur l'origine de la FÉODALITÉ, ses droits, etc. — Donnons-les le plus succintement possible.

Saswalon, l'un des premiers châtelains de Lille, lequel fonda l'abbaye de Phalempin en 1039.

Jean, avait épousé, vers l'année 1250, *Mahaut*, fille d'Arnould, seigneur de Mortagne, châtelain de Tournai, et de Yolente de Coucy, dite de Vervins.

Il mourut en 1276, et sa femme en 1311; celle-ci fut enterrée au Plouich, à Phalempin.

Après le xi° siècle et lorsque nos villages furent formés, on y trouvait l'habitation d'un seigneur ou d'un général ou chef d'armée, et des maisons de leurs vassaux.

Lorsque les chefs militaires donnaient à leurs capitaines une certaine portion de territoire, c'était à charge de recevoir leur concours pour le service militaire.

Cette concession était à vie ; de sorte qu'après la mort du vassal, qu'il eut ou non des enfants, le domaine retournait au donateur.

Ces engagements formèrent peu à peu l'état qu'on a nommé FÉODAL.

La terre était *le fief* ; le donateur, *le seigneur*; l'homme gratifié s'appelait *homme de fief*.

Durant les troubles qui régnèrent sous *Charles-le-Chauve*, plusieurs fiefs s'affranchirent de toute redevance et devinrent francs, sous le nom de *francs alleux*. C'est ainsi que des villages près de chez nous, le long de la Lys, sont encore appelés comme étant du *pays de Lalleux*.

Les biens féodaux se divisaient en plusieurs classes : les domaines royaux, les bénéfices, etc.; mais disons que, par la suite, les vassaux ou possesseurs, moyennant certains droits qu'ils payaient au seigneur, obtinrent d'eux la permission de les vendre. Ces permissions devinrent ensuite si fréquentes qu'elles passèrent en droit commun, et les vassaux vendaient leurs fiefs sans en demander la permission. Ils se contentaient de payer le droit accoutumé. C'est de là que provint, par la suite, *le droit seigneurial*.

Plusieurs fiefs avaient droit de justice. On entendait par là le pouvoir accordé par le souverain ou seigneur pour juger les différends des particuliers et prononcer les peines des infractions aux lois.

Il y avait trois sortes de justices seigneuriales : la haute, la vicomtière et la foncière. Ces distinctions remontent à l'origine de l'usurpation des fiefs, où les seigneurs, profitant du désordre régnant alors, s'attribuèrent plus ou moins d'autorité.

Il y avait un seigneur *haut justicier* à Wavrin, commune de notre canton.

Le seigneur *vicomtier*, comme celui d'Haubourdin, avait droit 1° de connaître du sang et du larron ; 2° d'avoir fourches patibulaires, à deux piliers, pilori, carcan et prison ; 3° d'avoir ban plaidoyable ; 4° à toute juridiction de police.

Quant à Jean, il gît, dit *Vanderhaer*, à Loos, en une tombe haut élevée, où il est effigié avec sa femme et leurs quatorze enfants.

Par lettres-patentes du mois d'octobre 1271, ce châtelain s'engage, moyennant 1,500 livres d'Artois, que la ville de Lille lui paierait, à faire faire à ses frais et dépens un fossé mouvant de Lille à La Bassée (le canal de la Haute-Deûle). Il s'oblige de plus à faire disparaître, sans indemnité, les moulins qui lui appartiennent sur la rivière d'Haubourdin.

Des traces ou tronçons de vieilles maçonneries des mou-

Le vicomtier était ainsi appelé, non parce qu'il tenait la place du comte, mais bien comme ayant pouvoir sur les héritages et mouvances, ainsi que sur les chemins et lieux publics.

Quoique propriétaires de leur justice, les seigneurs ne la pouvaient exercer par eux-mêmes, mais seulement par des officiers auxquels ils donnaient pouvoir.

L'officier du seigneur d'Haubourdin était ordinairement son bailli, habitant la ville de Lille. (Nos recherches ont été infructueuses pour connaître exactement les noms des baillis d'Haubourdin).

Les hommes de fiefs ne pouvaient prononcer jugement s'ils n'avaient été *conjurés* par le bailli.

A nos seigneurs vicomtiers appartenaient les amendes de 60 sols *pour le sang* et les autres amendes inférieures pour sombres coups. — Ils publiaient *les bans de mars et d'août* (ordonnances de police rurale), après quoi ils percevaient les amendes imposées aux délinquants.

A ces amendes n'omettons pas d'ajouter un droit plus important, celui de *bâtardise*, par lequel le seigneur héritait des bâtards morts sans enfants légitimes. (Les bâtards non légitimés ne pouvaient tester).

Les seigneurs ou maîtres d'Haubourdin et Emmerin étaient en quelque sorte des *souverains indépendants*; ils ne relevaient que de Dieu et de l'épée. (On sait que la formule *par la grâce de Dieu* est un attribut de souveraineté. Quant à celle de l'épée, elle ne fait qu'attester le génie guerrier de la noblesse flamande et française).

La justice était rendue en leurs noms à tous les degrés de juridiction. — Ils exerçaient le droit de grâce, même pour homicide.

Plus jaloux de leur autorité que le roi de France lui-même, ils empiétaient sur l'autorité spirituelle; contestaient, en effet, à l'évêque de Tournai le droit de visi-

lins, se trouvent encore aujourd'hui en face de la rue de l'Étanque.

Le texte, en langue romane, de la convention intervenue à ce sujet entre le châtelain seigneur et les échevins de Lille, est aux annexes N° 1er.

Suivant quelques historiens, ce serait du temps de ce châtelain qu'aurait été établie la procession de Lille ; d'autres font remonter son institution à l'an 1071.

Des quatorze enfants de Jean III, deux seulement eurent génération.

tation de l'église ; — repoussaient la juridiction de l'officialité de la même ville, prétendant que la justice d'Haubourdin devait prendre connaissance de toutes les affaires ; — ne reconnaissaient audit évêque que le droit de connaître des cas de défloration ; — exerçaient enfin le droit de senne. (Ce droit consistait dans la connaissance et correction des délits et adultères, transgression des dimanches, insolences ès églises et cimetières.)

Ces divers droits et prérogatives, qui paraissent aux yeux des hommes du XIXe siècle aussi bizarres qu'extraordinaires, étaient établis pour notre seigneurie et vicomté par une charte écrite en langue romane sur un parchemin d'une longueur de 2 mètres environ, laquelle charte, selon feu le comte d'Hespel, fut adirée à la mairie d'Haubourdin.

Les habitants de ce lieu, de même que ceux d'Emmerin, bien qu'étant placés sous une telle suzeraineté, ne jouissaient pas moins de certains droits et priviléges qui étaient justement enviés par leurs voisins.

Ainsi les terres de ces deux villages étant *franches d'empire* (c'est-à-dire exemptes de tous impôts et ne relevant que de leurs propres seigneurs), ceux qui l'habitaient ne contribuaient aucunement aux aides, ni aux charges, ni aux frais de la guerre, ne payaient aucun impôt proprement dit.... Les banqueroutiers s'y trouvaient en sûreté.

De leur côté, les seigneurs cédèrent certaines terres ou fiefs aux bourgeois ou manants (manant signifiait *habitant;* — aujourd'hui, on lui donne l'acception de *rustre, grossier*), ce qui était de leur part une marque de désintéressement et de bienveillance envers ces derniers.

Ils choisirent plus tard parmi ceux-ci les mayeurs et échevins, lors de la création des échevinages par Bauduin IX, comte de Flandre. (Voir aux mots *Échevins, Mayeurs.*)

Jean IV, son fils aîné, lui succéda comme châtelain de Lille et seigneur d'Haubourdin ; il épousa, en 1296, Béatrix de Clermont, dite de Neeles. Il fut tué en 1302, à la bataille de Courtrai.

On sait que toute la noblesse française, combattant contre les Flamands révoltés, fut détruite dans cette sanglante journée. L'historien Meyer rapporte que 7,000 cavaliers, parmi lesquels on comptait 63 princes, ducs et comtes, près de 700 seigneurs, baronnets et 1,100 nobles; enfin, 20,000 hommes de pied, au moins, se trouvaient couchés dans la plaine de Courtrai. Il dit encore que 700 éperons d'or ramassés sur le champ de bataille furent appendus comme trophées de la victoire aux voûtes de l'église de Notre-Dame de Courtrai, d'où lui est venu le nom de Bataille des Éperons.

Simon, fils unique de Jean IV, étant mort en bas-âge, tous ses biens échurent à *Guyotte*, sa sœur, qui suit.

Guyotte, châtelaine de Lille, dame d'Haubourdin, Emmerin, Sainghin et Phalempin, auxquels étaient joints dans un même fief Herlies et la ville de La Bassée.

Guyotte porta tous ses biens en dot à :

Wallerand II de Luxembourg, seigneur de Ligny, Roussy, Beaurevoir, Dynse, etc. (1).

(1) La maison de Luxembourg fut durant deux siècles l'une des plus illustres de l'Europe. Elle produisit des cardinaux, des chefs d'armées ; les grands d'Angleterre recherchèrent son alliance ; elle fournit à l'Allemagne cinq empereurs

Par son mariage, il devint donc possesseur d'Haubourdin et d'Emmerin.

Deux titres que nous avons puisés aux archives départementales, constatent en substance, savoir :

Le premier, daté de la nuit de Pâques fleuries, qui fut le 7 avril 1312, que Wallerand et Guyotte, sur les difficultés existant entr'eux, d'une part, et les abbés et religieux de Saint-Sauveur d'Anchin, reconnaissent que cette abbaye a droit d'avoir son *aisement* dans les marais d'*Emmerin;* qu'ils ont justice et seigneurie dans leurs dites maisons et leurs tenances, excepté les quatre cas souverains, etc.

Le deuxième, portant la date du 3 mars 1320, déclare que ledit seigneur et sa femme, qui avaient mis leurs mains sur un fief que Jean-Baptiste Mas, bourgeois de Lille, tenait d'eux à HABOURDIN, ils ont pris de nouvelles informations, et s'étant convaincus des droits dudit Jean sur ce même fief, ils l'en ont saisi, lui et ses successeurs, dans les formes convenables.

De concert avec Guyotte et avec Jean, son fils, Wallerand fonda à Haubourdin deux chapelles (acte du 13 juillet 1330); celle qui fut plus tard annexée à l'hospice, et l'autre, formant encore une partie de l'Hôtel-de-Ville, a

---

et six reines, des rois à la Bohême, à la France (Henri IV et ses successeurs), plusieurs connétables et maréchaux.

Aucune maison de ce pays n'a eu un lustre aussi éclatant, et en ce qui regarde notre localité, elle s'est particulièrement signalée par ses actes de bienfaisance, notamment par la fondation de l'hospice, attribuée à Jean de Luxembourg.

servi au culte jusqu'à la révolution de 1789 ; elle était sous l'invocation de Saint-Jean et de Saint-Éloi.

Voici à quelle occasion ces chapelles furent bâties. En 1327, les Crépins, riches bourgeois d'Arras, étant venus enlever d'Haubourdin deux écuyers, Gérard Dehos et Blondel de la Maille, et les ayant mis à mort, Wallerand, après avoir consulté les parents des victimes, condamna les Crépins à payer, en réparation de leur attentat, une somme de 400 livres parisis, destinés à fonder deux chapelles expiatoires. Cette somme étant insuffisante pour subvenir à l'entretien de deux chapelles et de deux chapelains, Wallerand et sa femme firent donation de terres et de rentes, formant un revenu assez considérable pour pourvoir à ces charges, en stipulant que chaque jour on y célébrerait la messe pour le repos de leurs âmes et celles de leur fils et des deux écuyers.

Le gouvernement issu de la révolution de 89 disposa des biens de ces chapelles comme de ceux du clergé.

Guyotte mourut en 1337, et fut enterrée à Phalempin en la chapelle Saint-Jean l'évangéliste, qu'elle avait fondée.

On ignore l'époque de la mort de Wallerand ; on sait néanmoins qu'il vivait encore en 1353 ; Monstrelet le croit enterré dans le chœur de l'église de Notre-Dame de Cambrai.

Leur fils, Jean de Luxembourg, châtelain de Lille, seigneur de Ligny, Roussy, Haubourdin, mort en 1364, avait épousé, en 1331, Alix de Flandre, dame d'Erquinghem et de Richebourg.

Il fut, dit Vanderhaer, ôtager avec son fils Guy, en Angleterre, pour le roi de France, Jean, fait prisonnier à la bataille de Poitiers, en 1356.

Ledit Jean confirma en 1435 les réglements que son père Wallerand avait promulgués pour sa terre d'Haubourdin ; il sanctionna aussi la transaction faite entre ce dernier et les moines d'Anchin, relativement au droit de poisson sur le marais d'Haubourdin, par acte daté du 7 août 1312.

Un arrêt de 1348, déposé aux archives de Lille, constate le traité par lequel Jean de Luxembourg et les échevins de Lille mettent fin au procès existant entr'eux, au sujet du droit de *l'arsin* (1).

Le 21 avril 1351, les religieux de l'abbaye de Loos et les échevins de Lille convinrent de s'en remettre à la décision de Jean de Luxembourg pour terminer un différend élevé entr'eux, au sujet d'une planche mise sur un bras de la Deûle.

Le seigneur accepta cet arbitrage et rendit décision par sa charte du 2 septembre 1351. (Archives de Lille).

Guy de Luxembourg (fils du précédent), châtelain de Lille, comte de Ligny et de Saint-Pol, seigneur de Roussy

---

(1) L'*arsin* était un usage créé dans ces temps funestes de guerre et de dévastation. Il consistait dans le privilége que la coutume avait concédé à la commune de réduire en cendres la maison de celui qui, ayant blessé un bourgeois de Lille, refusait de se soumettre au jugement des échevins.

et Haubourdin, épousa en 1350, Mahaud, de Châtillon, qui lui apporta en dot le comté de Saint-Pol ; il fut tué en 1371, à la bataille de Bastvillers.

Son fils, **Wallerand III de Luxembourg**, mort au château d'Yvoy, le 1er avril de l'an 1415, âgé de soixante ans, fut gouverneur de Gênes et grand-maître des eaux et forêts de France.

Il fut deux fois marié, dit Vanderhaer ; d'abord, à Mahaud, fille de Thomas, de Hollande, et demi-sœur de Richard II, roi d'Angleterre ; puis, à Bonne, fille du duc de Bar. Il eut du second mariage, selon Meyerus, ou du premier, selon Oudergheest (celui-ci en toute apparence s'abuse), une fille seule.

Pour donner au lecteur une idée de l'esprit aventureux et chevaleresque qui était dans ce temps à la mode, nous en empruntons un curieux exemple à M. Victor Derode, qui se rapporte à ce Wallerand de Luxembourg :

« *En apprenant la mort de Richard,* roi d'Angleterre,
» Wallerand accusa Henri de Lancastre d'avoir fait périr
» son beau-frère. Il lui écrivit une lettre de défiance (défi),
» le provoquant à un combat singulier, le menaçant, en
» cas de refus, de piller et ravager ses terres N'ayant pas
» reçu de réponse, il déclara la guerre à l'Anglais et tenta
» effectivement de porter la guerre dans la Grande-Bre-
» tagne. Un hiver très rigoureux vint y mettre obstacle ;
» les rivières furent gelées, les communications devinrent
» difficiles. Au dégel, la débacle emporta les ponts ; il fallut

» ajourner ce projet. Le châtelain n'oublia pas sa vengeance;
» mais, en attendant, il maria sa fille au comte de Rethel.
» Lors des épousailles, les échevins de Lille offrirent aux
» deux époux *dix-huit écuelles d'argent.* »

Le duc de Bourgogne, dont il avait toujours suivi les intérêts avec zèle, le fit pourvoir du gouvernement de Paris et de l'épée de connétable, en 1411. Il laissa sa seigneurie à Jean, dit Hennequin, bâtard de Saint-Pol, son fils naturel, dont l'article suit :

Jean de Luxembourg, bâtard de Hautbourdin, fils de Wallerand de Luxembourg, comte de Saint-Pol, et d'Agnès Dubuc, son amie, fut légitimé par lettres-patentes de Philippe-le-Bon, duc de Bourgogne, données à Arras, le 13 juin 1443; il y est qualifié de chevalier, conseiller et de chambellan du duc.

Ce Jean de Luxembourg est célèbre dans l'histoire du xve siècle sous le nom de *sire de Haubourdin*; c'était, *dit Commines* (1), un beau chevalier vaillant ès bon état de guerre, nourry ès anciennes guerres de France et d'Angleterre; il avait grand crédit avec le comte de Charolais (Charles-le-Téméraire), et était pourvu des principales charges dans l'armée.

Il était chevalier de la Toison-d'Or.

Le 29 juillet 1452, messire Jehan de Luxembourg

(1) Cet écrivain, et après lui Jacques Meyer et Monstrelet, ont transmis à la postérité les grandes actions guerrières de cet illustre capitaine

fut nommé capitaine de Lille (1). Les écrits de ce temps disent que c'était pour *le guerre* contre ceulx de Gand.

Il prêta, en cette qualité, le serment en la grande halle ès-mains du rewart de Lille, dans les termes suivants (textuel) :

« Vous fianchies et jures a estre cappitaine de ceste ville droituriers et loyaux, et à warder le ville, les bourgeois et habitans d'icelle et leurs biens, bien et loyalement, et aussi bien le grant que le petit et le petit que le grant, en gardant les droits et franchises d'icelle ville et les subjes en l'obéissance de notre très-redoubté seigneur notre seigneur le duc de Bourgogne, comte de Flandres et au surplus faire tout ce que bon capitaine doit faire ; et ce ne laires pour amour, pour hayne, pour perte, ne pour waigne, ne pour chose qui avenue ne soit qui advenir puist que ainsi ne le fachies ; si Dieux vous ait et les saintes paroles qui là dedens sont escriptes. »

Haubourdin (le seigneur d') s'était constamment signalé dans les tournois et les combats. En 1448, pendant la paix qui régnait en Artois, il entreprit de garder ce qu'on appelait alors *un pas d'armes* auprès de la cour du *Beau-Jardin*, sur le chemin d'entre Calais et Saint-Omer, pendant un mois. Cette entreprise fut soutenue en l'honneur d'une dame noble qu'il avait délivrée des mains des *rabeurs de route*, avec tant de gloire et de bonheur, qu'il fut surnommé après *le chevalier à la belle pélerine*.

(1) L'office de capitaine de Lille fut créé en 1414, à l'occasion du siége d'Arras. Messire Watier, seigneur de *Hallewin*, fut à cette époque pourvu de cette charge.

On croit généralement que cette belle pèlerine n'était autre que *Jacqueline de la Trémouille,* dame d'Ailly-sur-Noye, laquelle se rendait en pèlerinage à *Rome,* qu'il délivra des mains de ces rôdeurs de route et qu'il épousa depuis.

Ledit sire de *Halbourdin* (sic), ajoute *Commines,* signa le 16 octobre 1465, avec d'autres seigneurs, un annexe au traité de Conflans, au moyen duquel Louis XI parvint à rompre la ligue des princes confédérés pour la guerre dite *du Bien public.*

Il rendit d'importants services pendant cette guerre; c'est lui qui donna au comte de Charolais le conseil d'attaquer Paris, et qui sauva l'armée après la bataille de Montéry, en commandant, de concert avec le comte de Saint-Pol, que *on amenest le charroy pour enclorre cette armée.* (Tome Ier, page 46, de l'édition de Philippe de Commines, publiée en 1840 pour la Société de l'Histoire de France, par Melle Dupont).

HAUBOURDIN fut nommé quelque temps après chef des troupes; en guerrier aussi brave que loyal et sincère, il ne craignait pas de blâmer la conduite de son maître, le comte de Charolais, lorsqu'il croyait que ce prince avait manqué de prudence ou de bonne foi.

Une lettre écrite par ce dernier et datée de Lyons-en-Santerre, le 7 juin 1465, nous apprend encore que le lendemain, 8 de ce mois, *Haulbourdin* fera sommer la ville de Montdidier de se rendre au comte (Commines,

tome III, page 219), et nous voyons par une autre lettre de Louis XI, en date d'Abbeville, du tiers de juillet 1465, que peu de temps avant, le sire de *Haubourdin* « *chief*
» *d'icelui de Charolois et avec lequel il était en armes contre*
» *ce monarque et la couronne, s'estait transporté en la*
» *ville de Mortaigne où il estaete entré avec ses gens et*
» *qu'il occupait sans vouloir la rendre ne remettre ès-*
» *mains du Roi.* »

Cet exploit guerrier fut sans doute le dernier que fit Haubourdin, car, moins d'un an après, il rendait son âme à Dieu.

Il trépassa de *griève maladie*, à la fin du mois d'août de l'année suivante, au dire du même historien, au moment même où le duc de Bourgogne (Philippe-le-Bon), qui était à Bruxelles fort *débilité* par maladie et par *vieillesse*, rassemblait toutes ses troupes à Namur, dans le dessein de réprimer la révolte des Liégeois.

Peu de jours avant sa mort (28 juillet 1466), le sire d'Haubourdin avait fondé en notre commune, de concert avec sa femme, Jacqueline de la Trémouille, un hospice qui subsiste encore.

Cette fondation comprenait avec elle la ferme dite de Boquiau, située à Haubourdin, occupée aujourd'hui par M. Potié, et qui a été depuis lors possédée par ledit hospice (1).

(1) Que Jehan reçoive ici notre pieuse reconnaissance pour les bienfaits produits par son institution.

— 42 —

Ce souvenir étant des plus chers à la religion et à l'humanité, nous croyons devoir donner le texte en entier de l'acte constitutif de ladite fondation.

(Voir annexe N° 2).

Jean de Luxembourg et sa noble épouse furent inhumés à Ailly-sur-Noye. Leur tombeau commun fut érigé et existe encore dans l'église de ce lieu (1).

L'intérêt historique, mais bien plus encore l'hommage respectueux que les habitants d'Haubourdin adressent à des bienfaiteurs d'un si haut mérite, nous commandent de donner ici la description de ce tombeau.

Laissons parler sur ce sujet M. H. Duseval, d'Amiens, antiquaire et homme très instruit, lequel, dans une lettre qu'il nous a fait l'honneur de nous écrire, retrace ainsi ce monument.

(Voir son fac-simile ci-contre (2).

« A l'entrée du bas-côté gauche de l'église d'Ailly, on aper-
» çoit le tombeau de Jean Hautbourdin et de Jacqueline de la
» Trémouille, sa femme. Ce monument est en schiste ardoisé,

---

(1) Vous avez, cher lecteur, traversé ce bourg déjà plusieurs fois sans vous en douter... Ailly se trouve sur la ligne du chemin de fer de Lille à Paris. C'est là où est la seconde station après Amiens. Vous voyez les maisons élevées sur la croupe d'une colline ; vous passez sous deux ponts qui en joignent les deux côtés. — Cette entaille pratiquée dans le sol pour le passage de la voie ferrée est une source nouvelle de prospérité pour Ailly-sur-Noye.

(2) Cette copie a été faite sur le tombeau même par le jeune fils de M. Warmé, juge-de-paix d'Ailly, qui a bien voulu me la faire parvenir.

Note de l'Auteur.

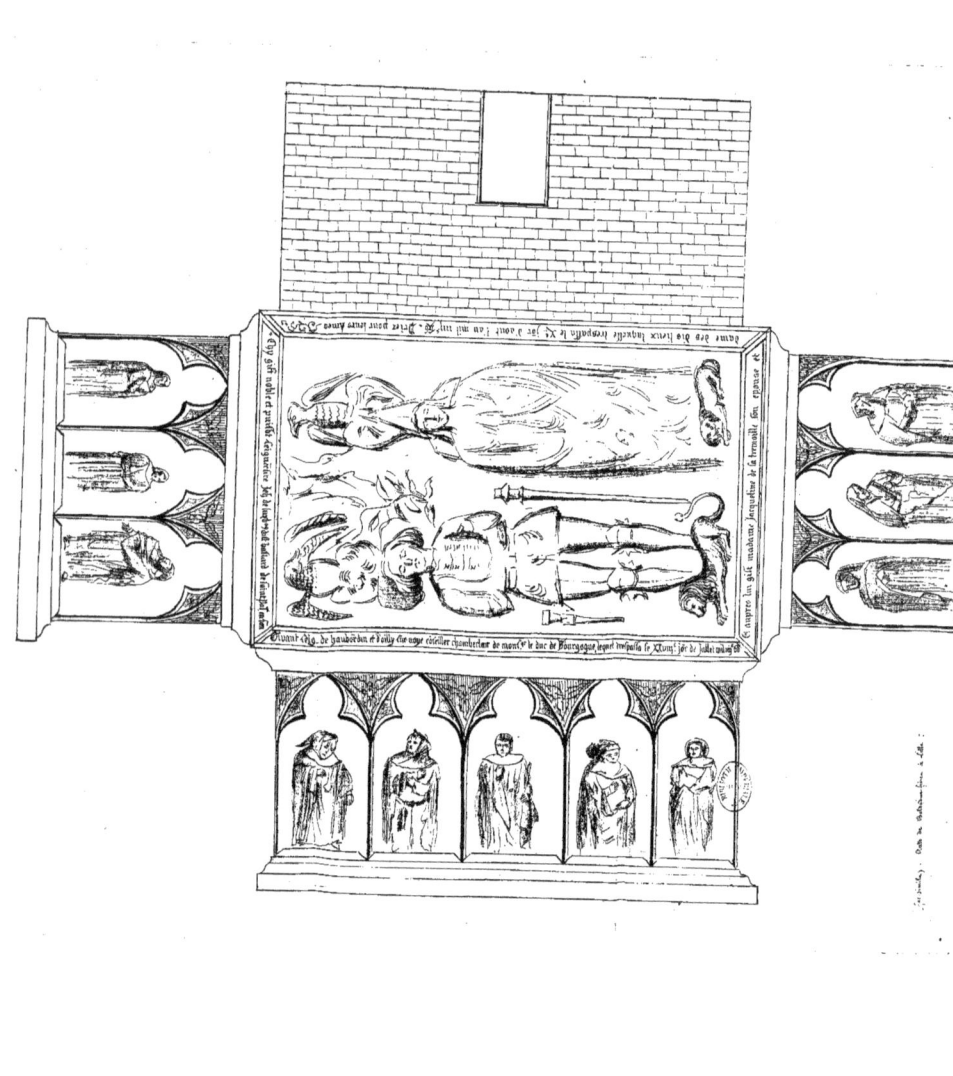

» en marbre noir. La table qui le surmonte a 2 mètres
» 50 centimètres de longueur sur 1 mètre 50 centimètres
» de largeur. Il se compose de trois parties principales,
» maintenant défendues par une grille en fer. Le vaillant
» chevalier et sa noble épouse sont représentés en demi-
» bosse, sur la table de ce tombeau, couchés l'un à côté de
» l'autre, la tête posée sur des oreillers. Les figures de ces
» personnages et leurs écussons armoriés ont été mutilés
» par la lourde chaussure des villageois qui montaient sur
» cette pierre sépulcrale afin de mieux voir le prêtre à
» l'autel, avant que nous l'eussions fait replacer sur son
» soubassement, qui est orné de figures de moines ou reli-
» gieux priants. Le costume de Hautbourdin et de sa femme
» est celui de l'époque. Le noble sire porte son habit de
» guerre, et sa femme une robe mi-partie de ses armes et
» de celles de son époux.

» On lit autour de ce monument l'inscription suivante,
» en beaux caractères gothiques du XVᵉ siècle :

Chy gist noble et puiss^t seign^r messire Jehon de Luxembourg, chl^r bastard de St Pol | en son vivant seign^r de Hubodin et de Ailly-sur-Noye | Cosriller et chomberlent de Monsr le duc de Bourg'hr, lequel trespassa le xxviii jo de juillet mil iiii^c et lxvi.

Auprès luy gist Madame Jaqueline de la Trimoille son | Espeuse et dame des dis lieux laquelle trespassa le Xe jour d'aoust lan mil iiii^c lxvi.

Comme on le voit, Jaqueline ne survécut guère à son époux. C'est une tradition qu'elle mourut douze jours après lui, du chagrin que lui causa la perte de son fils unique, qui se laissa tomber dans la rivière d'Ailly en se promenant auprès.

Le bâtard d'Haubourdin étant mort sans enfant (son fils unique ne lui ayant survécu que de quelques jours), cette terre retourna à son cousin (petit-neveu de Walerand III).

Louis de Luxembourg, comte de Saint-Pol, connétable de France, célèbre par le grand rôle qu'il joua sous le règne de Louis XI, et par sa fin malheureuse.

On sait que ce souverain fut fait prisonnier en 1468, par Charles-le-Téméraire (comte de Charolais), dont Louis était l'un des grands capitaines de ses armées. Plusieurs provinces voisines, et spécialement l'Artois et la Picardie, étaient en leur possession.

C'est à cette époque (1470) que Louis de Luxembourg, seigneur d'Haubourdin, bâtit le château-fort de Ham, près Péronne.

Cette forteresse sert de prison d'État. Les derniers ministres de Charles X y furent enfermés, et plus tard, le prince Louis-Napoléon Bonaparte, aujourd'hui empereur des Français.

La célébrité du comte de Saint-Pol ne fut que passagère : Louis ayant reconquis ses provinces à l'aide de ses alliés, les Anglais et les Suisses, le firent décapiter sur la place de Grève, à Paris.

Cette exécution eut lieu le 19 décembre 1475.

Par un codicile à son testament, daté de l'Hôtel-de-Ville, le jour même de son supplice, le connétable fait donation de ses chevaux et ses harnais avec sa terre de Haut-bourdin (1).

Le duc de Vendomois, comte de Saint-Pol, posséda ensuite la seigneurie d'Haubourdin.

Il lui fut fait, dans les années 1500 et 1504, divers rapports et dénombrements de notre communauté.

En 1508, le fief du châtel d'Emmerin appartenait, par indivis, à dame Marie de Carondelet, deuxième femme du comte de Saint-Pol, et à dame Marie de *Luxembourg*, comtesse de Vendomois, aussi dame d'Haubourdin et Emmerin, ainsi qu'il résulte d'un rapport et dénombrement servi par ladite dame de Carondelet, le 28 octobre 1508.

Marie de Luxembourg puisait son droit héréditaire comme fille et unique héritière de PIERRE, mort en 1442, lequel était issu du premier mariage du comte de Saint-Pol, et avait prédécédé son père.

---

(1) Le légataire de Louis de Luxembourg n'est pas bien connu. — On a prétendu que c'était *Jehan*. Dans ce cas, la libéralité aurait été caduque, puisque ce dernier était mort dès l'année 1467.

Quant à son fils unique, il est décédé peu de temps après lui, comme on l'a rapporté précédemment

Pierre fut inhumé à l'abbaye de Cercamp, où sa fille lui avait érigé une sépulture magnifique.

La seigneurie d'Haubourdin ayant fait de nouveau retour à la branche légitime de la maison de Luxembourg, devint l'apanage de MARIE, unique héritière de cette branche.

Elle fut d'abord mariée à son oncle Jacques de Savoie (1), dont elle eut une fille mariée au comte de Nassau. Elle épousa en secondes noces François de Bourbon, comte de Vendôme, qui la rendit mère de six enfants; elle n'avait cependant que vingt-quatre ans lorsqu'elle le perdit, le 2 octobre 1495, et son veuvage se prolongea durant cinquante-deux ans.

Pendant les guerres entre François Ier et l'empereur Charles-Quint (celui-ci se trouvait, à la fin du xve siècle, maître des Pays-Bas, de l'Espagne, des Deux-Siciles et de l'Allemagne), ladite dame douairière de Vendôme, ayant suivi le parti de la France, à cause de son alliance avec un prince français, les seigneuries d'Haubourdin et d'Emme-

---

(1) Jacques de Savoie, comte de Romont, seigneur du pays de Vaulx, de Leuze et de Condé, mari et bail de Marie de Luxembourg, était châtelain de Lille. Il prêta, en cette qualité, serment entre les mains du *Rewart*. L'acte qui en fut rédigé, sous la date du 14 janvier 1484, contient une particularité digne d'être citée. Elle est ainsi rapportée audit acte :

« Et après ledit seigneur retourna en son logis les dits rewart et eschevins allèrent vers luy, et lui feirent présent d'une coupe d'argent doré vaillable 10 livres de gros (la livre de gros valait 6 florins de Lille ou 12 livres parisis ou 7 livres 10 sous tournois; elle représenterait en francs 7,40 3/4), en eulx excusant de ce que on avait point este au devant de luy à sa venue en ladite vile; mais ce avoit este parce qu'il n'avoit point fait savoir sadite venue, ainsy que un sien serviteur avoit promis faire. de quoy isellui seigneur fut bien content d'eulx et les remerchia tant dudit don, comme du présent de vin qui avoit este de xlviii los. »

rin furent confisquées et administrées par les gens de l'empereur.

Il a été tenu compte des revenus desdites terres devant les officiers de Charles-Quint à la chambre des comptes de Lille jusqu'à l'époque de la Saint-Michel 1544.

(Archives de Lille, copie authentique, par Godefroy).

Marie de Luxembourg ne fut rétablie dans ses domaines que par le traité d'Arras de 1482.

Redevenue maîtresse de ses biens, elle s'occupa de leur administration avec beaucoup de sollicitude; elle confirma les anciens règlements d'Haubourdin, en promulgua de nouveaux, et se fit adresser divers rapports et dénombrements, notamment en 1508 et 1509.

Le 17 avril 1507, elle fonda à Haubourdin un obit à perpétuité, à célébrer à l'époque de la Toussaint, sous la redevance de 4 livres. (Chasserel de 1773).

En 1527, ladite dame prescrivit l'élargissement de la grande route d'Haubourdin, non encore pavée à cette époque.

Elle mourut le 1er août 1545.

Les rapports et dénombrements susdatés, faits aux deux seigneurs précédents (dont les manuscrits nous ont été communiqués), constatent que les détenteurs de fiefs (1)

---

(1) L'institution des fiefs est française. Les auteurs disent que les Francs s'étant rendus maîtres des Gaules, nos premiers rois, qui avaient amené avec eux de grands seigneurs et beaucoup de milice, leur distribuèrent toutes les terres con-

seigneuriaux devaient, à la mort de chaque héritier ou possesseur, fournir au seigneur *un cheval armé pour entrer en guerre et en camp de bataille.*

D'autres avaient à payer des redevances en espèces. Les parchemins de ce temps stipulent, entr'autres reliefs, ceux ci-après, que leur bizarrerie engage à signaler; c'étaient, savoir :

Antoine Leclercq, qui devait un peigne d'ivoire pesant un once.

La veuve de Jean Cordonnier, d'Haubourdin, une paire de mouffle de loup, doublée de blan drap.

Desplancq, bourgeois de Lille, une blanche lance sans fer.

Guillaume Cuvillon, une paire de blancs gands.

Jacqueline de Waudripont, une paire de blans esporons.

Philippe Desplancq, un verre de christal.

D'autres, enfin, un ou plusieurs cappons.

Son fils, Charles de Bourbon, premier duc de Vendôme,

---

quises; les concessions qu'ils en firent furent appelées BÉNÉFICES, synoymes de FIEFS.
    A partir du XVIe siècle, les fiefs n'étaient plus qu'une concession gratuite d'un héritage, par laquelle le seigneur se réservait le domaine direct et transmettait au vassal le domaine utile à charge de foi et hommage; il y joignait tels autres droits ou devoirs qu'il voulait retenir sur la chose cédée.

châtelain de Lille, mort avant sa mère, en 1537, avait eu de sa femme, Françoise d'Alençon, sept fils et six filles. L'aîné de ces enfants, Louis, n'ayant pas vécu, eut pour héritier son frère *Anthoine*, duc de Vendôme, qui devint seigneur d'Haubourdin après le décès de sa grand'mère.

En 1562, il lui fut fait rapport et dénombrement des divers fiefs composant cette seigneurie.

Cet Antoine de Bourbon épousa, en 1548, Jeanne d'Albret, et fut le père du Roi Henri IV, qu'Haubourdin eût l'insigne honneur d'avoir quelque temps pour seigneur.

Le même Antoine fut tué d'un coup d'arquebuse au siége de Rouen, en octobre 1562.

Henri de Bourbon, né en 1553, était conséquemment fort jeune, lorsqu'il devint seigneur d'Haubourdin (1).

Le Béarnais (Henri IV) avait souvent besoin d'argent; aussi le premier usage qu'il fit de sa seigneurie d'Hau-

---

(1) Citons de ce bon roi, dont le souvenir est si cher aux Français, une particularité due à sa naissance, que nous empruntons à Cayet, son précepteur :

Henri d'Albret, son grand-père, avait fait un testament qu'il portait dans une boîte d'or pendu par une chaîne à son cou. Cet objet, toujours présent, excitait la curiosité de *Jeanne d'Albret*, sa fille. Pendant sa grossesse, elle demandait sans cesse à son père la boîte et le testament. « *Elle sera tienne*, lui dit un jour le
» vieux roi, mais que tu m'aies montré ce que tu portes et afin que tu ne me
» fasses pas une pleureuse, ni un enfant rechigné, je te promets de te donner
» tout, pourvu qu'en enfantant tu chantes une chanson en béarnais. » Jeanne se soumit à la condition. Aux premières douleurs, elle commença une chanson. Le vieillard, averti, arrive, met la chaîne d'or et la boîte au cou de sa fille, prend l'enfant tout nu dans un pan de sa robe, et s'en va en disant : « *Voilà qui
» est à vous, ma fille, mais ceci est à moi.* » La première nourriture qu'il prit fut de la main de son grand-père, qui lui donna un cap d'ail, dont il lui frotta les lèvres, et, voyant qu'il suçait, il lui présenta du vin dans sa coupe.

bourdin fût-il de la donner en gage comme sûreté d'un prêt de 533 florins que lui fit un certain Jacques Deflandre, bourgeois de Lille. Le monarque ayant négligé de payer exactement les intérêts, son créancier l'assigna tout simplement devant la justice locale, et les mayeur et échevins, faisant droit à sa requête, établirent *mise de fait* sur la propriété du seigneur-roi, ordonnant qu'elle fut administrée au profit dudit créancier, qui aurait droit d'en prélever les revenus.

L'arrêt qui fut rendu à cette occasion par les bailli et hommes de fief d'Haubourdin porte la date du 17 novembre 1590. (Le Béarnais était monté sur le trône de France depuis un an.)

Cette sentence, jointe à divers autres faits cités dans notre *Notice*, peuvent faire juger de l'étendue des franchises et libertés dont nos pères étaient en possession.

C'est au bon roi Henri IV que nous sommes redevables du pavé de la chaussée traversant notre ville. — Par ses lettres dites d'octroi, du 5 mai 1601, il ordonna, comme seigneur et souverain d'Haubourdin, la construction de la chaussée, pour le paiement de laquelle la communauté fut autorisée à imposer des droits sur les denrées

Ces lettres d'octroi furent confirmées par les archiducs dénommés ci-après, sous la date du 3 octobre 1603.

C'est encore sous cet excellent monarque que furent transcrites pour la première fois, sous la date du 28 mai 1599, les coutumes d'Haubourdin et d'Emmerin.

(Voir la teneur de ces coutumes annexe N° 3).

En 1603, le 28 de mai, Henri IV vendit à Nicolas Duchâtel, seigneur de la Hovardrie, ses terres, seigneuries, franchises et souveraineté d'Haubourdin, moyennant la somme de trente-six mille florins. (Ce contrat fait l'objet de l'annexe N° 4).

Le Parlement fit quelque difficulté d'enregistrer l'acte d'aliénation, sous prétexte que, suivant l'ancien usage de la monarchie, tous les biens possédés par le monarque avant son avènement à la couronne, devaient, par suite de cet avènement, faire retour au domaine. Il fut répondu au nom du roi, qu'il reconnaissait le principe dans toute sa rigueur, mais que les terres dont il s'agissait étant situées en dehors du territoire de la monarchie (nous étions encore alors sous la domination espagnole, Albert et Isabelle, petits-enfants de Charles-Quint, régnant), le roi ne pouvait s'exposer à relever d'un prince étranger. Il fut donc passé outre et la vente confirmée.

Pendant que la terre d'Haubourdin avait été le patrimoine de personnages puissants, on avait, en quelque sorte, respecté son indépendance; mais, devenu le domaine d'un simple gentilhomme, force fut de renoncer à de si hautes prétentions. Aussi, à peine Nicolas Duchâtel avait-il fait son acquisition, qu'il s'empressa d'entrer en arrangement avec les souverains du pays, qui, en échange de la foi et hommage qu'il leur prêta comme à ses suzerains, érigèrent Haubourdin et Emmerin en vicomté, en lui laissant quelques-uns de ses anciens privilèges.

Cet acte d'érection en vicomté fut signé à Bruxelles, le 3 octobre 1605.

(Voir son texte, annexe N° 5).

A partir de cette dernière époque, la vicomté d'Haubourdin et Emmerin eut pour seigneurs les Duchâtel et leurs descendants, mâles et femelles.

Les Duchâtel appartenaient à l'une des plus anciennes et des plus nobles extractions du pays. Leur auteur commun était Godefroy, comte de Valenciennes, le même qui vendit, en 1029, la ville de ce nom à Richilde, comtesse de Hainaut, portant alors pour ses armes de gueule au lion d'or, armé et lampassé d'azur.

Les Duchâtel ont depuis opposé au lion la couronne d'azur, et ont pris *ce nom*, comme étant celui de la ville, qui s'appelait *les Châtelanes*, vol des cygnes, fondée par Maquelinaut, capitaine romain (1).

Le cessionnaire de Henri IV appartenait à la treizième génération de Godefroy de Valenciennes.

(1) Inventaire des chartes, volume N° 12.

— 53 —

Généalogie desdits seigneurs, depuis 1603 jusqu'à nos jours.

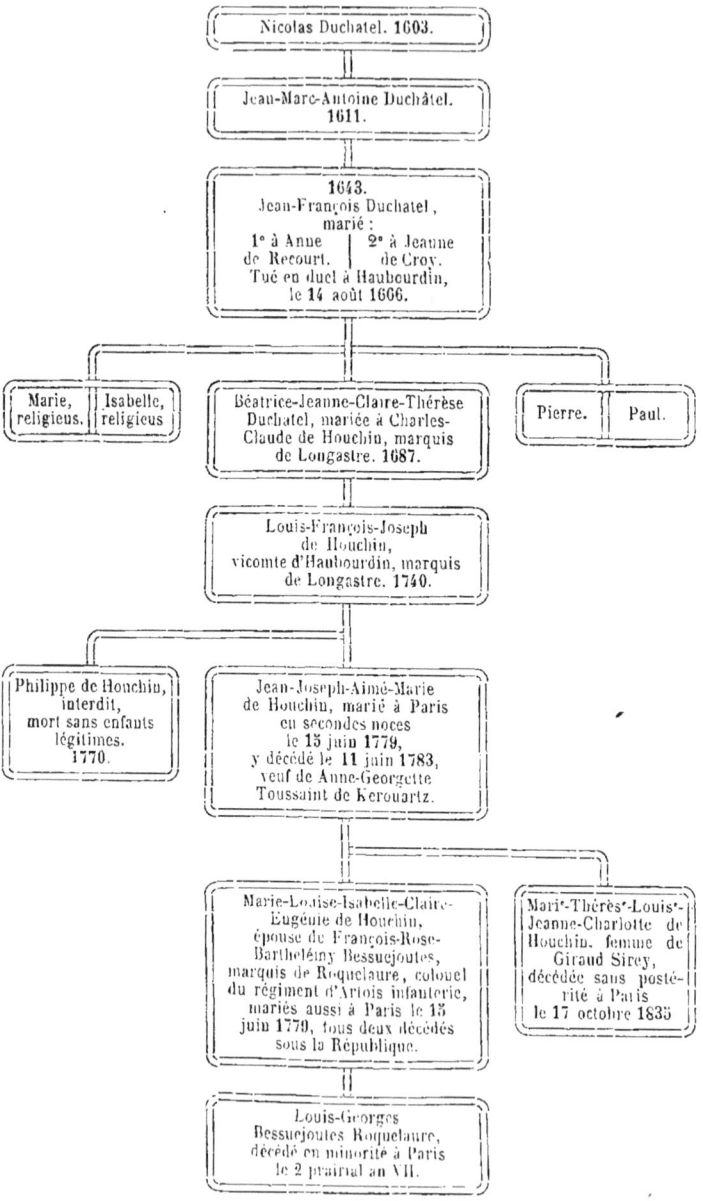

CHAPITRE II.

CHAPITRE II.

Faits chronologiques de l'an 1200 jusqu'à nos jours.

An 1200. — Le cinquième jour avant le mois d'août, lois données à tout le comté de Hainaut par Baudouin, comte de Flandre.

Ces lois étaient exécutoires à Haubourdin, comme relevant du comté de Hainaut.

Si aucun titre ne nous en a révélé l'application, c'est que de ce temps on ne dressait point d'écrit des sentences rendues sur la matière (1).

---

(1) Cette loi, confirmée par les nobles et chevaliers, réglait d'abord la succession des fiefs. Pour en jouir, l'âge de l'homme était fixé à quinze ans, celui de la femme à douze.

Elle ne contenait, au surplus, que des dispositions pénales. Leur bizarrerie nous engage à en rapporter quelques-unes.

Si un homme tue quelqu'un et si l'homicide s'enfuit, ses amis et ses parents devront le *forjurer*, et, s'ils ne le font pas, il sera regardé homicide jusqu'alors.

Si quelqu'un coupe un membre à un autre, il sera puni de même relativement au forfait; s'il s'enfuit, le seigneur pourra jouir de tous ses meubles pendant un an.

Celui qui aura blessé quelqu'un de façon à faire craindre pour sa vie, doit être détenu jusqu'à ce que l'on sache ce qui arrivera de cette blessure.

Si cet homme est gardé par un chevalier et qu'il lui échappe, il doit jurer, lui chevalier, que ce n'est pas sa faute.

An 1215. — Jeanne de Constantinople, comtesse de Flandre, qui s'est réfugiée à Haubourdin, à la maison des Dames de Denain, fait construire près la Deûle, rue de l'Étanque, une fontaine pour procurer aux manants d'Haubourdin une eau salubre à leur portée. (Voir la fontaine.)

An 1234. — Le premier jour de janvier, il gela si fort que les blés furent glacés. La disette de grains amena une horrible famine ; les hommes broutèrent de l'herbe par les champs comme les bêtes. Enfin, pour surcroît de malheur, la peste décima de nouveau la Flandre et se répandit même en France (1).

An 1266. — Lettre de Marguerite, comtesse de Flandre, disant que ses officiers de justice avaient rendu un jugement sur un différend que Pierre de Beverceck, et Jean, son frère, avaient avec Wautier de Habourdin et ses amis, au sujet d'un accord fait entr'eux, à cause de

---

Celui qui portera un couteau à pointe, à moins qu'il ne soit chasseur, cuisinier, boucher, ou étranger traversant le pays, devra payer 60 sols d'amende à celui dans la justice de qui on le trouvera, et, s'il n'est pas en état de les payer, on lui coupera l'oreille.

Les amendes de méfaits, dans tous les lieux du Hainaut où il n'y a point de marchés de voisins contre voisins ou d'autres, sont telles : pour un homme ronguié (blessé), on paiera 50 sols, dont 30 au blessé et le reste au seigneur. S'il y a du sang répandu, l'amende sera de 30 sols, qui se partageront entre le seigneur et le blessé. Si quelqu'un est tiré par les cheveux, l'on paiera 15 sols.

Toutes ces choses doivent se prouver par bonne vérité, et si elle n'appert, celui qui aura inculpé quelqu'un jurera seul qu'il a été blessé ou frappé, et l'autre jurera, lui troisième, qu'il n'en est point coupable, et la paix se fera.

Ceux qui ne sont pas chevaliers ou fils de chevaliers ne seront point obligés aux mêmes lois que les autres, *mort pour mort, membre pour membre*.

(Extrait d'une ancienne chronique imprimée en gothique, qui a pour titre : *Illustrations de la Gaule Belgique, antiquités du pays de Hainaut*).

(1) Edward Leglay, *Histoire des comtes de Flandre*.

la mort de Ghérart, frère dudit Wautier, tué par l'une des parties contractantes. 220 livres ont été stipulées payables à Wautier (1).

An 1271. — Creusement ou formation du canal de la Haute-Deûle, bordant le territoire d'Haubourdin sur toute sa longueur (2).

Ce canal fut évidemment creusé pour saigner les marais, ouvrir une voie de communication et défendre la ville de Lille. Ses écluses sont au fort de Scarpe, près Douai, à Don (Annœullin), à Wambrechies, etc.

La Deûle, avec ses embranchements, communique avec tous les pays voisins ; les vins et les denrées passent en transit par Dunkerque.

An 1273. — En janvier, lettres par lesquelles la comtesse Marguerite, et Gui, son fils, confirment les conventions de Jean, châtelain de Lille et seigneur d'Haubourdin, concernant le canal de la Haute-Deûle.

La comtesse règle en même temps les droits des abbés de Loos sur le canal, en raison des terrains pris sur le domaine de l'abbaye pour l'établir.

An 1275. — En avril, la même comtesse approuve la prisée faite par son féal Baudouin, sire de Comines et autres, des terres, prez, haies et chaingles qui ont été pris pour le canal.

(1) Extrait de l'inventaire chronologique des archives départementales, copie en parchemin, écriture du temps.
(2) Voir l'acte dressé à ce sujet, annexe N° 1".

Cette prisée est faite au taux moyen de 4 sols 6 deniers artois, par chaque cent de terre de revenu annuel.

Par ces lettres, la comtesse ordonne que la voie de trait depuis Haubourdin jusqu'aux moulins du Kesnoit (la Planche-à-Quesnoy) aura 7 pieds de largeur et sera du côté Mélantois (où elle se trouve encore), et de là jusqu'au pré Raimbaut, où la voie doit passer et aller de l'autre côté (côté de Weppes) jusqu'à Canteleu (1).

An 1295. — On construit par adjudication le chemin longeant la Deûle, appelé de nos jours *chemin de halage*.

An 1297. — Au mois de juin, l'armée française, commandée par le roi lui-même, Philippe II, arrive en notre pays et fait le siège de Lille, que le monarque obtient par capitulation.

Pour affamer les Lillois, on dévasta toutes les réserves; Seclin, Haubourdin et les villages voisins furent abandonnés à la fureur des soldats... Ceux-ci furent attaqués par une dyssenterie cruelle, suite des excès auxquels ils s'étaient livrés.

An 1299. — Philippe-le-Bel ordonne au comte de Hainaut de remettre à son bailli de Lille, Jean du Castel, bourgeois de Lille, qu'il avait fait prendre dans la maison de l'abbesse de Denain, à Haubourdin (château de Beaupré), et qu'il retenait en prison.

(1) Extrait de l'*Inventaire des Chartes*, tome III, pages 65 et 110.

An 1301. — Du vendredi après Saint-Barnabé, apôtre, mandement du roi à son cher et féal le connétable de France, de se faire donner l'enquête faite par maîtres de Bytur et de Véris, chevalier, bailli de Hainaut, touchant le fait de *Habourdin,* et des circonstances.

(On suppose qu'il s'agissait des biens qui avaient été saisis sur Jean du Castel et que le comte de Hainaut refusait de restituer).

An 1304. — Au mois de juillet, les Flamands font le siège de La Bassée que les Français avaient pourvus d'hommes et de munitions, et s'en emparent.

Durant cette année, notre contrée dut encore éprouver les calamités de la guerre, laquelle était le prélude de la fameuse bataille de Mons-en-Pévèle.

An 1330. — Construction de deux chapelles expiatoires : l'une, sur la place de l'hospice actuel ; l'autre, Grand'place, à Haubourdin, par les Crépins, d'Arras, lesquels avaient attaqué et mis à mort deux gentilshommes d'Haubourdin.

(Voir notice sur Wallerand de Luxembourg, notre seigneur de l'époque, page 34).

An 1347. — Jean de Luxembourg, châtelain de Lille et seigneur d'Haubourdin, marche, à la tête de 900 hommes, à la rencontre des Flamands, révoltés contre Louis de Male, leur comte.

Le choc des deux armées eut lieu près de Quesnoy-sur-Deûle, où l'on se battit avec acharnement ; 1,200 hommes restèrent sur le champ de bataille, qui demeura aux troupes du seigneur.

C'est vers ce temps qu'une nouvelle famine désola notre pays ; elle était produite par les troubles dont la Flandre était le théâtre.

Ordonnance du seigneur relative à l'administration des deux chapelles. On y stipule que la messe sera dite chaque jour pour le repos des âmes du seigneur Wallerand, de sa femme, de son fils, et des deux écuyers tués par les Crépins.

An 1384. — On voit naître à Haubourdin les premières fabriques de draps et camelots.

Les drapiers venaient de la ville d'Ypres, qu'ils avaient quitté comme ayant été assiégée l'année précédente par les Anglais et les Gantois réunis

An 1415. — Le 1er avril, avènement à la seigneurie d'Haubourdin de Jean de Luxembourg, fondateur de notre hospice, le plus vaillant capitaine du xve siècle.

(Voir aux mots *Seigneurs* et *Hospice*).

Peu de temps après avoir pris possession de sa seigneurie, il s'occupa (en 1425) de la police des marais et rendit une ordonnance à ce sujet.

An 1425. — Un grand nombre de bourgeois et manants de Lille, *leur magistrat en tête*, vinrent en 1425, à Haubourdin, au-devant de Jehan de Luxembourg (notre seigneur de l'époque) sortant de Saint-Pol avec ses levées d'hommes, faites pour secourir le duc de Bourgogne, menacé par les Anglais.

Les deux troupes étant réunies en notre localité, *le magistrat* offrit à Jehan, outre *une queuwe de vin vermeil*, dix marcs de vaisselle d'argent. —Il paraît que ces renforts devenaient d'autant plus utiles aux Lillois, que ceux-ci étaient constamment obligés (à cause surtout des prisonniers de guerre qui se trouvaient dans la ville) de se tenir en armes ; ils ne traversaient les rues sans avoir au côté une dague ou une rapière.

Il y eut à cette époque un grand nombre d'enrôlés volontaires en faveur du duc ; on compta parmi eux des Haubourdinois ; on donna à chaque arbalétrier *une robe vermeille;* les pavoteurs, messagers, porte-bannières, varlets, etc., avaient été coiffés d'un chaperon de *drap rouge*, avec *une fleur-de-lys* en drap blanc.

Citons ici un épisode qui se rattache à cette expédition et qui témoigne, et de la foi de nos pères et des mœurs locales :

Tous ces gens d'armes réunis, étant arrivés à Lille, se rendirent à l'église Saint-Étienne pour y entendre un *célèbre prédicateur*, nommé *Thomas Connecte*. Le prêtre monta en chaire. L'église devenant trop étroite, il prêcha en plein air, devant plus de douze mille curieux. Il séparait ordinairement l'assistance en deux parties : d'un côté, les hommes ; de l'autre, les femmes ; et il faisait tendre entre deux une longue corde, pour ce qu'il disait *avoir vu entre eux aucune fausseté*. Ce qui lui attirait surtout grande réputation parmi le peuple, c'est qu'il déclamait contre l'ivresse et autres désordres (1). Il voulait commencer la réforme des mœurs des dames par la suppression des chapeaux fort élevés qu'on appelait *henins* ou *cornes*. Au sortir du sermon, les polissons, armés de crochets, tiraient ces bonnets et les jetaient dans la boue. Le prédicateur eut d'ailleurs assez de crédit pour déterminer plusieurs de ceux qui avaient *en leurs maisons, tables, échiquiers, cartes, quilles, dés et autres instruments dont on pouvait jouer à quelques jeux de plaisance*, à les lui apporter ; il en faisait jeter dans un grand feu, avec les henins des dames.

Encore un mot sur les graves événements qui se passaient alors dans notre contrée :

Aux Anglais s'étaient réunis les Gantois révoltés, dont les troupes venaient semer l'effroi dans les environs de Lille. PHILIPPE-LE-BON envoya contre eux, en mai 1448, Adolphe de Clèves, et prit à l'intérieur toutes sortes de mesures pour se garder de leurs attaques. De son côté, le magistrat fit mettre sur les remparts les canons et bombardes de la ville, rompit une digue à HAUBOURDIN, fit fermer tous les ARQUES, etc. (2).

Le parti de la paix prévalut, et les Gantois parurent disposés à écouter des conditions, mais les hostilités ne

---

(1) Voyez Monstrelet.
(2) Arques ou portes d'eau.

cessèrent qu'à la bataille de Gavre, gagnée par ce jeune chevalier à l'ardeur bouillante qui, depuis, devint *Charles-le-Téméraire*.

La fin du xve siècle fut marquée par des pestes diverses, autres calamités qui remplacèrent la guerre.

Les épizooties étaient aussi fort fréquentes. Dans nos environs, une multitude de chiens furent atteints d'hydrophobie.

An 1466. — En 1466, Haubourdin fut doté d'un établissement bien précieux. Un hospice y est érigé par Jean de Luxembourg, son seigneur (1).

An 1523. — Ordonnance, datée à Bruxelles du 22 septembre, par laquelle Charles-Quint, empereur des Romains, dit que ses terres d'Haubourdin et d'Emmerin sont franches et quittes; que si les manants ont voulu contribuer aux aydes et subventions, c'était de leur part purement volontaire, pour complaire au souverain et concourir aux grandes et urgentes affaires, frais et dépens nécessités pour les guerres de l'époque, etc.

An 1527. — En 1527, Marie de Luxembourg, dame d'Haubourdin, donne des lettres-patentes pour l'élargissement de la chaussée (non pavée) traversant la commune.

Un droit de péage est établi pour couvrir les frais de construction. Il était perçu, savoir:

(1) Voir au mot *Hospice*.

Pour un chariot ferré, 6 deniers;

Pour un chariot demi-ferré, 2 deniers;

Pour une charrette non ferrée ou pour un cheval chargé, 1 denier.

An 1532. — Cette haute et puissante dame confirme les réglements de police concernant les marais, et spécialement ceux de Wallerand et Jean de Luxembourg.

An 1530 à 1560. — Une maladie contagieuse, *la suerie* ou *suette*, exerce ses ravages dans nos environs.

Sous Charles-Quint et Philippe II, son successeur, des malheurs aussi funestes que la guerre eurent lieu, de 1527 à 1572. Luther, encouragé par les souverains allemands, attaqua ouvertement la puissance spirituelle du pape. Ses doctrines avaient séduit bien des esprits; ses livres étaient introduits partout clandestinement.

Les partisans de Luther n'en restaient pas là; ils semaient partout l'alarme jusqu'à faire trembler la puissance, et prêchaient les armes à la main.

A l'appui de notre dire, entre mille autres faits, nous avons celui qui suit :

Ces partisans, appelés aussi *Gueux*, se jetèrent par bandes et dévastèrent plus de trois cents églises.

Celle de Loos, près de chez nous, est alors entièrement dévastée; mais des volontaires, habitants de Seclin, Gondecourt, Haubourdin, Marquette et autres villages, avertis de ces ravages, se réunissent en armes et repoussent les pillards.

Les princes s'alarmèrent justement d'une conduite si atroce et de nature à détruire la société civile. De son côté, l'Église craignait pour la foi de ses enfants. Les deux pouvoirs civil et spirituel se concertèrent alors pour réprimer la sédition anti-religieuse et anti-sociale.

Ces moyens de répression étaient employés par le tribunal que l'on appelait *l'inquisition*.

Ils variaient selon le degré de culpabilité; certains crimes plus atroces étaient punis par la peine de mort, tels que le sacrilège, la profanation, l'apostasie, etc.

Citons un exemple en passant.

« Un sieur François Ghequier, de Quesnoy-sur-Deûle,
» avait *soustenu* qu'il ne se fallait confesser aux prestres;
» ains sufñzait de soy confesser à Dieu..... qu'il n'estait
» point de purgatoire et aultres propos erroneulx et chanté
» maintes fois chanson au scandale des gens d'églize.....
» et fut condamné à avoir la teste tranchée, le corps mis
« sur une ruelle au riez de la Madeleine (1). »

D'autres peines ou tortures étaient infligées : nous en ferons grâce au lecteur. Nous n'en rapporterons qu'une, avec quelques cas qui s'y rattachent.

(1) Extrait du registre aux sentences criminelles.

La fustigation, ou peine de fouet, était plus ou moins sévère. La sentence portait que le condamné serait battu de verges à sang coulant.

Le patient, homme ou femme, nu jusqu'à la ceinture, était placé sur un tombereau; au lieu désigné, la charrette arrêtait, on lisait le jugement du coupable, qui recevait sur les épaules le nombre voulu de coups de fouet.

Cette peine était réservée aux adultères, aux bigames, aux calomniateurs, aux vagabonds, aux teneurs de mauvais lieux.

Les exécutions les plus récentes, selon M. Derode, eurent lieu à Lille en 1667, 1670 et 1703.

Jean Delebaille, condamné pour bigamie, fut exposé avec une quenouille au cou. Louis Pocque en avait deux en sautoir.

De leur côté, les femmes coupables du même délit étaient exposées portant au cou deux culottes. Le notaire Pierre Platel fut fustigé pour malversation.

N'oublions pas de remarquer que notre contrée était alors sous la domination de Charles-Quint et de Philippe II, rois d'Espagne, pays où l'inquisition a cru nécessaire de déployer plus de rigueur que partout ailleurs.

Ces stupides abus cessèrent insensiblement avec les causes qui les avaient fait naître, et furent entièrement abolis sous Louis XVI.

En 1577, le 7 janvier, Carpentier, abbé de Loos, député du clergé, part pour Bruxelles avec d'autres délégués pour aviser à la pacification du pays ; leurs négociations avec don Juan, *bâtard de Charles-Quint,* suspendirent les hostilités.

Enfin, en 1579, le 17 mai, un traité signé à Arras entre le roi et les représentants du Pays-Bas, signala la fin des luttes sanglantes provoquées par les hérétiques. Parmi les députés lillois, on comptait Vanderhaer, chanoine de Saint-Pierre, à l'ouvrage duquel nous avons emprunté certains documents pour la biographie des seigneurs d'Haubourdin.

Déjà à cette époque du XVIe siècle, il existait à Haubourdin des manufactures de gros draps. Des titres trouvés aux archives départementales rapportent que du compte rendu en 1550 par Jean Ristaux, receveur des terres et seigneuries d'Haubourdin, appartenant alors au duc de Vendomois, qu'en 1549 il avait été fabriqué audit Haubourdin 1459 pièces de draps, lesquelles ont été soumises au droit de 66 livres 19 sous, payés au seigneur.

Ce dernier percevait : 1° à chaque pièce de drap, 1 patard ; 2° à chaque pièce d'escamote, 2 liards.

Les drapiers expédiaient leurs tissus dans la châtellenie et même dans les provinces voisines.

Les guerres et les incendies dont Haubourdin fut le théâtre ont sensiblement diminué ce genre d'industrie.

La dernière fabrique se trouvait à l'hospice en l'an XII de la République.

Coutumes d'Haubourdin et Emmerin.

An 1599. — C'est en cette année, le vingt-huitième jour du mois de mai, que furent proclamés par écrit les coutumes de la seigneurie d'Haubourdin et Emmerin.

Les droits et intérêts civils des habitants ont été réglés d'après ces coutumes, qui étaient nos lois spéciales.

(Voir leur teneur aux annexes N° 3.)

Le 6 juin, fondation d'un jeu d'arc à Haubourdin.

(Voir *Sociétés à l'arc.*)

An 1601. — Le roi Henri IV, comme seigneur souverain d'Haubourdin, par son ordonnance du 5 mai de cette année, révoque celle des États de Lille, relative à la levée des impositions sur les vins, bières, grains et autres denrées qui se consomment à Haubourdin, à charge par les manants de ce lieu de confectionner en pavés la chaussée en-dedans du terroir d'Haubourdin.

Il oblige ceux d'Emmerin à participer aux frais de construction de ladite chaussée (1).

Les droits de péage établis par Marie de Luxembourg

---

(1) Registre N° 186 déposé aux archives départementales, dont partie est en écriture du temps.

furent augmentés, pour leur produit être affecté au paiement de la nouvelle construction.

La même chaussée fut notablement élargie en 1693. Elle mesurait alors vingt pieds entre deux bordures.

Les gens de loi et manants d'Emmerin ont, à diverses reprises, et particulièrement en 1674, 1681 et 1700, demandé à affranchir leur communauté des impôts établis pour le paiement des pavés de la chaussée, disant qu'ils ne retiraient de cette voie aucun émolument, profit ni avantage; mais la Cour du parlement de Tournai refusa de faire droit à leur demande, en se fondant d'abord sur les termes de la déclaration du seigneur roi, et aussi sur ce principe que Haubourdin et Emmerin comprenant une vicomté, les impôts leur étaient communs en les attribuant pour deux tiers à Haubourdin et le dernier tiers à Emmerin.

Ce différend paraît avoir pris fin en 1738, lors de la suppression des droits de passage, prononcée par arrêt du conseil de cette année.

An 1603. — Le 28 mai, les mandataires de Henri IV vendent la seigneurie d'Haubourdin au sieur Nicolas Duchâtel.

Sa Majesté ratifie cette vente le 17 juin même année.

(Voir les termes de ce dernier contrat aux annexes N° 4.)

An 1605. — Le 3 octobre, érection en vicomté des

seigneuries d'Haubourdin et d'Emmerin, suivant lettres données à Bruxelles par les archiducs d'Autriche, alors souverains de notre pays.

Le texte de ces lettres, qui en indiquent les causes et les conditions, figure aux annexes sous le N° 5.

An 1640. — Durant cette année et celle suivante, nos environs devinrent le théâtre de luttes sanglantes (1).

Le prince d'Orange, après avoir envahi le Brabant, emporta les Pays-Bas catholiques et menaça Lille.

De leur côté, les Français attaquaient diverses villes voisines, notamment Béthune, Armentières, La Bassée, etc.

Des détachements de cavalerie étaient postés à Haubourdin, Loos, Marquette, etc., pour avertir l'arrivée de l'ennemi. Diverses échauffourées eurent lieu ; on fit dans nos environs des prisonniers, qui furent envoyés à l'abbaye de Loos.

Don Juan, gouverneur des Pays-Bas, était campé à *Berclau*, et son armée se rapprochant de Lille, en passant à Haubourdin, dévastait tout, ruinait le pays, démolissait les fermes et les maisons.

Ces destructions avaient un but : la levée du siège d'Aire fait par les Espagnols. Des camps d'observation étaient établis depuis chez nous jusqu'à cette ville.

(1) Nous étions encore sous la domination espagnole, Philippe IV régnant. — En France, le ministre cardinal Mazarin dirigeait la politique de Louis XIII.

C'est durant ces mauvais jours que l'ennemi saccageait nos habitations. La plupart des maisons d'Haubourdin, situées vers l'église, devinrent la proie des flammes. Le logement et la nourriture de l'armée étaient des charges écrasantes pour les habitants. Cette armée elle-même était décimée par des maladies contagieuses. Les malades ne trouvaient plus place à Lille ; on en expédiait par bateaux sur Armentières, Haubourdin et lieux voisins.

C'est à cette époque (1644) que le feu dévora aussi le château d'Emmerin, qui avait servi d'habitation au fameux sire d'Haubourdin, de même que le moulin de briques qui existait sur la motte dudit Emmerin.

Ces désastres ne prirent fin qu'à la bataille de Rocroy (19 juillet 1643).

D'autres calamités s'en suivirent. La cherté du blé occasionna des émeutes à Lille, à Haubourdin, à La Bassée ; des foules affamées se précipitent chez les marchands de grains pour les piller. Elles se portent également chez les boulangers où l'on s'empare de tout ce qui tombe sous la main. Les perturbateurs sont poursuivis, fustigés, bannis, etc.

An 1648. — La commune fait abattre les arbres plantés sur le grand riez, et y fait cuire, par l'entrepreneur Sauvage, des briques destinées à la reconstruction du presbytère et des prisons.

An 1666. — Le 14 août, le seigneur de notre

lieu, Jean-François Duchâtel de la Howardrie, est tué en duel à Haubourdin (1).

An 1667. — 28 août, prise de Lille par Louis XIV.

An 1674. — Sous la date du 19 juin de cette année, le marquis de *Humières*, maréchal de France, gouverneur de Lille, etc., défend à tous officiers et hommes de parti de prendre aucun rafraîchissement dans les villages d'Haubourdin et Emmerin *(sic)*.

An 1675. — Le 16 août, le gouverneur des Pays-Bas, résidant à Bruxelles, prend et met sous la protection et la sauve-garde de Sa Majesté les habitants d'Haubourdin, ensemble leurs meubles, bétail, grains et autres biens quelconques, moyennant payer par anticipation 1,813 florins 18 patards 1/2.

An 1676. — Une déclaration, signée le 15 octobre de cette année, par les mayeur et échevins d'Haubourdin, constate que, la veille, un parti espagnol de la garnison de Valenciennes est venu audit Haubourdin, et y a enlevé des chevaux et bestiaux.

Cet acte énonce encore que Hubert Blanquart et Pierre Cordonnier, fils de Pierre, censiers de ce lieu, furent emmenés à Valenciennes, montés sur leurs *cavales*, soustraites violemment, et prisées 75 livres de gros l'une parmi l'autre.

---

(1) Les chroniqueurs rapportent que ce duel avait eu pour cause la possession contestée par les deux champions d'un lièvre qu'ils prétendaient avoir réciproquement tué en chassant ensemble.
Le combat eut lieu sur place et sans se faire attendre.

An 1678. — Le 28 du mois de juillet, le nommé Camo, garde de M. le maréchal de Humières, arrive dans les marais d'Haubourdin, et y fait pratiquer des coupures à divers fossés et rigoles, afin d'envoyer vers Lille des eaux assez abondantes pour rétablir la navigation.

Le procès-verbal dressé à cette occasion par les échevins d'Haubourdin constate que cette mesure *était prise pour le service du Roi, à raison qu'il y avait plusieurs bateaux chargés de matériaux pour être employez aux fortifications de Menin qui étaient à sèche et ne pouvaient aller plus avant faute d'eaux, etc.*

An 1679. — Un différend sérieux s'élève entre la commune d'Haubourdin et son seigneur.

Une partie des droits d'octroi sur les bières et les vins était destinée encore à solder le prix de la construction de la chaussée.

La perception de ces droits était affermée, les impôts à la *hausse* et la recette au *raval*, d'après l'avis de M. Arembault, délégué par le grand conseil de Malines, en l'année 1660.

C'est ainsi que depuis lors, Pierre D'hennin et Pierre Duthoit, clerc d'Haubourdin, furent successivement déclarés receveurs, ayant pour salaire 20 patards du 100 de livres.

Mais en 1678, M. de Longastre, sans cause ni raison, déporta le fermier, et, de sa propre autorité, donna sa charge à Jacques Lambert, avec le droit de 40 patards du 100.

Sur ce, les mayeur et échevins se récrièrent en s'opposant à cette mesure, pour maintenir, disaient-ils, le bien public.

Lambert, le nouveau fermier, présenta requête au bailli, qui le maintint provisoirement.

Les gens de loi d'Haubourdin persistèrent en frappant d'appel cette décision, puis allèrent supplier le marquis de Longastre qui se trouvait alors au château de M. Dumini, de rapporter sa résolution. Le seigneur répondit qu'il ne rétracterait pas le pouvoir qu'il avait donné, et qu'après l'année révolue, on accorderait le droit au raval.

Une requête fut alors présentée par les mayeur et échevins à la cour de Malines, de laquelle ils relevaient depuis l'érection de la vicomté.

Le seigneur ne pouvant, dit la requête, transgresser ainsi les droits et privilèges du peuple, etc.

Aucun titre ne fait connaître les suites données à cette dernière protestation; toutefois, on doit supposer que le seigneur succomba dans l'instance, puisque la perception des impôts en question fut ensuite, comme par le passé, accordée à la hausse, et la recette adjugée au raval jusqu'à l'époque de la Révolution.

An 1680. — Le sieur Gérard Becquet, *marglisseur* de cette vicomté, fait recette, le 8 novembre, de la somme de 100 livres, objet d'une donation faite à l'église par feu Nicolas Cordonnier.

An 1682. — Le 16 janvier, ordonnance du sieur Pelletier, intendant de la Flandre, faisant défense aux habitants d'Haubourdin et d'Emmerin de tenir aucun entrepôt d'eau-de-vie, ni d'en vendre en gros ou en détail aux habitants de Lille et de la châtellenie, et à ceux-ci d'aller boire dans ces lieux (1).

An 1688. — Divers titres, notamment ceux tirés de l'abbaye de Loos, rapportent qu'en cette année et celles suivantes la rivière de la Haute-Deûle fut notablement élargie, ce pourquoi (dit l'un de ces titres) les héritages contigus ont été de beaucoup diminués.

An 1692. — Un ouvrage de la châtellenie de Lille, vol. N° 12, constate qu'Haubourdin, empire, porte de gueule au lion d'or, est tenu en fief du comté de Hainaut. — Une autre note de cet ouvrage dit que, par arrêt du parlement de Tournai, du 8 juillet 1692, il a été fait défense au seigneur de Haubourdin de s'enqualifier comme il faisait d'absolu et souverain seigneur.

An 1696. — Le 4 janvier, le seigneur d'Haubour-

---

(1) On sait que parmi les priviléges communs aux habitants de la vicomté d'Haubourdin et Emmerin existait la franchise de tous droits sur les boissons. Les bières et les eaux-de-vie y étaient donc vendues meilleur marché que partout ailleurs, ce qui engageait les habitants des environs, et particulièrement les Lillois, à venir faire chez nous d'abondantes consommations.

C'était pour détruire ou tempérer cet état de choses nuisible aux intérêts de nos voisins que serait intervenue l'ordonnance sus-énoncée.

din, marquis de Longastre, fait faire le dénombrement de ses fiefs, terres, etc.

An 1697. — Un édit du roi, rendu à Versailles le 22 janvier de cette année, prescrit que les armes et blasons des personnes, maisons, familles, domaines, villes, provinces, corps municipaux et communautés du royaume, seraient enregistrés, pointés et blasonnés d'or, dans l'armorial général établi à cet effet en la ville de Paris. Pour s'affranchir des droits dûs par cet enregistrement, la communauté d'Haubourdin déclare qu'elle se sert des armes de son seigneur. — Le sieur Vannier, chargé du recouvrement de la finance, conteste la véracité de cette allégation, et dit que le scel d'Haubourdin n'est point aux armes du seigneur, qu'au contraire les armes de ladite communauté sont pareilles à celles rapportées au blason que le sieur Vanderlinde a produit et qui lui ont été fournies par ceux d'Haubourdin, ce qui fait voir, dit un écrit sur l'affaire, la mauvaise foi de ces derniers, qui ne devraient conséquemment pas être affranchis de l'enregistrement.

Aucun acte n'établit la fin de ce différend, et les archives n'ont révélé d'autres armes ou cachets que ceux des seigneurs.

An 1701. — Le 29 août, création de la société d'arbalétriers par le marquis de Longastre.

An 1708. — Siège de Lille.

Le 13 août, le prince Eugène de Savoie transfère son quartier-général de Loos à Haubourdin.

Les armées alliées envahissent presque tous les environs de Lille. — Celles placées de notre côté se dirigent sur le fort du pont de Canteleu, et mettent en batterie à Lambersart 120 pièces de canon, 40 mortiers, 20 obusiers, etc. Cette effroyable attaque ébrèche les remparts de la ville, malgré le feu de la place.

A Loos, on fait de grands préparatifs pour la réception du roi de Pologne. Le 19 août, ce monarque et d'autres illustres personnages arrivent à Loos et se fixent à l'abbaye, où le prince Eugène établit sa résidence.

Le 7 septembre, à sept heures du soir, un assaut est tenté. — Il ne réussit pas. — Quatre autres tentatives pareilles jusqu'au 5 octobre ont le même sort.

Laissons ces scènes de carnage dans lesquelles les Français ne lâchent pas pied en opposant une constance inébranlable à l'impétuosité de toutes les attaques, pour dire que ce grand drame prit fin le 17 octobre, par la capitulation du maréchal de Boufflers.

Chez nous, les habitants furent forcés de confectionner pour les alliés des fascines entremêlées de pierres, et, après la levée du siège, les logements de troupes durèrent dix-huit mois; cette charge, jointe à la rareté des denrées, mettait nos populations dans un état de souffrance continu.

Mais Haubourdin et les villages voisins eurent été complètement décimés si, comme l'a écrit Fenélon, le duc de Bourgogne avait suivi les ordres du roi, qui voulait que l'on attaquât le prince Eugène, placé près de nous, avec une partie de son armée, et ce, tandis que le duc de Marlborough s'était avancé sur le chemin d'Ostende.

Notre pays devint donc momentanément sous la domination étrangère (hollandaise).

An 1710. — Les villes de nos alentours, Douai, Béthune, Saint-Venant, Aire, etc., tombèrent également au pouvoir des ennemis de la France. — La bataille de Denain, en 1713, gagnée par le duc de Villars, nous replaça sujets du grand roi Louis XIV, et c'est depuis lors que nous sommes restés FRANÇAIS !

An 1720. — Une maladie contagieuse *(la suette)* envahit notre pays : Haubourdin n'en fut pas exempt ; la mortalité était grande ; plusieurs de nos concitoyens allèrent à Seclin implorer saint Piat.

On rechercha vainement la cause de cette peste ; les superstitieux seuls en virent le présage dans une *aurore boréale*.

A cette calamité vint se joindre une sécheresse extraordinaire qui dura deux ans. — Les chenilles étaient alors si nombreuses qu'elles dépouillaient tous les arbres. — Les eaux de la Deûle baissèrent au point que l'on voyait le lit de la rivière. — A Don, le courant pouvait à peine faire tourner un moulin, tandis qu'il avait suffi et au-delà pour en mouvoir deux (1).

An 1723. — Le 26 mars de cette année, un contrat est signé pour établir que M. Étienne Meurille, mayeur d'Haubourdin, a acquis, pour l'usage de la communauté, moyennant le prix de 114 florins, des sieurs Pinte, Laden et Hòchart, un ancien fonds contenant cinquante pieds de long, pour y construire un abreuvoir, qui sera gisant entre deux ponts.

Un titre de 1773 disait que la commune payait chaque année à l'église deux sols de rente pour l'entretien dudit abreuvoir.

Cet abreuvoir public, qui est alimenté par les eaux de *la Tortue* qui la confine, va être prochainement reconstruit, à cause du dessèchement de la vallée de la Haute-Deûle.

An 1726. — Le marquis de Longastre élève sa prétention à la propriété du grand riez d'Haubourdin, mais, tout en repoussant cette demande, les mayeur et échevins se pourvoient reconventionnellement pour obtenir du souverain bailliage qu'il donne l'ordre *à leur seigneur* de combler les fossés que celui-ci vient de faire creuser sur le même riez, comme aussi de faire abattre les arbres qu'il y avait fait planter.

---

(1) Les Lillois souffrirent extraordinairement de cette sécheresse. — C'est à cette époque que les religieux du prieuré de Fives tentèrent de faire revivre les sources du Becquerel, qui se trouvaient dans leur propriété. On découvrit durant ces travaux que la source des eaux chaudes de Fives provenait des carrières de Lezennes.

Ce procès fut terminé après quatre ans, et le seigneur débouté de ses prétentions.

An 1727. — Le 5 avril intervint, à la suite d'un long procès commencé en 1689, une transaction entre Haubourdin et Emmerin pour le partage des marais dont ils jouissaient en commun.

C'est cette même transaction qui est invoquée par Emmerin pour exercer son droit de plantis sur le contour dudit marais appartenant à notre commune.

An 1729. — Le 28 mars, les jeunes gens d'Haubourdin et d'Emmerin font une convention où il est stipulé que les frais du volontaire engagé pour milice, portent, pour son engagement. chapeau bordé, cocarde, bas, souliers et gants, la somme de 663 livres, 4 sols, laquelle valeur fera l'objet d'une cotisation particulière, de sorte qu'Emmerin paiera 250 livres et Haubourdin 413 liv. (1).

An 1738. — Arrêt du conseil, rendu le 18 février, supprimant le droit de péage que le seigneur marquis de Longastre percevait sur le pavé d'Haubourdin.

Cette sentence fut mise à exécution le 7 mai suivant.

An 1744. — Le roi Louis XV venait d'arriver à

---

(1) Louis XV venait de perfectionner en 1726 l'institution de la milice. Elle fut supprimée par décret du 4 mars 1791. — L'enrôlement volontaire étant insuffisant pour recruter l'armée, une loi du 23 août 1793 mit en réquisition les jeunes gens de dix-huit à quarante-cinq ans.

La conscription fut instituée le 5 septembre 1798; abolie par la Charte de 1814, elle fut rétablie par la loi du 10 mars 1818.

Le recrutement des armées est actuellement régi par la loi du 21 mars 1832.

Lille (le 12 mai) pour se mettre à la tête de ses armées.

Le duc de Biron, commandant le 4ᵉ corps, était cantonné à Haubourdin, Emmerin et lieux voisins.

Bientôt, ce corps s'ébranla et se fixa à Roncq et Wervick.

Le 2 juillet même année, le monarque passe à Haubourdin, se rendant à Béthune... Déjà, Menin, Furnes, le fort de Kenoque, etc., étaient au pouvoir des Français.

Cette campagne célèbre finit à la bataille de Fontenoy (11 mai 1745).

C'est à cette époque que Voltaire vint à Lille (1) où il fit jouer plusieurs fois *Mahomet*, pièce qui fit grand bruit.

An 1752. — Partage des marais, entre Haubourdin, Emmerin et autres communes limitrophes.

Ce partage mit fin au procès qui existait depuis près d'un siècle entre Haubourdin et Emmerin pour le tourbage et le pâturage dans les mêmes marais.

En septembre 1760, on vend publiquement le cabaret ayant pour enseigne : *Au château de Beaupré*, dit *Hurtebise*.

An 1763. — On trouve, en cette année, une pièce conçue en ces termes : « De la part des échevins de la » vicomté d'Haubourdin, on convoque les habitants de

---

(1) *Histoire des Villes de France*, par M. E. Leglay.

»ce lieu à se trouver à leur assemblée, qui se tiendra à
»la maison de ville, vendredi 9 de ce mois, à deux heures
»de relevée, pour consentir ou s'opposer à l'établisse-
»ment d'un vicaire, qu'on se propose de demander pour
»l'utilité et service de la paroisse. — Ainsi fait et arrêté
»le 3 décembre 1763. Signé : Carpentier. »

« Le 4 décembre, j'ai publié la présente à la sortie
»de la messe paroissiale du saint dimanche, le peuple y
»étant assemblé. P. F. Casier, clerc (1). »

An 1770. — Une maladie épidémique attaque les bêtes à cornes et spécialement les vaches.

Haubourdin n'est pas affranchi de cette peste. Trois maréchaux-experts de la contrée sont sur pied, jour et nuit, pour apporter le secours de leur art.

An 1775. — Le sieur Pierre-Philippe Rubens, adjudicataire de la ferme des octrois sur les tabacs de la vicomté, résilie son bail à cause des difficultés que lui ont suscité les grands baillis des états. — On procède, en conséquence, le 25 avril, à une nouvelle adjudication pour deux ans dudit octroi, laquelle est prononcée au profit du sieur Martin Procrès, pour la somme annuelle de 330 florins.

An 1777. — Le mayeur de cette époque, sur le rapport du curé (2), expose que les principaux devoirs

---

(1) Cet acte établit qu'autrefois les Haubourdinois bourgeois et manants étaient admis à la discussion des intérêts généraux. Toutes les fois que le seigneur respectait ces libertés, la population lui était plus dévouée.

(2) Mayeur, M. Jean-Baptiste Wougue, curé, M. Testelin.

de ceux à qui l'administration de la communauté est confiée, étant non-seulement de veiller à l'intérêt public, soutenir les biens des particuliers, protéger la veuve et l'orphelin, mais aussi de veiller aux bonnes mœurs et exciter l'industrie et l'amour du travail; — qu'il voit avec peine depuis quelque temps un relâchement presque général dans la conduite des jeunes gens et un éloignement pour le travail; — que, pénétré de regrets de voir se perpétuer de pareils désordres, loin de chercher à sévir, il préfère suivre les penchants de son cœur, et tenter les moyens les plus propres et les plus doux pour faire revivre l'amour de la vertu et du travail, etc.

Le mayeur propose ensuite de délivrer à diverses époques de l'année des prix en vêtements aux enfants fréquentant le catéchisme et les écoles.

Il exprime aussi le désir de doter chaque année les deux filles reconnues comme les plus vertueuses et sachant un métier.

Aucun acte postérieur n'indique si ces projets ont ou n'ont pas reçu leur exécution.

Les Haubourdinois avaient depuis assez longtemps pour seigneur Jean-Joseph-Aimé-Marie d'Houchin, marquis de Longastre. C'était, disaient ceux qui l'ont connu, un vaillant gentilhomme; il sacrifiait tout, jusqu'à son honneur et même sa vie, pour maintenir les droits et priviléges des Haubourdinois. Il eut à cette occasion plusieurs duels. On nous a cité celui de l'année 1775, où il tua l'un de ses amis, habitant un château près d'Aubers, lequel s'était plaint en haut lieu des avantages et privilèges de notre vicomté. Le marquis, poursuivi en justice pour raison de ce fait, s'adressa à Louis XVI, qui lui fit grâce *en lui adressant* l'épithète de *farceur*. Il se remaria à Paris le 15 juin 1779, mais il donna ledit jour la seigneurie d'Haubourdin à sa fille Marie-Louise-Isabelle-Claire-Eugénie d'Houchin, laquelle épousait à son tour, le susdit jour 15 juin, le marquis de Roquelaure.

An 1780. — Du compte de recettes et dépenses, dressé le 22 février par les mayeur et échevins de la vicomté, il résulte que l'on a dépensé 928 livres pour les frais de l'entrée à Haubourdin de M. de Roquelaure (1).

An 1781. — Des réjouissances ont lieu à Haubourdin pour célébrer la naissance du Dauphin (depuis Louis XVII). Repas dans le jardin de M. Clarisse; feu d'artifice sur la place, etc.

An 1783. — Le 11 juin, le marquis de Longastre meurt à Paris.

Une réponse, datée du 9 septembre, des bailli, mayeur et échevins de la vicomté, à la circulaire de M. de Frémicourt, procureur du roi de la gouvernance de Lille, fait connaître ce qui suit :

---

(1) Nous ignorons si les prédécesseurs de celui-ci ont occasionné à la communauté des dépenses aussi utiles. On sait néanmoins que nos pères aimaient beaucoup *à fester*; les communes donnaient les premières l'exemple. Ainsi le repas du renouvellement du corps échevinal, qui avait lieu tous les trois ans, coûtait plus de 100 livres.   (Extrait du même compte).

1° Il existe une prison à Haubourdin, sur la mouvance du seigneur;

2° Elle n'est guère en état de servir pour le grand criminel; — dans ce dernier cas, on use des cachots d'une des caves de l'Hôtel-de-Ville, qu'on a arrangée à cet effet;

3° Cette prison appartenait ci-devant au seigneur du lieu, mais, en ayant arrenté le fonds à perpétuité en 1755, elle appartient aujourd'hui à deux particuliers qui se chargent de son entretien;

4° Il n'existe aucun réglement pour l'administration de cette prison; les gardes d'Haubourdin en sont les geôliers; ils perçoivent, selon l'usage, 20 patards pour droit d'entrée, 10 patards pour celui de sortie, et 4 patards par jour pour nourriture des prisonniers pour crime ou pour dettes.

An 1785. — Un Haubourdinois, pris en flagrant délit de chasse, à l'aide de lacets, est condamné à être exposé deux heures au pilori, ayant sous les pieds un *houriau d'épines* (1). Cette histoire nous a été racontée par M. Vermont, médaillé de Sainte-Hélène.

An 1786. — Au mois de février de cette année, un marché au poisson est établi près de l'Hôtel-de-Ville.

Trois mois après, le seigneur Roquelaure, par l'organe de son bailli Chretien, prétend avoir droit de police sur ce marché, et celui de faire tous réglements, etc.

(1) Le pilori se trouvait sur la place, à l'angle du corps-de-garde actuel, la potence sur le bord du champ, vis-à-vis de la ferme actuelle de M. Léon Potié.

Notre mayeur, M. Blondeau-Grandel, se trouvant alors momentanément à Paris, ne peut résister personnellement au seigneur; mais M. Jean-Baptiste Cordonnier, premier échevin, son ami, le supplée avec énergie en s'opposant formellement aux prétentions de M. de Roquelaure, disant que cette fondation est toute récente, qu'elle est l'œuvre de la communauté d'Haubourdin, que son magistrat conséquemment a seul droit de la gérer et administrer.

An 1787. — Une lettre du 20 janvier, signée Lépinard (le chevalier), homme de loi, à Lille, annonce qu'il fait abandon à la communauté de la somme de 150 livres qu'elle lui doit pour honoraires de consultation (affaire des octrois contre divers).

Des forçats, détenus à la citadelle de Lille, parviennent à s'échapper, et répandent l'effroi dans nos environs.

An 1788. — Une fièvre putride et maligne règne dans les environs de Lille ; la grippe sévit en même temps d'une manière très-prononcée.

Si l'on ajoute à ces fléaux les rigueurs de l'hiver, les doléances du commerce, les mécontentements, la propagation des mauvaises doctrines, et l'on verra les symptômes particuliers qui, dans notre contrée, présageaient les grandes catastrophes qui allaient affliger la France.

An 1789. — Le 27 avril, ouverture des États-Généraux à Paris.

Un décret du 12 novembre supprime l'institution des échevins, érige une municipalité dans chaque commune. — Le chef aura le titre de maire.

An 1790. — Les 26 et 28 janvier, les citoyens actifs d'Haubourdin sont convoqués et se réunissent dans l'église paroissiale. L'assemblée compte 95 électeurs.

Alexandre Desmons est élu président, Gabriel Carpentier, secrétaire.

Le président reçoit de chacun des citoyens présents le serment ainsi conçu :

« Je jure de maintenir la constitution du royaume, d'être » fidèle à la nation, à la loi et au roi, de choisir en mon » âme et conscience les plus dignes de la confiance publi- » que, et de remplir avec zèle et courage les fonctions » civiles et politiques qui pourraient m'être confiées. »

Le bureau constate la nomination des citoyens ci-après :

Maire, M. François Clarisse ; officiers municipaux : 1° Jean-François Brame, 2° François Labbe, 3° Alexandre Desmons, 4° Eugène Dillies, 5° André Cado ; procureur de la commune, Josse-Guillaume Fleurkin; notables: Louis Cordonnier, fils d'Arnould, Jacques-François Bellanger, Vincent Béghin, Jean-Baptiste Lefebvre, Antoine Deledeuille, Constantin Bernard, François Morel, Pierre-François Bebague, Ignace Couture, Pierre-Joseph Guillon, Simon Odent, Jean-Baptiste Pollet, cabaretier.

Le 14 novembre même année, par suite de diverses mutations, il est procédé à des élections partielles pour compléter le corps municipal.

De cette opération sont élus, savoir :

Comme officiers municipaux : Vincent Béghin et Antoine Deledeuille, et comme notables : François Labbe, André Cado, Toussaint Lesieux, Pierre Montagne, Michel Echout et Josse Degrise.

Le jour de la procession de Lille (6 juin) des députations de toutes les villes du Nord, de la Somme et du Pas-de-Calais, se réunissent en cette ville pour assister à la grande fête de la fédération. Le cortége se rendit sur la Plaine, où, devant l'autel de la patrie, toutes les députations prêtèrent serment de fidélité à la nation, à la loi et au roi. Un esprit patriotique éclata dans cette imposante cérémonie ; l'élan était général ; on pleurait d'attendrissement ; chacun espérait.

Le 14 juillet, la grande fédération générale de tous les départements avait lieu à Paris.

Haubourdin et son canton y envoya dix délégués qui étaient les citoyens Eugène Dillies, Ennesens, Emmanuel Blondeau, Magret, Desmons, Letocart, Bresol, Friol, Pennequin, et deux autres.

En revenant de la capitale, ces messieurs portaient l'écharpe tricolore et une paire de pistolets à la ceinture.

Quelques jours après, on célébra également à Haubourdin la fête de la fédération ; une grand'messe fut chantée; un immense cortège, où la constitution était portée et figurée sur un grand placard, parcourut toutes les rues, et se rendit sur la belle prairie de M. Clarisse, où un banquet eut lieu.

Plus de 600 habitants prirent part à cette fête. M. le curé et son vicaire y assistaient. Les cris de : *Vive le roi ! Vive la constitution!* étaient poussés avec la plus grande allégresse.

La vue du banquet (nous a dit un témoin oculaire) présentait un coup d'œil admirable; des estrades, des pyramides parsemées de fleurs de lys, six tentes, dont chacune était pourvue de trois rondelles de bière, 24 coups de mortiers tirés pendant le dîner étaient de nature à porter l'enthousiasme dans le cœur de tous ceux qui assistaient à cette fête, aussi nouvelle qu'elle était imposante et remplie d'espérance.

Jamais l'agriculture ne vit une année plus favorable ; la température était tellement douce, qu'en janvier et février les arbres fruitiers était couverts de fleurs. Le 8 mars, les colzas étaient en pleine floraison. Les céréales furent d'une qualité remarquable.

Dès les premiers temps de la Révolution, on voyait dans le mouvement qui s'opérait un grand nombre d'honnêtes gens voulant des réformes sages et pacifiques devenues nécessaires, mais bientôt l'Assemblée législative se chargea de les détromper.

Le 23 novembre, M. Albéric Blondeau est nommé juge-de-paix par l'assemblée primaire siégeant à Haubourdin.

An 1791. — La constitution civile du clergé ayant été décrétée le 27 novembre de l'année dernière, M. Testelin, notre curé, comme beaucoup de ses confrères, refusa son concours au nouvel ordre de choses (1).

Le 29 mai 1791, un procès-verbal constate la nomination de son successeur dans les termes ci-après:

« En l'église d'Haubourdin, et en présence du conseil
» général de la commune et des fidèles assemblés, M. Herbo,
» élu curé de cette paroisse par l'assemblée électorale du
» district de Lille, a fait voir les institutions civiles et
» canoniques qu'il a reçues de M. Mocqueves de Ville-
» Maison, vicaire épiscopal de monseigneur Primat, évêque
» du département du Nord, et a dit qu'en exécution du
» décret de l'Assemblée nationale du 27 novembre dernier,
» sanctionné par le roi, il allait prêter le serment civique
» prescrit, et de fait, a prononcé à haute et intelligente
» voix et la main levée le serment de veiller avec soin sur
» les fidèles de la paroisse qui lui sont confiés, d'être
» fidèle à la nation, à la loi et au roi, et de maintenir de
» tout son pouvoir la constitution décrétée par l'Assemblée
» nationale. »

Le procès-verbal est signé : Clarisse, maire, Brame,

---

(1) M. Poilon, son vicaire, M. Caulier, directeur de l'hospice, et M. Durez, chapelain à la chapelle de la mairie imitèrent son exemple.

E. Dillies, L.-J. Cordonnier, Béghin, Deledeuille, Herbo, curé, et Delannoy, greffier.

Certains habitants montrèrent quelque répugnance à suivre les instructions du nouveau prêtre. Ils préférèrent assister aux offices des anciens ecclésiastiques qui avaient refusé le serment à la Constitution. Ceux-ci se cachaient et célébraient secrètement la messe dans des maisons particulières.

C'étaient MM. Detrez, Legrand et Delebecq. Les Haubourdinois qui les recevaient se nommaient Clarisse, Merville, Fleurkin, Dehau, etc.

Le 30 août au soir, vers neuf heures, un Lillois se rend à la mairie d'Haubourdin, et requérant des ouvriers et quatre chariots, il fait démonter les cinq cloches de l'église. — L'une d'elles tomba et se brisa sur les dalles. Pendant cette opération, à laquelle assistaient *quelques bons patriotes*, on enlevait l'argenterie, le linge, les ornements, les chandeliers, les fonts baptismaux, etc. Le tabernacle et la vierge de procession seuls furent respectés.

Les cloches ayant été fondues, le métal en provenant, du poids de 397 livres, fut vendu au prix de 16 sous (au profit du Directoire, bien entendu), au sieur Nicolas Regnault, fondeur à Lille.

Le 13 novembre, on procède, en la chapelle de la maison commune d'Haubourdin, au renouvellement partiel de la municipalité.

Pierre-François Labbe est élu maire, André Cadu, procureur de la commune, Pierre Guillon et Jacques Hochart, officiers municipaux, Michel Cambron, Adrien Mangé, Joseph Destailleurs, Constantin Bernard, Alexandre Davril et Ernest Duflot, notables.

A la fin de cette année, les habitants d'Haubourdin, Wazemmes, Esquermes, Loos et Santes, demandent au district de Lille que l'on fasse disparaître les eaux couvrant une partie des fortifications de cette ville, cette inondation causant des désastres irréparables dans leurs communes.

Le théâtre de la guerre, les grands événements qui allaient se passer, empêchèrent qu'il fut fait droit à cette requête.

Une seconde circulaire du directoire du district de Lille met en demeure la municipalité d'Haubourdin de lui faire connaître les charges locales de la commune, dont le montant, dit l'administrateur Couvreur, doit être réparti par sous et deniers additionnels au principal des contributions foncière et mobilière de l'année.

Pour y répondre, le maire d'Haubourdin envoie au district l'état ci-après :

Entretien et réparation du presbytère. 100 florins.
Loyer et entretien du lieu ordinaire des séances . . . . 100 »

A reporter. . . . 200 florins.

Report.	200 florins.
Appointements du secrétaire-greffier.	300 »
Fournitures de papier, bois et luminaires.	120 »
Traitement du maître d'école.	240 »
A Sébastien Dô, sergent. A Aimé Touzart, sergent.	260 »
Pour le soulagement des pauvres.	1000 »
Traitement du chirurgien des pauvres.	120 »
(D'autres charges, telles que le traitement de la communauté pour la perception des impôts, etc., sont portées pour mémoire)	
Total.	2240 florins.

An 1792. — Le 16 août, l'œuvre de la Constituante était continuée par l'Assemblée législative, installée le 8 octobre précédent. Des arbres, emblèmes de la liberté, étaient plantés dans toutes les communes. A Haubourdin, on en planta deux, qui furent renversés avant le 18 brumaire : — le premier, un bois-blanc sans racine, était devant le tribunal du juge-de-paix; le second, un chêne choisi dans les bois de Beaupré, était à l'angle de l'Hôtel-de-Ville, près du corps-de-garde.

Ce dernier arbre, amené sur la Place sur un camion de brasseur, traîné par quatre chevaux, fut planté à grands renforts de cérémonies analogues à la circonstance.

C'est à cette époque que furent formées les sociétés populaires et révolutionnaires. Haubourdin fut pourvue de la sienne; elle avait pour président le citoyen Joseph Defrenne.

Le 1er juin, le sieur Norbert Cado, lieutenant de grenadiers de la garde nationale, étant de service à huit heures du soir au corps-de-garde d'Haubourdin, met en état d'arrestation un particulier non muni de passeport, se disant négociant à Hesdin, et porteur d'une somme de 1,800 livres.

Des bruits de guerre sont répandus de tous côtés; on dit qu'une armée de 60,000 Autrichiens s'avance vers Lille. Le 9 septembre, les commissaires de toutes les communes du canton d'Haubourdin s'assemblent pour aviser au moyen de porter secours aux citoyens de la frontière contre les ennemis.

On délibère sur l'objet d'une lettre de la municipalité de Frelinghien qui, se trouvant menacée de la fureur des ennemis, réclame des secours de notre canton. — L'assemblée, prenant en grande considération cette demande particulière et le danger général du pays qui se trouve menacé de pillage, reconnaît qu'il faut une force prépondérante à un point central pour soutenir efficacement nos propriétés; que les habitants des campagnes, peu aguerris, peu au fait du maniement des armes et des évolutions militaires, n'opposeraient qu'une faible résistance aux ennemis en rase campagne, que leurs secours, au contraire, pourraient être d'une grande utilité dans une place forte.

Ces considérations, étant développées par M. Degland, maire de Wazemmes (1), ont fait arrêter unanimement par l'Assemblée:

1° Que dès demain, il serait demandé à tous les habitants du canton ceux qui, de bonne volonté, voudraient s'inscrire pour se rendre à Lille au premier signal de rassemblement, soit pour défendre la place en cas d'attaque, soit pour donner la facilité à la garnison de courir sur l'ennemi ;

2° Que les listes des défenseurs inscrits seraient remises le 12 à la municipalité d'Haubourdin pour être adressées au district et au conseil de guerre ;

3° Que le signal de rassemblement partira de Lille; que le faubourg des Malades le transmettra à Emmerin, le faubourg de la Barre à Lomme, celui de Notre-Dame à Esquermes, par des ordonnances de gardes nationales. Esquermes avertira Loos, qui avertira Haubourdin, Haubourdin transmettra l'ordre aux communes de Santes et Hallennes, Lomme avertira Sequedin et Ennetières, Ennetières transmettra l'ordre aux communes d'Englos et Escobecques, Escobecques avertira Radinghem et Le Maisnil, Hallennes transmettra l'ordre à Erquinghem-le-Sec et Beaucamps, Beaucamps portera l'ordre à Ligny, et Santes à Wavrin.

(1) Wazemmes et Esquermes appartenaient alors au canton d'Haubourdin.

Ce procès-verbal est revêtu des signatures des maires et délégués du canton.

La frayeur qui s'emparait de tous les esprits fut cause, chez nous, cette même année, d'un trouble extraordinaire.

Dans les premiers jours du mois d'août, un boulanger de Wavrin arrive à Haubourdin : son air effaré, son corps couvert de sueur décèlent son exaltation ; il annonce qu'une horde de brigands accourait de la Bretagne pour ravager nos champs et nos maisons ; que lui, sortant de son village, ils étaient déjà à Annœullin, etc.

M. Bresol, à qui fut fait le rapport, se rendit aussitôt à Lille.

De son côté, M. Friol, commandant de notre garde nationale, fit sortir de chez eux tous les habitants disponibles, en leur faisant prendre soit un fusil, soit un fléau, soit des pierres, et engageait les femmes et les enfants à porter dans leurs greniers des bûches et des cendres pour assaillir et aveugler les ennemis. L'alarme était générale; on voyait des chariots chargés d'objets précieux et d'enfants se dirigeant vers Lille. D'autres habitants, les plus poltrons, se sauvaient dans les bois et les excavations. Cette terreur panique ne cessa que le lendemain ; les brigands n'étaient qu'imaginaires. Chacun alors cherchait sa femme, son père, sa sœur; on en voyait revenir pâles, défigurés, couverts d'eau et de boue, comme ayant traversé les fossés pour se sauver. Un vieil Haubourdinois, du nom de Normand, fut seulement retrouvé deux jours après dans une carrière de Loos, hameau d'Ennequin.

Nous étions à la mi-septembre. L'ennemi, commandé par le vieux duc de Saxe, avait déjà pris Roubaix, Lannoy, Saint-Amand, Orchies, Tourcoing; il arrivait sous les murs de Lille. Le commandant Ruault, pour éclairer la marche des Autrichiens et maintenir libres les communications, envoya des détachements à Haubourdin, à l'abbaye de Loos, etc.

Le patriotisme des Lillois, leur ardeur, leurs dispositions pour combattre l'ennemi, trouvèrent des imitateurs dans toute la châtellenie. A Haubourdin et les communes voisines, des volontaires s'organisèrent, et attendirent pour agir le signal du conseil de guerre siégeant à Lille.

Le 29, à trois heures après midi, les menaces du général autrichien furent mises à exécution; une décharge simultanée de 24 canons, de 12 mortiers et de quelques obusiers salue la ville.

« Au signal donné, dit M. Victor Derode, l'artillerie de la place mêle son grondement à celui de l'artillerie autrichienne. Pendant toute la journée et toute la nuit, on entend un feu roulant de canons, de mortiers et de bombes... Les boulets rouges occasionnent des incendies; des maisons s'embrasent.. Les groupes formés dans les rues se dispersent à la vue des boulets bondissants. La caserne Saint-Maurice est en flammes; l'église Saint-Étienne, un des rares monuments du pays, s'embrase et périt toute entière.... Le quartier Saint-Sauveur, plus exposé que les autres, devient le foyer de l'incendie le plus violent. Une pluie de bombes et de boulets le rendent presque inaccessible aux secours. . »

Laissons les Lillois et les soldats repousser avec un courage héroïque les effets du bombardement, et voyons ce qui se passait chez nous dans ces moments d'anxiété et de terreur.

Les Haubourdinois, eux aussi, furent transportés de fureur à l'approche des ennemis. Ils prirent des mesures énergiques pour les repousser... On voyait d'abord un retranchement établi depuis la chaussée, au point où se trouve aujourd'hui la grille du château de M. Menche, maire, qui s'étendait jusqu'à la prairie de M. de Grise, près l'église, puis bifurquait par la ferme Renard jusqu'à la Deûle.

Ces retranchements étaient garnis de chevaux de frise.

Le Bas-Chemin ou rue de l'Église était planté d'ormes d'une grosseur extraordinaire depuis les maisons de M. Blondeau, aujourd'hui MM. François-Grégoire et Tierce, jusqu'à l'Étanque; on les coupa pour les faire tomber de façon à interrompre complètement la circulation sur ce point.

Deux redoutes furent construites au pont.

La Deûle, par suite de l'inondation de Lille, débordait de tous côtés; tous les bois et une partie des terres d'Haubourdin étaient submergés.

La garde nationale occupait nuit et jour deux postes : l'un à la mairie, l'autre au pont-levis.

Pendant tout le bombardement (1), on voyait à Haubourdin, depuis l'hospice jusqu'à la Grand'Place, un grand nombre de chariots chargés de blé et d'autres céréales destinés à l'approvisionnement de Lille ; ils étaient obligés de stationner jusqu'au moment de leur entrée par la porte Saint-André, la seule qui fût restée ouverte durant le siège.

Parmi les épisodes particuliers qui se passaient alors chez nous et que des témoins oculaires nous ont rapportés, citons seulement celui-ci :

« Aussitôt après le bombardement, Haubourdin reçut quelques régiments d'infanterie. Des védettes furent placées sur divers points de notre territoire. L'une d'elles, se trouvant vers le soir à la *Rouge-Tuile*, apercevant dans le lointain des choux-collets qu'elle prit pour des *Houlans*, fit alarme par un coup de fusil. On battit la générale toute la nuit ; tout le monde se réfugia au-delà du pont, de crainte d'être surpris par l'ennemi, et le lendemain, au jour seulement, on fut convaincu de la méprise. »

L'an Ier de la République était commencé le 22 septembre 1792.

En l'an II, le Conseil général de la commune d'Haubourdin fut constamment en permanence. Le registre de

---

(1) On sait que les Autrichiens se retirèrent le 7 octobre, laissant 3,000 morts dans les faubourgs de Lille, où ils avaient construit leurs principaux retranchements.

ses délibérations relate 160 procès-verbaux, parmi lesquels nous n'analyserons que ceux ci-après :

Le 4 décembre 1792, le Conseil décide que, pour célébrer les succès des armées françaises en Savoie, l'hymne des Marseillais sera chantée solennellement sur la place publique, qu'un théâtre sera construit avec 100 planches d'achelin, qu'il y aura illumination d'une pyramide et des maisons.

Le 20 brumaire (7 novembre 1793), le maire et les officiers municipaux s'assemblent avec le citoyen juge-de-paix, ses assesseurs et les habitants autour de l'arbre de la liberté, où l'on chante l'hymne des Marseillais et autres pièces patriotiques; puis, le feu est mis au bûcher préparé pour brûler les armoiries et signes de féodalité qu'on a pu rassembler (1).

Vingt-quatre coups de mortier furent tirés durant les cris : *Vive la République!* et des danses faites autour de l'arbre, symbole de la liberté.

Le 26 dudit mois, le Conseil général de la commune décide que la chapelle de l'hôpital et celle de la mairie seront fermées, et que les vases sacrés et autres objets consacrés au culte qui s'y trouvent, seront transportés, après inventaire, en l'église paroissiale.

(1) Un témoin nous a rapporté que tous les papiers de noblesse, deux superbes tableaux, dont l'un était Louis XV, et l'autre les armoiries de la vicomté d'Haubourdin et autres objets précieux, devinrent la proie des flammes. On signala sur le lieu même de ce sinistre les noms des émigrés du canton, lesquels étaient au nombre de 21.

Le 19 frimaire, le corps municipal ordonne, en vertu du décret du 4 brumaire, que les citoyens Jean-Baptiste Labbe, Auguste Delahaye, Joseph Levieil, Antoine Blondel, Chrysostôme Broutin, Jean-Baptiste Cordonnier, Michel Dhennin fils, Dhennin père, Pierre Defives, Jean-Baptiste Leville, Philippe-Gabriel Richart et Pierre-Philippe Sarazin, sont requis de fournir chacun cinq paires de souliers chaque décade et pareille quantité par chaque ouvrier qu'ils emploient; ces chaussures étant destinées au service des armées.

Le 24 nivôse an II (13 janvier 1794), on célèbre sur la Grand'Place d'Haubourdin la fête de la prise de Toulon par les armées de la République.

Sur un théâtre élevé se trouve un grand tableau représentant la prise de cette ville et la fuite de l'ennemi sur un vaisseau.

Les volontaires cantonnés et la garde nationale font un simulacre du siège et de la prise de Toulon. Des différentes charges de pétards ont lieu en plusieurs endroits de la commune. La maison du citoyen Bernard Sanson eut 17 carreaux de vitres brisés par le feu de quelques-uns de ces pétards.

Une distribution de pains est faite aux pauvres.

La fête se termine par des danses et chants d'allégresse.

Un arrêté de 26 nivôse, émané de *Floréal* Guiot, représentant du peuple, envoyé près de l'armée du Nord, supprime la commission particulière donnée au citoyen Blondeau, d'Haubourdin, d'examiner les individus civils et militaires arrêtés sur la frontière, prévenus de crimes d'espionnage, de vols et autres délits.

Ledit sieur Blondeau était nommé la veille, 25 nivôse, membre de la commission militaire établie à Lille, chargée de la répression des mêmes peines. Il recevait un traitement de 200 livres par mois.

Les 5 et 7 pluviôse, le Conseil général dit que, pour fournir les 3,000 faisceaux de bois de chauffage demandés pour le contingent d'Haubourdin, des arbres seront abattus sur les propriétés des émigrés Buisseret, de Tenremonde, de Coisne et Beaupré.

Au mois de ventôse an II (février 1794), le citoyen François Brunel s'engage à fabriquer du salpêtre nécessaire à la confection des poudres à tirer. L'amidonnerie du sieur Cado, agent national, est choisie pour cette fabrication. Quelque temps après, l'atelier est transporté dans l'église DEVENUE DÉSERTE.

Le 7 floréal, les sieurs Dourlen et Sifflet, officiers de santé à Lille, sont envoyés à Haubourdin pour y visiter un grand nombre de sujets attaqués de maladie épidémique.

Ces messieurs, après avoir rempli leur mission avec l'assistance de M. Cado, officier municipal, Davril, pauvriseur, et Deledeuille, chirurgien, reconnaissent que la maladie régnante est une fièvre putride, vermineuse, mais bénigne et peu meurtrière.

Le 5 germinal, un officier municipal et deux notables, accompagnés des détachements de troupes cantonnées à Haubourdin, se transportent sur les marais de la commune pour y arrêter les dilapidations des bois, taillis, etc., qui s'y commettent depuis quelque temps, dans *le tiers* de ces propriétés du ci-devant seigneur.

Les commissaires constatent les dégâts signalés, et comme il leur est rapporté qu'ils sont dûs aux habitants d'Emmerin, le corps municipal décide qu'il y a lieu de rappeler à qui de droit que les municipalités sont, d'après la loi, responsables des voies de fait de cette nature.

Les 4 germinal et 3 messidor (24 mars et 21 juin 1794), des arrêtés du district de Lille prescrivent à diverses communes, telles qu'Hallennes, Sequedin, Emmerin, Aubers, etc., d'envoyer chaque décade à Haubourdin, cinquante sacs de blé pour pourvoir à la subsistance des habitants de ce lieu.

La rareté et la cherté du pain se faisaient d'autant plus sentir chez nous cette année, que les voyageurs, les troupes et les convois passant continuellement à Haubourdin, se nourrissaient avec les provisions qu'ils trouvaient dans nos boulangeries.

Le 23 prairial, la veuve d'Antoine Carlier, boulangère, présente son mémoire de 351 francs pour 1,755 livres de pains livrés par elle aux citoyens d'Haubourdin, de dix-huit à vingt-cinq ans, compris dans la première réquisition, et ce, durant leur séjour à la citadelle de Lille.

Les sieurs Pollet et Dubus, bouchers, réclament 502 fr., prix de 502 livres de viande fournies aux mêmes réquisitionnaires.

Ces mémoires sont ordonnancés.

Le 27 prairial (15 juin), l'inspecteur Grandel, de Lille, envoie à Haubourdin quarante-quatre génisses et une vache à lait, provenant des prises faites sur l'ennemi.

Elles sont mises sur la prairie dite *la Motte*, appartenant à l'émigré Bessuejouls (Roquelaure), et destinées à être échangées contre des bestiaux propres à la consommation de l'armée du Nord.

Le 16 messidor (4 juillet), le district envoie aux président et officiers municipaux de notre commune quinze poulains pris également sur l'ennemi.

Ces chevaux, d'une valeur de 5,250 francs, furent distribués, savoir : **A** M. Defrenne, une jument baie ; à Jose Degrise, un cheval bai, entier ; à Charles Dinet, une jument alezan, brûlée en tête ; à Augustin Brasseur, une jument baie ; à la veuve Liénart, un cheval à tous crins et une jument grise étourneau Les autres furent envoyés à des fermiers du canton.

An III. — Procès-verbal de l'assemblée du conseil-général de la commune, du 15 frimaire an III, constatant entr'autres choses, qu'un jugement arbitral (1) a débouté la veuve Romon, propriétaire du cabaret dit de *Boulogne*,

(1) Les arbitres étaient MM. Danel, D'Haubersart, Couvreur et Waymel.

de la demande en revendication du terrain qui se trouve entre son auberge et le chemin conduisant à Santes. Cette sentence condamne en outre la cabaretière à restituer le prix de quatre arbres abattus par elle sur ledit terrain, et aux frais d'arbitrage.

Le 26 brumaire, l'exécution de ce jugement fut ordonné par le président du tribunal du district de Lille.

La cherté des subsistances rend la condition des habitants très pénible. — Les ouvriers et les pauvres souffrent particulièrement de la disette ; le sieur Jose Degrise, pauvriseur de la commune, continue sans relâche sa difficile mission ; ses dépenses sont excessives. — Sa caisse reçoit le produit des amendes prononcées contre divers individus du canton par le tribunal correctionnel de Lille, de même que divers dons provenant de généreux citoyens. — Le 11 germinal, le sieur Pierre Debloy, greffier du juge-de-paix, donne pour le soulagement des pauvres 225 livres, provenant d'un trimestre de ses appointements.

La pénurie des grains, la difficulté de s'en procurer, leur prix excessif préoccupent davantage, cette année encore, l'attention du conseil-général de la commune, dont tous les membres rivalisent de zèle et d'efforts pour atténuer les funestes effets de la disette.

On fait connaître au district de Lille qu'il n'existe pas à Haubourdin de marché public ; que les boulangers ne peuvent plus trouver chez aucun cultivateur de quoi s'approvisionner et satisfaire, ni leurs pratiques, ni eux-mêmes.

L'agent national de ce district, Vantourout, envoie au conseil dix-sept lettres conçues dans les termes suivants:

« L'agent national, etc., au citoyen N....

» Je ne doute point, citoyen, que tu ne partages pas volontiers tes ressources avec tes frères d'un même arrondissement. La loi du 4 nivôse dernier, en donnant aux administrations la faculté de pourvoir à l'approvisionnement des marchés, n'a point eu pour but de leur ôter les moyens d'assurer les subsistances des habitants des communes où il n'existe pas de marché. En laissant aux particuliers la faculté de traiter de gré à gré, elle n'a point présumé que le cultivateur se soit jamais refusé de partager ses ressources.

» Je n'ignore point que la récolte dernière te permet de fournir auxdits habitants d'Haubourdin la quantité de... quintaux de blé.

» Je dois donc me borner, en ce moment, à t'inviter à vendre auxdits habitants. Si, contre toute attente, tu te refusais à cette vente, je ne pourrais m'empêcher d'employer contre toi des moyens de rigueur; mais j'ai lieu de mieux attendre de ton patriotisme. Tu voudras bien me donner connaissance de la quantité de grains que tu auras vendue chaque décade, etc.

» Salut et Fraternité.

» Lille, le 12 germinal an III. »

Ces réquisitions furent envoyées, savoir : Pour six quintaux de blé, à Élisabeth Leleu, Charles Lohier, la veuve Wattrelos, Noël Parez et Jean-Baptiste Leignel, cultivateurs au Maisnil, et pour vingt-cinq quintaux à Philippe Hovelacque, Adrien Coustenoble, Louis Lemaire, Jean-Baptiste Villers, Isidore Leblanc, Étienne Floor, Jacques Houssen, Séraphin Wjeux, P.-J. Leroy, Noë Leroy, Pierre Leroy et François Peucelle, tous cultivateurs à Radinghem.

Les trente-un quintaux de blé demandés furent livrés nonobstant les refus de quelques-uns de ces derniers et de l'opposition véhémente d'une quantité de femmes de Radinghem, rassemblées au moment de l'enlèvement des grains. D'un autre côté, on tâcha de s'en procurer sur les marchés des villes voisines. Le blé était tellement rare, que le citoyen Duquesne, l'un des commissaires pour les subsistances, vint rapporter à l'assemblée du 24 germinal, qu'ayant parcouru une grande partie des communes frontières de la république, il n'avait pu *en acheter un seul grain*.

On était en voie de parer à cette grande calamité. Le moyen essentiel manquait, l'argent. Le conseil-général proposa, dans son sein, un emprunt, à l'aide d'une souscription volontaire, qui s'éleva bientôt à la somme de 50,000 livres. Cette valeur fut destinée au paiement de 600 quintaux de grains, jugés nécessaires pour pourvoir aux subsistances jusqu'à la moisson prochaine (1).

(1) Cette manifestation, qui honorait tout à la fois l'administration de M. Clarisse, maire, et les souscripteurs eux-mêmes, mériterait que l'on rapportât ici

Des commissaires sont nommés pour faire les achats de grains, en surveiller l'arrivage, la mouture, le blutage, la cuisson, en faire la distribution, etc. — Ce sont les citoyens Philibert Dillies, Louis Gouillart, Alexandre Davril, Joseph Defrenne, Charles Duquenne, Hyacinthe Béghin, Vaast Vaillant, Célestin Clarisse, Hubert Béhague, François Merville, Hyacinthe Brasseur et Michel Coget.

Un four fut construit à la maison commune. La municipalité y délivrait aux indigents le pain à prix réduit (1).

D'un autre côté, on obtenait du district de Lille 1,000 livres de riz.

Malgré leurs louables efforts, les membres de la municipalité et les notables eurent à essuyer des avanies de la part d'une certaine classe de la population.

Nous citerons deux faits de cette nature passés dans ces temps déplorables. — Nous les rapportons, parce qu'ils rehaussent le caractère énergique autant que la prudence de nos administrateurs de l'époque.

les noms de ces derniers, qui étaient au nombre de 84, mais nous n'avons pu découvrir que les citoyens ci-après :

Adrien Mangé, Michel Cambron, Philibert Dillies, Barthelemy Brunel, Antoine Deledeuille, Jose Degrise, Pierre Dubus, Eugène Dillies, François Crepin, Alex. Tellier, Louis Castel, Pierre Bonnel, Jean-Baptiste Lefebvre, Louis Labbe, Honoré Hay, Eugène Tellier, François Castel, Jacques Pilot, Alex Dubus, Hyacinthe Brasseur, Jean-Baptiste Danna, Jean-Baptiste Faroux et François Brunel.

(1) La livre de pain valait 28 sous, la commune la donnait à 20 sous. Plus tard, au mois de prairial, la taxe subit une grande élévation. — Elle fut établie à 1 fr. 70 c., 2 et 2 fr. 50 c. la livre. Ce dernier prix était celui imposé aux bourgeois, les deux premiers étaient applicables aux indigents et ouvriers chargés de famille.

Dans la séance du conseil du 22 germinal, le sieur Danna, l'un des commissaires aux subsistances, se présenta et y troubla l'ordre par ses propos injurieux contre les membres assemblés. Ceux-ci, après en avoir délibéré, le jugent indigne d'exercer la fonction qui lui avait été confiée le 13 de ce mois, et vu le penchant qui l'entraîne à la boisson, sa brutalité et son peu de zèle à chercher à soulager ses concitoyens, le déclarent déchu de sa charge de commissaire aux subsistances, l'obligeant à remettre ès-mains du conseil tous papiers; lui défendant de faire désormais aucun achat de denrées pour le compte de la commune.

Le second fait présentait plus de gravité :

Le 20 prairial, à sept heures du matin, le conseil-général était assemblé à la mairie, à l'effet de délivrer les cartes pour la distribution du pain. Une troupe de femmes se présenta. Leur attitude étant quelque peu menaçante, ordre fut donné au sergent de ne laisser entrer que deux ou trois personnes à la fois; mais une vingtaine d'entr'elles, à la tête desquelles était Pétronille Botelle, femme de Louis Thibaut, forcèrent le sergent de les laisser passer, en proférant des menaces, invectivant le conseil-général et les commissaires à la distribution; disant entr'autres choses, qu'ils pouvaient bien bâtir des maisons aux dépens de tout le monde, et d'autres propos injurieux et si multipliés qu'il fut impossible de les préciser; ajoutant qu'elles ne paieraient pas le pain plus cher que précédemment; qu'elles étaient toutes des poltronnes de se laisser ainsi conduire ; que les membres du conseil mangeaient le pain de beau blé et buvaient bien du vin sur leur dos ; que c'était l'égalité ; qu'il ne devait être fait qu'une sorte de pain ; qu'elles auraient été chez tous les citoyens pour y prendre leurs provisions de blé et de farine, et que quand tout serait consommé, tout le monde mangerait des fèves ; qu'enfin, elles ne voulaient pas du pain au prix fixé.

Le désordre allait croissant ; la femme Simart père cria à haute voix : *Il nous faut prendre où il y a pour mettre où il n'y a point!* D'autres femmes empêchèrent celles munies de pain de sortir de la salle, se jetèrent sur elles et les battirent. L'une d'entr'elles, s'adressant au citoyen Béghin, lui dit que, s'il dépassait la balustrade, elle l'exterminerait.

Les membres du conseil, ne pouvant se faire entendre au milieu de ce tumulte, restèrent impassibles... Bientôt, cependant, ces scènes cessèrent pour ne plus se renouveler.

Le 21 prairial an III (9 juin 1795), on signale au conseil de la commune la disparution du citoyen Berkin, maire, lequel aurait fait conduire ses meubles chez son beau-frère Tiran, au Pont-de-Canteleu.

Quelques jours après, M. Clarisse est de nouveau nommé maire.

Le 27 prairial, le citoyen Albert Scrive, procureur syndic du district de Lille, se rend à l'Hôtel-de-Ville d'Haubourdin, et procède à l'installation de la municipalité et du conseil-général, nommés par arrêté des représentants du peuple Merlin (de Douai), et Delamarre.

Sont en conséquence proclamés dans les fonctions ci-après :

Les citoyens Clarisse, maire ; Pierre-François Labbe, Hyacinthe Béghin, Jean-Baptiste Cordonnier, Hubert Béhague, Carpentier fils, officiers municipaux ;

Debloy, Dinet, Livre, Duquenne, Defrenne, Choquet, Hochart, Vincent Béghin, Eugène Dillies, Alexandre Merville, Cuelton, notables ;

Auguste Blondeau, agent national ;

Delannoy, greffier.

Le 10 messidor an III (28 juin 1795), lecture est donnée au conseil d'une pétition présentée par des citoyens d'Haubourdin, tendant à obtenir le libre usage de l'église pour l'exercice du culte catholique. — Prenant cette demande en considération, l'assemblée déclare que l'on sollicitera du district de Lille l'autorisation de faire transporter hors de ladite église les usines, matières et ustensiles destinés à la fabrication du salpêtre.

Le 22 messidor, l'autorisation était accordée, et moins d'un jour avait suffi aux paroissiens pour enlever de l'église et les déposer dans la grange du presbytère, les fourneaux, cheminées, cuves, chaudières, et autres ustensiles qui servaient à fabriquer le salpêtre.

Le 27 (15 juillet), le service du culte reprit son cours (après une interruption de quinze mois).

Une proclamation de la mairie annonce aux habitants

qu'ils jouiront librement de l'église en se conformant aux décrets de la Convention nationale du 11 prairial dernier.

Bientôt après, et le 18 fructidor, plusieurs prêtres (1) se présentaient pour célébrer à Haubourdin la cérémonie religieuse.

L'enthousiasme de la population signala la réouverture du temple de Dieu. Le corps municipal, dans le but de maintenir la décence et d'entretenir la paix et la concorde entre les habitants, prit un arrêté pour fixer les heures des messes et offices et autres services religieux.

Du 2 frimaire an IV (23 novembre 1795), le citoyen Wicart, ex-avoué à Lille, chargé du dépôt de la Belgique, est nommé commissaire du pouvoir exécutif près l'administration municipale du canton d'Haubourdin.

De l'an IV à l'an X, une centaine de citoyens, ex-prêtres ou religieux, officiers municipaux du canton, se présentent à Haubourdin et prêtent le serment exigé par la constitution de l'an III et les lois successivement intervenues depuis lors.

Du 29 prairial an V (17 juin 1797), le corps municipal, sur la réquisition du commissaire Wicart, prend et publie un arrêté de police pour faire cesser les abus et les dégradations considérables qui se commettent dans les marais d'Haubourdin, Emmerin, Santes et Wavrin.

---

(1) MM. Ferdinand Deltour, François Jacquet, Charles Lefebvre, Nicolas Chevalier, Jean-Baptiste Chevalier et Hubert Seblim faisaient alternativement le service du culte à Haubourdin, Loos et Esquermes.

— Il y est dit notamment que chaque famille ne pourra extraire que 6,000 tourbes par an.

Le 2 prairial an VII, le sieur Louis-Georges Bessuejoutes-Roquelaure meurt en minorité et sans postérité à Paris.

Il suivit de près au tombeau et au milieu du tourbillon révolutionnaire ses père et mère les époux Roquelaure-Houchin, dont il était l'unique héritier.

Le nouvel ordre de choses avait aboli nos seigneurs; la mort venait à son tour briser leur lignée.

Par ce décès, le domaine d'Haubourdin (non vendu comme bien d'émigré, mais placé sous séquestre comme il est dit à l'article *Marais*) échoit à ses deux tantes, nommées, la première, Julie-Henriette Bessuejoutes-Roquelaure, veuve d'Antoine-François-Louis-Étienne Provinquières, interdite, ayant pour tuteur le sieur de Mont-Vallat; la seconde, Marie-Thérèse-Louise-Jeanne-Charlotte Houchin, femme de Girault-Sirez (son ancien coiffeur).

Le 20 prairial an VIII (9 juin 1800), on installe en qualité de maire le citoyen Wicart, et comme adjoint, Barthelémy Brovellio.

Le 25 messidor (14 juillet), on célèbre à Haubourdin avec beaucoup d'éclat l'anniversaire de la prise de la Bastille réuni à la fête de la Concorde.

Les cloches sonnent à toute volée, on fait des décharges de boîtes, on bat la générale. — Les ateliers et les boutiques sont fermés. La garde nationale est sous les armes, précédée de la musique et des tambours.

Le corps municipal, les membres du tribunal de paix, les instituteurs et institutrices, leurs élèves, les enfants de l'hospice, se réunissent avec tous les citoyens, à deux heures, à la maison commune.

Là, le maire, décoré de sa ceinture, prononce devant ce nombreux cortège un discours vivement applaudi.

Le citoyen Wicart disait que cette fête devait ramener dans toutes les âmes républicaines, animées des plus douces espérances, les affections si naturelles aux Français, et qui peut-être s'étaient éclipsées par la violence et l'agitation des partis domptés par le *grand homme* qui, par l'ascendant de son génie et de sa fortune, a su, *le premier*, depuis dix ans, acquérir le droit d'élever un temple *à la Concorde*.

Un Haubourdinois, témoin de cette imposante réunion, nous a rapporté que tous les cœurs furent attendris par ces paroles, de même que par le récit qui y fut fait sur la mort du glorieux *Desaix*, couvert de lauriers sur les champs de bataille. — Il a ajouté que tous les assistants manifestèrent spontanément leurs vœux pour la conservation et la postérité du *premier Consul*.

Le 1er vendémiaire an IX (23 septembre 1800), on célèbre encore une fête à Haubourdin : celle de l'anniversaire de la fondation de la République.

Le cortège est composé des diverses autorités et d'une multitude de citoyens de toutes les classes.

A la chapelle de l'hospice, le maire prononce un discours de circonstance, en ayant soin de rapporter les heureux présages de la paix.

On se rend ensuite à la chapelle, puis à la mairie, où les danses durent toute la nuit.

Le 24 vendémiaire an IX (16 octobre 1800), le maire donne des ordres de départ à certains réquisitionnaires que nous nous abstenons de nommer.

Le 30 brumaire, installation du nouveau conseil municipal nommé par le préfet.

Le 27 nivôse an IX (17 janvier 1801), le maire Wicart, instruit que des particuliers d'Haubourdin s'ingèrent de vendre et débiter clandestinement de l'eau-de-vie et du genièvre, même durant la nuit, et que cet abus fait naître des scènes scandaleuses, donne l'ordre aux gardes-champêtres d'enlever des maisons des débitants les boissons qui s'y trouvent, ainsi que les vases qui les contiennent, etc., ce qui est exécuté sans opposition.

Les personnes chez lesquelles ces visites sont opérées étaient: Jean-Baptiste Deroubaix, Louis Delcroix, Grégoire Picavet, Hubert Labbe, la veuve de Jacques Werquin, Josse Leviel, Jean-Baptiste Cousin, dit *Seigneur*, Romain Duthoit et Jean-Baptiste Carlier, dit *Botte de Lattes*.

Un fléau, faisant toujours partie du cortège révolutionnaire, *le brigandage*, apparaît dans notre canton.

Un grand nombre de scélérats, organisés en bandes et communément appelés *Chauffeurs*, se montrent à Lomme, à Ennetières-en-Weppes, Englos et autres communes voisines.

La terreur produite par le passage de ces brigands ne fut que momentanée, grâce à l'activité intelligente du citoyen Bresol, juge-de-paix d'Haubourdin, lequel s'était mis en permanence, nuit et jour, sur les théâtres des crimes pour en découvrir les auteurs et faire opérer leur arrestation.

Neuf d'entre eux furent exécutés le même jour sur la Grand'Place de Lille; leur chef était un Normand.

C'est aussi à cette époque que les chauffeurs visitèrent le château de Wavrin, habité par M. d'Hespel de la Vallée, décédé plus tard presque centenaire (1).

De son côté, le maire d'Haubourdin faisait veiller pour que ses concitoyens fussent à l'abri d'attaques nocturnes.

Le 10 germinal an IX (31 mai 1801), on proclame à Haubourdin l'arrêté des consuls annonçant la paix continentale; on donne à cette cérémonie toute la solennité que comporte un évènement qui excite dans tous les cœurs la plus vive allégresse.

Le 5 vendémiaire an X (27 septembre 1801), le conseil municipal décide que la chapelle de la Maison-Com-

---

(1) Ce château, démoli quelques années après, fût reconstruit en 1849 par M. le comte d'Hespel, fils aîné de M. Adalbert d'Hespel, membre du conseil général actuel, qui l'habite depuis cette époque. Cet édifice, qui appartient au style architectural de la *renaissance*, est un des plus beaux du pays.

mune, tombant en ruines, sera démolie et convertie en diverses pièces surmontées d'une salle (petit salon d'aujourd'hui); que les écuries qui s'y trouvent, étant devenues inutiles, seraient abattues, et qu'un mur d'enceinte serait construit du côté du Bas-Chemin.

Le conseil arrête, en outre, qu'un local sera approprié dans la mairie pour servir de prison, laquelle remplacera celle qui se trouve sur un terrain arrenté par le citoyen Boutry, et qui avait été autrefois édifiée par le vicomte d'Houchin pour le service de la commune.

Le 12 floréal (2 mai 1802), une solennité extraordinaire a lieu à Haubourdin pour la proclamation du Concordat.

Un immense cortège se rend à la mairie, où l'on donne lecture de la loi du 18 germinal relative à l'organisation des cultes. De là, on se dirige vers la chapelle de l'hospice, où le citoyen Charles-Eugène Lefebvre, docteur en théologie de Paris, prêtre soumis remplissant les fonctions de curé, prononce un discours où il retrace les maux incalculables causés par la discorde et les dissensions, fait apercevoir le bonheur qui doit nécessairement résulter de la loi nouvelle.

Invariablement attachés à la religion catholique, les Haubourdinois reçurent le Concordat avec les sentiments de la plus vive satisfaction, et témoignèrent toute leur reconnaissance envers le premier consul pour les bienfaits qu'il ne cesse de répandre.

Le 25 floréal, le maire fait ouvrir à la mairie et aux

domiciles des citoyens Bresol, juge-de-paix, et Carpentier, notaire, des registres destinés à recevoir les noms et le vœu des citoyens qui désirent que Napoléon-Bonaparte soit consul à vie.

Un arrêté du 10 messidor nomme en qualité de marguillers-administrateurs de l'église : MM. Célestin Clarisse, Jean-François Liénart et Philibert Dillies.

C'est durant ce mois que le maire Wicart présente un mémoire circonstancié sur la situation de la commune, et demande à être entouré des lumières du corps municipal pour remplir les charges accumulées que l'on ne peut faire disparaître au moyen des ressources ordinaires.

Ce magistrat retrace les abus commis depuis la Révolution ; il présente une série de chiffres applicables aux bonis et aux malis de la caisse communale, et dont le résultat présente une dette de 1,408 fr.

Pour y faire face, le maire propose l'établissement d'un octroi d'abonnement sur les boissons et sur la viande de boucherie ;

Mais dans une séance postérieure, le conseil municipal rejette la proposition du maire, en invoquant de longs arguments et une nouvelle série de chiffres dont nous croyons devoir faire grâce au lecteur.

An 1802. — Le retour en France de notre général en chef, le coup-d'état sauveur, l'ordre sortant du sein des ruines, les autels relevés, la victoire inséparable de nos drapeaux, les prodiges de tous ces événements, nous conduisirent au Consulat et à l'Empire.

A la date du 27 thermidor an X, la municipalité d'Haubourdin prend la résolution suivante :

« Vu l'extrait des registres du Sénat du 14 thermidor portant, art. 1er, que le peuple français nomme, et le Sénat proclame *Napoléon Bonaparte premier Consul à vie;*

» Vu la lettre du sous-préfet disant que l'intention du ministre de l'intérieur est que le Sénatus-Consulte soit publié solennellement le 27 thermidor (15 août);

» Que ce jour, qui est à la fois l'anniversaire de la naissance du *premier Consul*, celui de la signature du concordat et l'époque où le peuple français voulant assurer et perpétuer son bonheur, en lie la durée à celle de la glorieuse carrière de Napoléon Bonaparte, sera célébré par des actions de grâces à l'Être suprême; qu'en conséquence un *Te Deum* sera chanté à onze heures du matin, dimanche 15 août. »

Le cortège ordinaire et un grand nombre de citoyens ont assisté aux offices de la paroisse, où l'on a chanté des hymnes en actions de grâces rendues à la providence pour avoir donné et conservé à la France le héros qui, par son génie vainqueur et pacificateur, mérite toute la reconnaissance nationale.

Par décret du 18 mai 1802, Bonaparte instituait l'Ordre de la Légion-d'Honneur.

Le premier Haubourdinois qui fut décoré de cet Ordre, était le citoyen Delforge, dit *Brisefer*.

C'était un soldat d'une force herculéenne. Il avait été à Marengo, et là, en gravissant le mont Saint-Bernard, il portait sur le dos une pièce de canon.

Delforge mourut quelques temps après, à Radinghem, commune du canton.

Un épisode particulier se passait quelques temps après à Haubourdin; il nous a été raconté par le vénérable M. Cordonnier-Liénart.

M. Clarisse, ayant réuni nombreuse société dans son beau jardin bordant la Deûle (aujourd'hui la propriété des enfants de M. Célestin Cordonnier), voit arriver au milieu de ses conviés un homme portant tricorne et épaulettes d'officier et chamarré de décorations, notamment de celle de la Légion-d'Honneur. Personne ne reconnut d'abord l'officier français, mais bientôt celui-ci se fit connaître en disant à M. Clarisse : « Je suis Alexandre Carlier, votre » ancien ouvrier tanneur, engagé volontaire il y a quelques » années pour grossir les rangs de ceux qui ont porté la » gloire au-delà de nos frontières. »

Le soldat Carlier a laissé ici des descendants, l'un d'eux est sonneur de la paroisse.

Du 16 frimaire an XI (7 décembre 1802), le maire communique une circulaire du sous-préfet annonçant que la division du diocèse de Cambrai en paroisses et succursales était soumise à l'approbation du gouvernement.

Le conseil déclare que le presbytère et son jardin seraient rendus au ministre du culte qui va être appelé, et que les réparations des bâtiments seraient faites aussitôt la sortie de l'instituteur Verdrée, qui les occupe avec sa mère, pour donner l'instruction aux enfants d'Haubourdin, Hallennes et Emmerin.

Le 21 dudit mois, le maire dit que l'église nécessite des réparations urgentes, que le cimetière a besoin d'être clos; que d'autre part, le sieur Deraisme se refuse à payer à la commune une somme de 5482 fr. pour arrentement d'une partie de marais, etc., et que ces diverses circonstances, jointes à d'autres charges qui surgiront encore, l'engagent à proposer de nouveau la création d'un octroi sur les boissons et les viandes.

Le corps municipal partage l'opinion du maire, mais il estime qu'il n'échet point d'établir ni d'octroi, ni d'emprunt sur les habitants.

C'était donc la deuxième fois que le conseil s'opposait à l'établissement d'un octroi, nonobstant les solides raisons que faisait valoir M. le maire.

Celui-ci ne se tint pas pour battu ; il envoya le budget de l'an XI à M. le Préfet, et le 8 nivôse ce magistrat prenait un arrêté établissant, sous forme d'octroi, une taxe unique d'un franc par chaque hectolitre de bière, tant sur celles fabriquées à Haubourdin que sur celles venant du dehors (1).

---

(1) La taxe ainsi établie produisit en l'an XI, c'est-à-dire la première année, 3,144 fr ; en 1809, elle s'élevait à 6,800 fr.

Le 12 pluviôse an XI (1er février 1803), M. Jean-Marie-Éloi Dacheu, prêtre, nommé curé d'Haubourdin, est admis au serment en cette qualité.

An XII (1803 à 1804). — Il se passait à cette époque quelque chose de sérieux concernant l'église.

Avant d'ordonner les travaux dont l'autorisation lui était demandée, le Préfet envoya à Haubourdin pour visiter l'édifice le citoyen Lewille, ingénieur des ponts-et-chaussées.

Après un examen attentif, cet ingénieur, dans un rapport motivé, déclare que les réparations proposées seront dispendieuses ; qu'il serait plus avantageux de démolir la totalité du temple, en conservant seulement les quatre colonnes de la nef du milieu, et de le reconstruire à neuf (1).

Ce rapport causa une vive émotion; des opinions diverses surgirent, tant chez les conseillers municipaux qu'au sein de la population. Les uns disaient qu'une partie des habitants se plaignait de l'éloignement de l'église actuelle ; d'autres prétendaient qu'on ne devait pas la déplacer, et que, d'ailleurs, on pouvait la réédifier sans être obligé de la démolir.

Les experts Dhainaut, Capon et Testelin, furent chargés

(2) Nos prédécesseurs auraient bien fait d'accueillir et d'exécuter ce rapport, les ressources de l'octroi leur en donnaient la faculté. Il n'en a pas été ainsi, et aujourd'hui, cinquante ans plus tard, toutes discussions auraient cessé pour trouver les moyens soit d'agrandir notre église, depuis longtemps trop petite, soit d'en construire une neuve à la place de celle actuelle ou sur un emplacement plus central.

de la visiter avec plus de détail, et déclarèrent que les murs latéraux, la toiture, la charpente, etc., pouvaient être réfectionnés, et que la dépense serait d'environ 15,000 fr.

Et le 28 pluviôse an XII (18 février 1804), le conseil municipal approuve ce dernier projet. — Les travaux commencent immédiatement. — Le sieur Tonnel, maçon à Wazemmes, s'en rend adjudicataire pour 15,000 francs, payables en quatre ans.

Le 5 prairial an XII (25 mai 1804), le maire fait établir trois bureaux de vote, où les Haubourdinois vont déposer leur vœu sur la proposition faite en France dans les termes suivants :

« Le peuple veut l'hérédité de la dignité impériale dans la descendance directe, naturelle, légitime et adoptive de Napoléon Bonaparte, et dans la descendance directe, naturelle et légitime de Joseph Bonaparte et de Louis Bonaparte, ainsi qu'il est réglé par le sénatus-consulte organique. »

Bon nombre d'habitants, reconnaissants des bienfaits dont Napoléon a comblé la France, s'empressent de satisfaire au vœu universel en se rendant dans les bureaux indiqués.

Le dimanche 26 messidor an XII (15 août 1804), on célèbre à Haubourdin, l'anniversaire de la Révolution française.

A cette occasion, le maire dit que l'on ne peut donner trop de solennité à l'anniversaire d'une révolution qui a procuré à la France le grand homme qui sut la régénérer. Que Napoléon fait fleurir le commerce, déjoue les ennemis de la France et nous rend la religion de nos pères, etc.

An 1807. — Dans sa séance du 20 novembre 1807, le conseil municipal prend une délibération toute nouvelle dans les annales communales.

« Considérant, dit le conseil, qu'à l'occasion de la fête anniversaire du couronnement de l'empereur, et en exécution de l'arrêté de M. le général-préfet, il y a lieu de voter la quotité de la dot à accorder à une fille sage de la commune, qui sera mariée à un homme ayant fait la guerre, et de déterminer le choix de la fiancée. — Le conseil décide que la dot serait de 300 francs, et la somme destinée à l'achat du trousseau, de 150 francs. »

Chacun des membres ayant ensuite donné son avis sur le choix de la fille à doter, il fut reconnu que plusieurs avaient également des droits, par leurs vertus, leur sagesse, leur amour et leur respect envers leurs parents, à la félicitation de l'administration; mais comme il fallait enfin se décider en faveur d'une seule d'entr'elles, la nommée Narcisse-Sophie Delesalle, née le 28 juin 1781, fille de Dominique, et de Jeanne-Thérèse Tellier, réunissait les suffrages du corps municipal; et sans désemparer, cette demoiselle fut appelée en séance, pour lui donner connaissance des avantages proposés, qu'elle déclara accepter, disant avoir choisi pour époux Louis-François Baillon, né le 23 mars 1778, fils de feu Amé-François, et de dame Anne-Prudente Barré, porteur d'un congé absolu et d'un certificat délivré par un corps français en Zélande.

An 1810. — Le 6 novembre, un autre couple Haubourdinois reçoit la même faveur. C'est la demoiselle Sophie Blondel (1) qui est unie à François Wicart, ex-cuirassier; cet autre défenseur de la patrie avait perdu un bras à la bataille d'Esling.

A pareille époque de 1811, le conseil accorde pareille munificence à Marie Reine Verdière, domestique, et à Hilarion Meunier, ex-soldat, demeurant avec son vieux père, à Haubourdin.

En 1813, c'est Valentin Desieux et Joséphine Pourvoyeur qui sont l'objet d'une pareille faveur (2).

An 1813. — Le 22 février, M. Romain-Séraphin-Joseph-Marie d'Hespel de Guermanez est installé à l'hôtel-de-ville en qualité de maire d'Haubourdin (3).

M. de Guermanez resta dans ses fonctions jusqu'à la Révolution de 1830. C'est le maire qui fut chez nous le plus longtemps en exercice.

---

(1) Cette dame est encore vivante. Nous avons tous connu son mari, préposé pendant longtemps au pont-levis d'Haubourdin.

(2) Ces divers mariages furent célébrés à l'état-civil et surtout à l'église avec beaucoup d'éclat

Le spectacle était nouveau, l'émotion vive et générale. Cette émotion, tout le monde la partageait, à l'exception toutefois de certaines jeunes filles qui méritaient de porter aussi la couronne virginale, et dont la candidature avait néanmoins été rejetée.

Quoiqu'il en soit, formons des vœux pour que nos édiles, à l'exemple de leurs pères, fassent de nos jours le choix de nouvelles rosières pour les unir le jour anniversaire de la fête de notre bien-aimé souverain à des ex-soldats des armées françaises blessés au service de la patrie..... Concourir à faire des heureux, n'est ce pas déjà être heureux soi-même !

(3) Il était fils de M. Auguste-Joseph-Marie, ancien rewart de la ville de Lille, et père de M. Adalbert, comte d'Hespel, conseiller-général de notre canton, premier adjoint à la mairie d'Haubourdin, mort en 1858.

Il rendit à ses administrés des services notables; tous les Haubourdinois étaient ses enfants; aucun sacrifice, aucune démarche ne lui coûtait. Il fit tous ses efforts pour empêcher toute réaction dans les jours difficiles.

Il fut très utile aux familles pour leur part contributive aux lois sur la conscription militaire.

C'est sous son administration que furent construits le quai, les pavés de la rue de l'Étang, d'Emmerin, dit du Bas-Chemin, etc.

Dès le mois de mai même année, le nouveau chef de l'administration propose au conseil municipal, qui les approuve, diverses améliorations, parmi lesquelles on remarque celles suivantes :

1° Le pavage du terrain aux abords de l'église et de plusieurs sentiers de la commune;

2° Le numérotage des maisons;

3° L'augmentation des secours accordés aux veuves et enfants des soldats et gardes nationaux d'Haubourdin, morts à Flessingue.

An 1814. — Une ordonnance de Louis XVIII, en date du 2 novembre, nomme M. d'Hespel de Guermanez membre du conseil d'arrondissement en remplacement de M. Lezaire.

An 1815. — Le 27 juin 1815, vers cinq heures du soir, un corps d'infanterie, fort de 300 hommes, et quelques cavaliers, se présentent à la mairie d'Haubourdin sous le commandement d'un officier supérieur disant se nommer le chevalier Berthier Bisq, major de cavalerie; après avoir mandé devant lui le maire, l'adjoint, les sieurs Duchâtelet, receveur de l'enregistrement, et Crespin, collecteur des impôts indirects, il enjoignit à ces deux derniers, en sa qualité de commandant de l'armée royale de France, de lui verser à l'instant les fonds qu'ils avaient appartenant au gouvernement, en leur disant qu'en cas de refus, il emploierait la force pour s'emparer desdits fonds.

Les employés firent au commandant les protestations que leur devoir leur imposait. L'officier répliqua que s'ils n'obéissaient point sur-le-champ, il allait faire entourer leurs maisons par ses soldats et enfoncer leurs caisses. Les fonctionnaires dès-lors réclamèrent le témoignage des officiers municipaux, afin de prouver qu'ils étaient contraints par la force, et comptèrent au commandant, qui leur en donna quittance, savoir : M. Duchâtelet, 300 fr., et M. Crespin, 674 fr. 35 c.

An 1817. — Depuis trois ans, les armées étrangères avaient envahi la France; les Saxons, les Hanovriens, firent élection de domicile dans notre canton.

Leur présence rappelait de pénibles souvenirs... Disons toutefois que leur conduite pendant cette occupation fut constamment modérée : aucun d'eux n'a été l'objet de plaintes sérieuses (1)

(1) Le colonel des Saxons logeait chez M. Clarisse, notre ancien maire. C'était un homme d'une haute sévérité, mais très aimé de ses soldats.

Dès le mois de juin de cette année, les Russes, cantonnés à Seclin, traversent notre territoire pour s'embarquer à Dunkerque. Nos voitures et tombereaux sont mis en réquisition pour transporter la plupart d'entr'eux qui sont *éclopés* et *béquillards*.

A la même époque, les armées alliées de tous les environs de Lille, se réunissent sur la Plaine d'Haubourdin, contiguë à celles de Loos, d'Emmerin et de Wattignies. Des revues, des grandes manœuvres, ont lieu sous le commandement du feld-maréchal duc de Wellington.

Pour terminer ces imposantes réunions, les généraux étrangers formant cortége, se rendent au château de Santes où l'on tire, durant la nuit, un brillant feu d'artifice.

An 1819.—Le 5 décembre, il est procédé à la mairie d'Haubourdin, par M. Duhamel, premier adjoint, commis par M. le préfet, à une enquête de *commodo et incommodo*, sur la demande en autorisation par le sieur Bonzel, de construire à Haubourdin, au chemin de Santes, une fabrique de céruse, de smalt, de bleu d'azur, et une genièvrerie.

Personne ne vient s'opposer à la création de ces industries.

An 1821. — Le calvaire, placé à l'angle du pavé de Santes, en regard des établissements de MM. Bonzel frères, est dû à la munificence de M. Pierre-François Pollet, et de Marie-Anne-Louise Pollet, frère et sœur, propriétaires à Haubourdin, qui le firent construire, cette année, sur un terrain communal.

L'érection de ce calvaire fut autorisée par délibération du conseil municipal d'Haubourdin, du 26 juillet, approuvée par M. le préfet, le 16 août.

Par acte authentique du 28 septembre même année, messire Romain-Séraphin comte d'Hespel, maréchal-de-camp, a accepté, en sa qualité de maire d'Haubourdin, l'obligation prise par les sieur et demoiselle Pollet, d'entretenir à perpétuité ce monument, pour sûreté de laquelle charge ces derniers ont affecté et hypothéqué 17 ares 72 centiares de terres à Hallennes, tenant à la chaussée.

An 1830. Révolution de Juillet. — Nous n'avons aucun fait particulier à signaler sur les événements politiques de cette année.

Le 11 septembre, dans le grand salon de la maison-commune, sont installés dans leurs fonctions, savoir : M. Butin-Dillies, comme maire, en remplacement de M. le comte d'Hespel; MM. Coppin et Florin, en qualité de premier et de deuxième adjoint.

Tous trois prêtent serment en ces termes : « Je jure fidélité au roi des Français, obéissance à la Charte constitutionnelle et aux lois du royaume. »

An 1831. — Dans son assemblée du 24 mars, le corps municipal décide, sur la proposition du maire, qu'il sera construit, de concert avec Emmerin, un pavé se dirigeant jusqu'au territoire de ce village; que cette construction coûtera 4,000 francs, auxquels il sera pourvu (l'octroi étant aboli depuis longtemps) au moyen d'une imposition locale pendant quatre années.

Les dames veuves Provinquières et Sirey, tantes et héritières du mineur Roquelaure, font le partage des biens d'Haubourdin, Emmerin et autres lieux qu'elles possèdent en commun. — Le domaine d'Haubourdin échoit à la veuve Sirey, laquelle meurt sans enfants, quelques temps après.

An 1832. — Le 24 novembre, on constate à la Mairie que M. le préfet approuve les élections municipales qui ont eu lieu le 24 septembre précédent, et on installe dans leurs fonctions les conseillers élus, qui sont : MM. 1° Butin-Dillies; 2° Coppin, notaire; 3° Cottignies; 4° Pierre-François-Xavier Derbigny; 5° Liénart; 6° Augustin Brame; 7° Hippolyte Blondeau; 8° Henri Brunel; 9° Adalbert d'Hespel; 10° Etienne Wicart; 11° Bonaventure Sy; 12° Célestin Clarisse, 13° Josse Fleurkin; 14° Cordonnier-L'Hermite; 15° Nory; 16° Milleville, lesquels prêtent individuellement le serment prescrit.

Un grand mouvement de troupes et d'artillerie a lieu dans le nord de la France à l'occasion du siége d'Anvers. Haubourdin loge un détachement du 19e de ligne.

An 1837. — Philippe-Maurice Lebon, ex-colonel d'infanterie, membre de la Légion-d'Honneur et chevalier de Saint-Louis, né à la Bassée en 1770, meurt à Haubourdin.

En 1815, il se montra tout dévoué à la cause royale et fit tous ses efforts pour augmenter le nombre des volontaires royaux qu'il fut chargé d'organiser.

Il devint à ce titre, l'un des personnages les plus influents de notre contrée.

Il exerçait à Lille la profession de négociant et commandait la garde nationale de cette ville.

Il habita longtemps Haubourdin, où il mourut le 9 février de cette année.

Du 1er mai, création à Haubourdin d'un bureau de distribution de lettres et de journaux.

Le 15 octobre 1840, ce bureau est érigé en direction; depuis lors cette direction appartient à la dame Lefebvre, veuve Lamour.

A la date du 10 août, le conseil, présidé par M. Coppin, faisant fonctions de maire, adopte la création à Haubourdin 1° d'un marché aux légumes, beurre, volailles et autres comestibles, qui se tiendrait sur la place les mardi et vendredi de chaque semaine; 2° quatre foires annuelles, qui auraient lieu les 24 des mois de janvier, avril, juillet et octobre pour les bêtes à cornes, les moutons, porcs et chevaux sur la place de l'Hôpital et rue du Calvaire.

Un arrêté du ministre du commerce et une ordonnance du roi portant date des 7 août et 24 novembre 1839, approuvent l'établissement des marchés et foires précédents.

Le 11 octobre de cette année, M. le comte Adalbert d'Hespel, propriétaire, conseiller d'arrondissement, chef de bataillon de la garde nationale du canton d'Haubourdin, se rend adjudicataire pour une somme de près de cent mille francs, de diverses propriétés en bois, eaux, pâtures, *y compris la Motte*, situés à Haubourdin, dépendant du domaine de nos anciens seigneurs.

Le sieur Jean-Baptiste Douy, commis-négociant, demeurant à Paris, rue Saint-Honoré, 364, avait opéré la saisie du domaine d'Haubourdin, en qualité de créancier de la dame de Houchin, veuve Sirey, décédée sans postérité le 17 octobre 1835, mais cette saisie fut, par jugement du Tribunal de Lille du 11 mai 1837, convertie en vente sur publications judiciaires, sur la demande des héritiers légaux de ladite veuve, lesquels étaient : 1° M François-Marie-Louis de Kerouartz, propriétaire à Morlaix : 2° M. Jacques-Louis-François-Marie-Toussaint, marquis de Kerouartz, propriétaire à Guingamp, ancien colonel de cavalerie, chevalier de l'ordre militaire de Saint-Louis.

An 1840. — Le 6 août, on procède à l'installation du conseil municipal, dont la moitié des membres furent réélus les 8 et 10 juin, la nomination des autres remontant aux 11 et 13 juin 1837.

Voici les noms de ces membres et le nombre des suffrages par eux obtenus : 1° le comte d'Hespel, 78 ; 2° Liénard, adjoint, 74 ; 3° Coppin, maire, 72 ; 4° Cordonnier-l'Hermite, 56 ; 5° Lamblin-Mortreux, 47 ; 6° Jean-Baptiste Blondeau, 46 ; 7° Etienne Legrain, 44 ; 8° Louis

Cottignies, 41; 9° Bigo-Clarisse, 41; 10° Alexandre Fichaux, 44; 11° Etienne Wicart, 40; 12° Célestin Sy, 39; 13° Louis Degrise, 36; 14° Jean-Baptiste Duhamel, 35; 15° Jean-Baptiste Poullet, 35; 16° Alexandre Potié, 12.

Le 10 août, le conseil municipal décide que des parties de marais seront louées, savoir : pour neuf ans, celles à mettre à l'usage de culture, et pour quarante ans, celles qui n'en sont pas susceptibles.

Le 29 décembre, M. Louis Degrise, nommé adjoint, est installé en cette qualité.

An 1841. — Le 10 février, le conseil municipal fixe le prix des terrains du cimetière dont la concession serait demandée, de la manière suivante, savoir :

1° A 60 francs le mètre carré pour les concessions à perpétuité; 2° à 30 francs pour les concessions de vingt-cinq ans, et décide que le tiers de ces valeurs sera attribué aux pauvres de la commune.

Le 21 mars de cette année, est promulgué la loi relative au travail des enfants dans les manufactures et usines.

Cette loi, on le sait, a un but moral et philanthropique tout à la fois; elle produit à Haubourdin et dans le canton, sous la surveillance d'une commission (1), des résultats satisfaisants pour le bien-être de la population ouvrière.

(1) Les membres actuels de cette commission sont MM. Menche, Deledeuille, Brasme, Auffray, Célarier, Billon, Derbigny, Victor Duverdyn et Édouard Bonte.

Le 18 novembre, installation de M. Charles Dhalluin, curé-doyen de la paroisse.

An 1842. — Le 8 octobre, Haubourdin envoie ce jour, à Lille, un détachement armé de la garde nationale pour assister à la cérémonie patriotique du cinquantième anniversaire de la levée du siège de Lille par les Autrichiens.

An 1843. — Le 7 février, on inaugure le Chemin de la Croix dans l'église paroissiale; trente-deux jeunes filles, vêtues de blanc et voilées, portent les croix et les tableaux. Le sermon est donné par M. Heroguer, curé de Saint-André.

An 1844. — Cette année est féconde en création d'œuvres utiles.

D'abord la messe basse, que depuis plus de dix ans l'on avait cessé de célébrer le dimanche à la chapelle de l'hospice, est dite de nouveau par suite de l'autorisation donnée par Monseigneur l'Archevêque.

Un ouvroir pour les filles pauvres est créé à l'hospice; sa direction est confiée à une sœur des filles de la Sagesse.

Puis une salle d'asile est fondée, pour les enfants des deux sexes. Dès l'année dernière, le conseil avait voté une allocation de 700 francs, pour parvenir à créer ces deux dernières institutions. — La bienfaisance publique, compléta les fonds devenus nécessaires. Plus tard, les sacrifices de la commune furent augmentés, et l'école prit un grand accroissement.

Rendons hommage à l'heureuse participation des estimables concitoyens, qui ont compris que l'établissement d'une école produit toujours, surtout dans la classe ouvrière, un bien-être moral et matériel. (Voir *École-Asile.*)

M. de Chéreng fait donation à l'église d'un tableau représentant *Sainte-Philomène*.

Au mois de juillet, on construit une clôture du cimetière, par une façade latérale à la tour de l'église. Les colonnes en pierre et les grilles en fer sont dûes en partie à la munificence de M. Leroy-Gruson.

An 1845. — Le 22 avril, Monseigneur Giraud, cardinal archevêque de Cambrai, fait sa première entrée à Haubourdin. — Il est reçu près de la drève du château de Beaupré, où une tente était dressée, et conduit processionnellement à l'église.

Le 5 septembre, M. Gossart, vicaire, est nommé curé de Warlaing: une pétition collective des habitants, pour le conserver parmi nous, est adressée à l'archevêque; mais elle reste sans effet.

An 1846. — C'est en janvier de cette année que l'on forma l'association de charité composée de dames pieuses de la commune. La plupart d'entr'elles, depuis lors, visitent à domicile les ménages pauvres, leur distribuent des vêtements, des paillasses, des blouses, des chemises, etc.

Au mois d'avril, décès de M. Thomas, rentier; il lègue 1200 francs à la fabrique de l'église.

Sur la proposition de M. Coppin, maire, le conseil municipal, à la majorité de 8 voix contre 4, décide que l'on vendra publiquement une prairie située à Haubourdin, à front de la chaussée, appartenant à la commune, qui l'avait autrefois accordée en bail emphytéotique expirant en 1856.

Cette propriété fut vendue plus tard aux sieurs Potié et Pélicier, pour le prix de 12,760 francs.

Ce prix sera employé à la construction : 1° d'un pavé rue de la Basse-Folie; 2° d'une maison d'école de garçons.

Le 28 décembre, le conseil accorde divers subsides au bureau de bienfaisance. La cherté excessive du blé et la rigueur de la saison obligent la commune à se joindre à la bienfaisance publique pour secourir les pauvres.

La souscription qui eut lieu produisit 600 francs par semaine.

Ces moyens suffirent pour livrer le pain au taux ordinaire aux ouvriers et aux pauvres.

An 1847. — Le 5 mars, communication est faite au corps municipal de divers documents ayant pour objet la vente au profit de l'asile des aliénées de Lille, et moyennant 85,000 francs, de la ferme de *Bocquiau*, avec 7 hectares 84 ares 80 centiares de terres, situées entre la chaussée et la Deûle, appartenant à l'hospice d'Haubourdin.

Le corps municipal donne un avis favorable à cette vente qui, néanmoins, n'a pas été réalisée (1).

An 1848 — Le 28 février, à quatre heures du soir, en exécution de la circulaire du *préfet provisoire du Nord*, en date du 27 février, le maire d'Haubourdin réunit le conseil municipal pour lui annoncer la constitution du gouvernement provisoire et du nouveau ministère.

Le procès-verbal dressé à cette occasion contient ce qui suit:

PROCLAMATION.

LE MAIRE D'HAUBOURDIN

Transmet à ses concitoyens la communication suivante, qu'il a reçue de M. le Commissaire du gouvernement provisoire:

« Le soussigné ANTHONY THOURET, Commissaire du gouvernement provisoire de la nation française et de M. le ministre de l'intérieur, invite MM. les maire et adjoints de

---

(1) Après plusieurs autres tentatives faites en certains endroits, il paraît que l'on doit définitivement établir l'asile des femmes aliénées dans un domaine près Bailleul (Nord).

la municipalité d'Haubourdin à faire proclamer dans toute la ville l'existence de ce gouvernement qui siège à l'Hôtel-de-Ville de Paris.

GOUVERNEMENT PROVISOIRE :

» François Arago, Marie, Ledru-Rollin, Lamartine, Louis Blanc, secrétaire.

Ministère siégeant dans les Hôtels :

» Dupont, de l'Eure, président, sans portefeuille; Lamartine, aux affaires étrangères ; Crémieux, à la justice; Ledru-Rollin, à l'intérieur ; Michel Goudchaux, aux finances ; François Arago, à la marine ; le général Bedeau, à la guerre ; Carnot, à l'instruction publique ; Bethmont, au commerce ; Marie, aux travaux publics ; le général Cavaignac, gouverneur général de l'Algérie ; Garnier Pagès, maire de Paris.

» Le gouvernement prépare la nomination prochaine d'une assemblée nationale. — Il a proclamé l'avènement de la *République française*.

» Vincennes est rendu à Paris. »

Le procès-verbal est signé par : Coppin, maire; Fichaux, adjoint; C. Cordonnier, Cottignies, Wicart, Jean-Baptiste Poullet, A. d'Hespel, Potié, Liénart, V^t. Duhamel, Menche, D. Testelin, Deledeuille, Lamblin.

Laissons les évènements politiques se dérouler; restons dans le cercle qui nous occupe : celui de la commune.

Depuis quelque temps déjà, la population d'Haubourdin s'accroît ; elle dépasse le chiffre de 3,000 âmes ; on voit s'implanter dans la commune diverses industries nouvelles, notamment la belle filature de lin de MM. Colombier, Thiébault et Bonpain. Cet état prospère éveillait l'attention des autorités.

C'est ainsi que durant la session du conseil municipal de novembre 1847, M. le maire communiquait une lettre de M. le Préfet, par laquelle ce magistrat invitait notre corps municipal à poursuivre activement la réalisation du projet de convertir l'école communale en salle d'asile, et de faire construire une maison plus vaste et plus convenable pour l'école.

Le maire faisait aussi observer au conseil que l'école des filles et l'ouvroir, placés dans un local humide à l'extrémité de la commune, ne pouvaient procurer le bien-être que l'on était en droit d'attendre de ces sortes d'établissements.

Il ajoutait qu'il serait convenable que le conseil prît la détermination bien arrêtée de porter remède à tous ces inconvénients en faisant faire des constructions assez vastes et disposées de manière à réunir tous les établissements publics à la fois, tels que les écoles de garçons et de filles, l'ouvroir, l'asile, même la mairie, attendu, disait-il, que celle que nous avons actuellement, déjà défectueuse et placée de manière à obstruer la place publique, est incommode et manque des pièces les plus nécessaires, et notamment de salons, dont le besoin grandit à mesure que la population augmente.

Le corps municipal, ayant pris en considération ces motifs, nomme une commission chargée, sous sa présidence, de rechercher et de proposer les voies et moyens propres à la réalisation de ce vaste projet de construction.

Sont nommés de cette commission : MM. Fichaux, Menche, d'Hespel et Deledeuille.

Le 11 mars 1848, le conseil étant réuni, il entend le rapporteur de la commission, M. Fichaux, sur le projet en question.

Voici l'analyse du rapport de cet honorable conseiller.

Les membres de la commission sont unanimes pour réunir sur un emplacement unique la mairie, les écoles, l'ouvroir, la salle d'asile, et pour la construction d'un quai qui est réclamé par divers industriels et qui serait si utile au service public.

Le terrain de M. Célestin Cordonnier, longeant la Deûle près du pont, est celui qui a paru le plus convenable à cette destination.

Les prétentions du propriétaire parurent exagérées, et dès-lors, la commission cessa d'être unanime dans ses vues.

La majorité, néanmoins, a pensé devoir faire au conseil la proposition suivante:

La dépense totale à laquelle donneraient lieu les travaux, serait de 83,500 fr. répartis comme suit :

Acquisition de terrain et maisons. . .	17,780 »
Construction de mairie, écoles, ouvroirs et salles d'asile.	50,000 »
Pavement d'une partie de la place et de rue.	6,720 »
Travaux du quai	7,000 »
Pavement et travaux d'appropriation sur l'emplacement de la mairie actuelle. . .	2,000 »
Total égal.	83,500 »

Les ressources pour faire face à cette dépense seraient de 72,560 francs; elles consisteraient en :

1° Le prix de la vente du terrain Potié.	12,760 »
2° La maison d'école actuelle, évaluée .	5,000 »
3° Capital de la rente calculée au pair (1).	36,000 »
4° Matériaux à provenir de l'ancienne mairie.	6,000 »
5° Matériaux de trois maisons sur le terrain à acheter.	800 »
6° Secours accordés par l'État et le département.	12,000 »
Total.	72,560 »

Pour faire face au déficit de 11,000 francs, le rapporteur dit que l'on pourrait avoir recours à un emprunt ou à tout autre moyen que le conseil jugerait plus convenable.

(1) La rente 5 pour 100 était tombée à 60 fr. à la Révolution de février; trois ans après, elle était à peine au pair.

Soumises à l'assemblée, ces conclusions furent combattues par plusieurs membres, qui contestaient notamment l'exactitude des chiffres avancés. — De son côté, le rapporteur maintenait son projet, en faisant valoir d'autres considérations, et spécialement celle basée sur ce fait, qu'un grand nombre d'ouvriers étaient alors sans travail qu'il valait mieux leur donner de l'occupation dans les travaux à exécuter que d'être obligé de leur fournir en subsides des moyens d'existence, etc.

Le maire mit aux voix le principe des constructions, en limitant la dépense à 80,000 francs.

Ont voté pour : MM. Cordonnier-L'hermitte, Deledeuile, Coppin, Fichaux, Célestin Cordonnier, Poullet et Dieudonné Testelin.

Ont voté contre : MM. D'Hespel, Menche, Lamblin, Liénart, Potié, Cottignies, Wicart et Duhamel.

Le conseil n'adopta donc point le rapport de la commission.

Le 14 mars, c'est-à-dire, trois jours après, un arrêté préfectoral intervenait.

Voici comment il était conçu :

« Au nom du gouvernement provisoire et en vertu des pouvoirs extraordinaires qui lui ont été conférés.

» Vu l'urgence ;

» Le Commissaire-général de la République française dans le département du Nord,

» Arrête ce qui suit:

» Art. 1er. Le conseil municipal d'Haubourdin est dissous.

» Art. 2. Sont nommés membres de la commission municipale chargée d'administrer provisoirement la commune :

» MM. Alexandre Fichaux, maire provisoire; Emile Houriez, adjoint provisoire; Charles Deledeuille, Coppin, notaire, Hippolyte Serret, Dieudonné Testelin, et Célestin Cordonnier.

» Art. 3. Le citoyen Fichaux est chargé de l'exécution du présent arrêté.

» Lille, le 14 mars 1848.

» Signé : Ch. Delescluse. »

Cette nouvelle commission municipale fut installée le 17 dudit mois de mars.

Le 1er avril, une cérémonie imposante a lieu à Haubourdin : la plantation sur la Grand'Place *de l'arbre de la liberté.*

Le curé-doyen, le maire, le juge-de-paix, prononcent tour-à-tour un discours au milieu d'une grande affluence de citoyens de toutes les classes. La musique, les sapeurs-pompiers et autres corporations, défilent au cris de: *Vive la République!*

L'arbre, qui était un beau *canadas* provenant des *Catte-*

laines, ne poussa point, et dans la crainte que par sa chute, il blessât ou tuât quelqu'un, on l'arracha quelques temps après.

Le suffrage universel, qui n'avait pas fonctionné en France depuis 60 ans, fut rétabli.

Un décret du 3 juillet 1848 prescrit les élections des conseils municipaux dans toute la République.

La nomination des maires et adjoints appartient à ces conseils, en vertu du même décret.

Ces assemblées électorales ont lieu à Haubourdin, les 30 juillet et 13 août suivant.

Elles présentent les résultats suivants.

Ont été élus, savoir :

CONSEILLERS MUNICIPAUX :

MM.	Nombre de suffrages.
1 Dieudonné Testelin	481
2 Désiré Gabide	472
3 Alexandre Fichaux	471
4 Adalbert D'Hespel	460
5 Charles Deledeuille	455
6 Vincent Liénard	452
7 Gustave Menche	450
8 Jules Bigo	444
9 Célestin Cordonnier	442
10 Adolphe Bonzel	397

11 Henri Coppin 386
12 Auguste Crépy 328
13 Victor Duverdyn. 315
14 Antoine Buisine. 312
15 Louis Bonnel 309
16 Jean-Baptiste Tierce. 291
17 Charles Delobel. 287
18 Jean-Baptiste Cordonnier . . . 285
19 Alexandre Potié. 284
20 Charles Bonpain. 282
21 Raphaël Mariage. 274

ADMINISTRATEURS MUNICIPAUX :

M. Alexandre Fichaux, maire ;

M. Adalbert D'Hespel, premier adjoint ;

M. Antoine Buisine, deuxième adjoint.

Le décret de l'Assemblée nationale du 25 mai de cette année, prescrivait une enquête dans tous les chefs-lieux de canton, sur les travaux agricoles et industriels. La commission formée à ce sujet à Haubourdin, sous la présidence du citoyen Tierce, juge-de-paix, était composée des patrons et ouvriers ci-après : MM Potié, Hochart, Mortreux-Cousin, Mariage, Cordonnier, Crépin, Hautrive, Bonpain, Vendeville, Bonzel, Caillaux, Béghin, Crépy, Gravelin, Fokedey, Roger, Hoscheteiter, Cardon, Fichaux, maire, Billon, docteur, Deledeuille, officier de santé, et d'Hespel, membre de la société d'agriculture. Dans le cours du mois de juillet, cette commission cinq fois réunie s'est livrée à de longs travaux, constatés par divers rapports et procès-verbaux. Parmi les renseignements qu'elle a produits et les vœux qu'elle a émis, on remarque ceux ci-après :

« La décadence de l'industrie est la suite inévitable de toutes les révolutions politiques.

« La crise se prolongera d'autant plus que les bases de la Constitution ne sont pas encore établies. Les ouvriers industriels sont mieux logés que les ouvriers de ferme ; la nourriture des premiers se compose surtout de viande et de pommes de terre, les autres ne se nourrissent guère que de légumes et de lait. Les ouvriers de fabriques, qui ont à supporter des chômages assez fréquents ou des variations de prix, souffrent plus souvent et d'une manière plus pénible que les agriculteurs du fléau de l'indigence; il est d'ailleurs à remarquer que des secours abondants sont distribués avec une rare intelligence dans les communes du canton. Un petit nombre de travailleurs a reçu le bienfait de l'instruction (40 sur 100 savent lire et écrire); cependant les écoles ont fait de grands progrès dans ces dernières années. Les écoles de filles, qui réunissaient moins de 100 élèves, en comptent aujourd'hui 800. La bonne éducation des femmes doit, dans un temps donné, être pour la société entière la source d'une grande amélioration morale et religieuse. L'instruction professionnelle est entièrement négligée. L'établissement dans le voisinage de Lille d'une école d'arts et métiers, déjà demandé plusieurs fois, serait, sous ce rapport, de la plus grande utilité. Protéger par des tarifs bien calculés les industries linières, sucrières et celle des huiles, contre la concurrence étrangère, serait un moyen de donner aux intérêts agricoles une situation plus avantageuse. Beaucoup de terres dans ce canton seraient susceptibles de produire du tabac d'excellente qualité. Développer de plus en plus l'industrie sucrière qui emploie un grand nombre de bras, surtout pendant la saison morte. La commission d'enquête émet aussi le vœu que l'on donne suite au projet de desséchement de la vallée de la Deûle, dont l'exécution rendrait à l'agriculture 1,500 hectares de terres très productives, et qu'enfin l'on continue les études relatives aux banques agricoles commencées sous le dernier règne. »

A Haubourdin, comme ailleurs, la Révolution de février produisit ses effets désastreux; l'industrie, le commerce en général furent paralysés ou éprouvèrent de rudes atteintes. Le chômage total ou partiel existait dans plusieurs établissements. Un grand nombre d'ouvriers étaient sans travail, il fallait pourvoir à leur existence, à celle de leur famille. Les souscriptions volontaires consacrées à cette destination étaient devenues insuffisantes, il y avait donc urgence de venir au secours de cette partie de la population en état de souffrance. Aussi, dès le 10 septembre, sur la proposition du maire, le conseil municipal, assisté des plus forts imposés, vote un impôt extraordinaire de 2,000 fr., et MM. D'Hespel, Crépy, Coppin et Bonpain s'engagent, attendu que les besoins sont pressants, à faire l'avance de chacun 250 fr. jusqu'à ce que le subside soit accordé.

L'agitation des esprits, la perturbation dans les affaires

empêchèrent la réalisation des projets qui avaient été élaborés l'année précédente : restait la maison d'école dont il fallait sérieusement s'occuper.

Le 1er septembre, une commission de cinq membres est formée à l'effet de rechercher un terrain convenable pour la construire.

Le 10, elle fait son rapport. Elle propose, soit le terrain de feue Melle Henriette Blondeau, en y faisant une rue qui aboutirait à celles du Bas-Chemin et du petit Pavé, soit celui de M. Célestin Cordonnier, bordant la Deûle; mais après de longues délibérations, le conseil n'adopte ni l'un ni l'autre de ces projets, décide que l'école actuelle sera agrandie et que l'on attendra pour en construire une nouvelle que les ressources communales le permettent.

Une somme de mille francs est consacrée à ces travaux d'agrandissement.

Mais l'année suivante, on prend définitivement la résolution d'acheter le terrain de Melle Blondeau, d'y établir une rue, où l'on érigerait l'école des garçons. De cette manière, la commune était en mesure d'obtenir de l'État et du département les subventions accordées en pareille occurrence.

L'achat et les travaux ont lieu quelque temps après, sous l'administration du nouveau maire.

An 1849. — Dans les premiers mois de cette année, le choléra vient nous visiter; il fait de nombreuses victimes, surtout parmi la classe ouvrière. Les révolutions en France semblent traîner à leur suite ce fléau destructeur. Le 11 août, le conseil vote une somme de 500 fr. pour couvrir les premières dépenses faites pour secourir les pauvres ménages atteints du choléra.

Un procès-verbal du 19 janvier 1850 constate la réunion extraordinaire du conseil municipal, lequel s'occupe d'objets divers qui lui sont soumis par M. le maire.

Le dernier paragraphe de ce procès-verbal est conçu en ces termes :

M. T... propose au conseil municipal de décerner aux personnes qui se sont le plus signalées pendant la durée du choléra par leur empressement à secourir ceux qui en ont été atteints, une médaille qui rappellerait le souvenir de leur dévouement et qui serait en même temps un témoignage de la reconnaissance publique. Le conseil, tout en appréciant le dévouement qu'à différents titres plusieurs personnes ont montré dans ces tristes circonstances, ne pense point qu'il soit possible de leur décerner à toutes une médaille; mais, reconnaissant que l'institutrice, la sœur *Saint-Médard* (des Filles de la Sagesse), a montré pendant la durée du fléau un zèle et un dévouement qui ne se sont point un instant ralentis, décide qu'il lui en sera remis une, et charge M. le maire de ce soin.

En exécution de la loi du 15 mars de cette année, des élections générales ont lieu dans toute la France pour la nomination des représentants du peuple à l'Assemblée nationale législative.

Ces opérations ont lieu les 14 et 15 mai. Le lendemain 16, le recensement des votes du canton a lieu à l'hôtel-de-ville d'Haubourdin.

M. Adalbert d'Hespel est un des candidats qui obtint le plus de voix.

Quatre bureaux électoraux étaient établis pour les 16 communes du canton.

Le premier, comprenant Haubourdin, Santes, Loos, Emmerin, Sequedin et Hallennes, a donné à M. d'Hespel, sur 2,370 votants . . . . 2,044 suffrages.

Le deuxième, composé des villages de Radinghem, Erquinghem-le-Sec, Escobecques, Le Maisnil et Beaucamps, (683 votants). 548

Le troisième, où ont voté les électeurs de Wavrin et de Ligny (589 votants. 318

Le quatrième, établi à Lomme, comprenant cette commune, Ennetières-en-Weppes et Englos (827 votants) . . 329

           TOTAL. . . . . 3,236 suffrages.

Le recensement général des votes des 60 cantons du département du Nord constata la nomination de M. d'Hespel parmi les 24 représentants du peuple que ce département était appelé à élire.

Le 10 juin, on procède à la bénédiction des trois cloches de l'église.

La première, du poids de 1,100 kilog., nommée *Marie-Caroline* par M. Fichaux, maire, et Mme Ve Fiévet;

La deuxième, appelée *Claire-Rosalie* par M. le comte d'Hespel et Mme Rosalie Liénart, épouse de M. Jean-Baptiste Cordonnier; son poids est de 845 kilog.

La troisième, pesant 585 kilog., nommée *Pauline-Adèle* par M. Liénart-Gotran et Mme Adèle de Warenghien, épouse de M. Derbigny.

An 1850. — Depuis trop longtemps (six siècles), la commune subit certaines charges, en ayant son territoire traversé par une rivière navigable, sans recueillir en compensation les avantages qu'un quai pourrait seul lui assurer.

L'intérêt général de la commune ne commande-t-il pas de créer un lieu de déchargement à l'usage des industriels qui empruntent la voie du canal pour alimenter leurs usines, y faire arriver des matières premières et des marchandises?

Telle était la sérieuse question qui occupait en ce moment l'édilité haubourdinoise.

Quatre délégués du corps municipal, MM. Menche, Liénart, Coppin et Bonzel, étudièrent ce projet; leur rapport, fait au conseil le 30 mars 1850, présente les conclusions suivantes :

1° L'établissement d'un quai est déclaré d'utilité publique, et il y a lieu de s'occuper dès à présent des moyens de réaliser ce projet;

2° Le terrain du sieur Werquin, aujourd'hui de Mme Bonzel, à l'Étanque, est celui qui doit être choisi comme étant contigu au quai actuel;

3° Qu'il y a lieu de lui en offrir 4,000 fr., etc.

Les négociations entamées entre la commune et le sieur Werquin n'aboutirent point.

Le 13 avril, M. le maire, d'après l'avis du conseil, doit proposer à M. Célestin Cordonnier l'achat d'un terrain longeant la Deûle, où l'on pourrait plus convenablement ériger les quais publics.

Il traite de cette acquisition au prix de 2,000 fr. les 8 ares 86 centiares.

Le 16 mai, le conseil décide que l'on pourvoira au paiement de ce prix et à la dépense nécessaire à l'établissement, au moyen de la vente d'une portion de la rente 5 p. 0/0 appartenant à la commune.

Le 13 septembre, il est procédé à une enquête de *commodo* et *incommodo* sur le double projet d'achat et de construction. M. Augustin Brame intervient et se rend opposant (1).

Le 13 septembre même année, M. le Préfet soumet

---

(1) Nous n'avons pas retrouvé les motifs sur lesquels s'appuyait cet honorable citoyen.

cette opposition à l'appréciation du corps municipal, lequel, après délibération, prend une résolution en ces termes :

« Considérant que les projets dont parle le sieur Brame
» avaient été examinés précédemment par le conseil qui
» les avait reconnus exécutables; que d'ailleurs ses obser-
» vations sont sans fondement ;

« A l'unanimité, le conseil municipal déclare que l'op-
» position du sieur Brame est tout-à-fait sans mérite, et
» que le seul projet réalisable avec avantage est celui adop-
» té par le conseil. »

Les 17 et 26 octobre, on établit un tarif pour les droits de stationnement sur tous les bateaux, barques, bâtiments d'eau et flottaisons de toute espèce, soit en chargement ou en déchargement aux quais d'Haubourdin.

Ce tarif fut modifié en partie par l'administration des Ponts-et-Chaussées, et, par suite, M. le Préfet ne le revêtit pas de son approbation.

Ce désaccord entre l'autorité municipale et celles supérieures fit échouer le projet en question.

A la même époque, le conseil reçoit de M. le maire communication du texte de la loi du 13 avril 1850, dont l'article 1er est ainsi conçu :

« Dans toute commune où le conseil municipal l'aura
» déclaré nécessaire par une délibération spéciale, il nom-
» mera une commission chargée de rechercher et indiquer
» les mesures indispensables d'assainissement des loge-

« ments et dépendances insalubres mis en location, et
» occupés par d'autres que le propriétaire, l'usufruitier
» ou l'usager. Sont réputés insalubres les logements qui se
» trouvent dans des conditions de nature à porter atteinte
» à la vie ou à la santé de leurs habitants. »

Le conseil est d'avis qu'il y a lieu de nommer une commission, et le vote au scrutin désigne pour en faire partie : MM. Deledeuille, médecin ; Cordonnier, architecte ; Auffray, membre du bureau de bienfaisance ; Tierce, juge-de-paix ; Menche, propriétaire ; Adolphe Bonzel, manufacturier ; Gahide, capitaine des sapeurs-pompiers.

La commission fonctionne depuis huit ans, et, par sa sollicitude ou par ses injonctions, bon nombre d'habitations ont été assainies.

En novembre, les Dames du Sacré-Cœur de Lille ouvrent une maison de retraite à Haubourdin. Leur chapelle provisoire est bénite le 21. Elles cessent de la visiter en décembre 1852. Le lieu de cette retraite fait partie d'une propriété près l'église, où sont actuellement les sièges de plusieurs sociétés de bienfaisance.

Le 20 décembre, le conseil, sur la proposition de l'administration des Ponts-et-Chaussées, vote une somme de 500 fr. équivalente à la quotité de scories nécessaires à la confection de la partie de trottoir d'Haubourdin à Loos.

Un an plus tard, une seconde allocation de 500 fr. est également votée pour le même objet.

Le 8 mai 1851, M. le maire expose qu'il croit de l'intérêt général de la localité de reporter la kermesse à une autre époque que celle actuelle, qui arrive dans une saison trop avancée (le mois de septembre); que la nouvelle époque qu'il paraît convenable de fixer pour l'avenir, serait le troisième dimanche de juillet.

Le conseil, qui entend cette proposition, partage les vues de M. le maire et émet le vœu unanime que notre kermesse soit fixée, à partir de cette année, au troisième dimanche de juillet.

Disons que le mois de juillet voit commencer les premières *ducasses* de nos environs.

Celle d'Haubourdin dure deux et trois jours.

Outre les morceaux de musique joués par notre Société philharmonique, on rencontre divers jeux et exercices pour lesquels la commune donne des prix aux plus adroits qui concourent selon le programme.

La kermesse d'Haubourdin, comme toutes celles des environs de Lille, a beaucoup perdu, néanmoins, de son importance.

Autrefois, la classe aisée y prenait part et figurait dans les quadrilles de l'établissement de Mme Ghesquier.

De nos jours, elle est encore fort brillante; on y voit un grand nombre d'étrangers, la plupart faisant partie de diverses Sociétés qui doivent concourir pour les prix.

Tout le monde est en festin : les convives sont nombreux.

Les Haubourdinois accueillent leurs amis et les étrangers avec la plus affectueuse cordialité. Leurs femmes, ces jours-là, retirent du buffet vitré, pour les mettre à table, ici, de grands plats de faïence qu'elles ont recueillies par successions; là, de belles assiettes d'étain toutes reluisantes, gagnées par leurs maris, et sur lesquelles sont plus ou moins mal gravées des inscriptions telles que celles-ci :

Jean Bacrot, Roi de plaisir, 1829.
N. Blick, Président, 1848.

Les rires et les chants ne sont pas oubliés, pas même la pipe qui est toujours l'accessoire des banquets.

Le soir arrivé, chacun se livre au plaisir de la danse, sauf celui qui préfère vider *la quennette.*

Pourquoi ne pas décrire mieux ici, dira-t-on, le caractère et les mœurs des Haubourdinois? Mais le faire nous entraînerait à lancer quelque critique, ce qui serait contraire à notre pensée et à l'affection que nous avons pour nos chers concitoyens. Disons donc tout simplement que l'habitant d'Haubourdin est sage et laborieux, qu'il est doué d'un caractère obligeant, qu'il va exactement à la messe et au sermon; mais qu'il n'oublie pas d'entrer au cabaret, puis... dans un autre, surtout quand il ne fait point partie d'aucune Société.

Le 13 novembre 1851, Mgr. Régnier, successeur de S. E. le cardinal Giraud, fait sa première entrée à Haubourdin. A huit heures du matin, il arrivait chez M. Cordonnier-Liénart, où l'attendaient les diverses autorités.

Le juge-de-paix lui adresse une allocution.

Sa Grandeur est conduite processionnellement à l'église par le clergé et une grande foule de paroissiens. Sur tout le parcours du cortége, les habitants ont décoré de fleurs et de branchages les façades de leurs maisons.

L'église est ornée d'une façon splendide; les demoiselles, dites *de la Réunion*, ont apporté cette fois encore leur gracieux concours, comme elles le donnent d'ailleurs dans toutes les grandes fêtes religieuses.

Après avoir donné la confirmation, Monseigneur visite les écoles, l'hospice; il tient une conférence avec les membres de *Saint Vincent de Paule*, puis il dîne au presbytère avec un certain nombre d'ecclésiastiques et de personnes conviés par M. le curé-doyen.

An 1852. — Le 16 février, le maire fait connaître au conseil qu'il a pris des informations sur le moyen d'éclairer la ville par le gaz; que le sieur Hannebicque, qui a entrepris cet éclairage à Béthune, semble disposé à faire des propositions acceptables.

Une commission est nommée pour s'occuper de cet objet.

Ses travaux joints aux efforts du maire et de son successeur n'ont amené jusqu'aujourd'hui, pour des causes diverses, aucun résultat.

Des travaux de restauration viennent d'être faits à la vieille horloge de l'église, abandonnée depuis la révolution de 89. La sonnerie n'est pas mauvaise, mais les aiguilles des cadrans sont devenues... immobiles.

Les membres du conseil municipal se réunissent le 19 août à l'hôtel-de-ville, au nombre de dix-neuf, sous la présidence de M. Dieudonné Testelin, l'un d'eux.

Celui-ci donne lecture d'un décret du Président de la République française, en date à Paris du 30 juillet précédent, par lequel M. Gustave Menche est nommé maire d'Haubourdin, et MM. d'Hespel et Buisine, adjoints; ils prêtent serment dans la forme suivante : *Je jure obéissance à la Constitution et fidélité au Président.*

Le conseil proclame, en conséquence, l'installation de ces trois fonctionnaires.

Le 22 septembre, les membres du conseil municipal récemment élus sont installés, sous la présidence du nouveau maire.

Cette élection avait eu lieu, d'après un arrêté de M. le Préfet, par la division des électeurs en deux sections.

Ont été nommés, savoir :

Dans la première section : MM. d'Hespel, Derbigny, Bonpain, Jean-Baptiste Cordonnier, Buisine, Rincheval, Mariage, Menche et Crépy.

Dans la deuxième section : MM. Dieudonné Testelin,

Duverdyn, Deledeuille, Delobel, Liénart, Gahide, Bonnel, Tierce, Jules Bigo, Célestin Cordonnier, Pelicier et Fichaux.

Ce dernier n'accepta pas sa nomination, et M. Célestin Cordonnier donna sa démission le 30 juin de l'année suivante.

A la même séance, le conseil autorise M. le maire à acquérir un terrain de 17 ares 72 centiares sur le lieu déjà désigné, et l'autorise à faire les diligences nécessaires pour percer sur la même propriété une rue adjacente à l'école future, qui prendrait naissance vis-à-vis la rue de l'Étanque et du rivage, et viendrait aboutir à la rue du Petit-Pavé.

De l'autre côté du canal, et presque en face de la rue de l'Étanque, se trouvait un petit chemin boueux et en mauvais état, appelé *la Basse-Folie* (1), appartenant à M. Jules Bigo. M. le maire propose d'en faire l'acquisition de gré à gré ou par la voie de l'expropriation. On verrait ensuite à transformer ce chemin en une rue pavée, ce qui serait d'un avantage immense pour les habitants qui veulent avoir accès à la rive gauche du canal.

Ce marché fut réalisé quelque temps après.

Par arrêté de M. le Préfet, en date du 22 novembre 1852, sur la proposition du maire et de l'avis du conseil

---

(1) Ainsi dénommée, paraît-il, parce que cette rue est située aux abords des anciens *jeux* créés par les seigneurs.

municipal, le sieur Poire est nommé deuxième garde-champêtre ; il prête serment en cette qualité devant le juge-de-paix le 7 décembre.

Le 5 décembre, M. le maire, en présence du corps municipal assemblé, donne lecture de la circulaire de M. le Préfet, contenant le décret du 2 de ce mois qui proclame Louis-Napoléon Bonaparte empereur des Français, sous le nom de Napoléon III.

Le premier de ces documents dit que : « La France » reconnaissante vient de consacrer par un vote mémo- » rable, et tel que les annales d'un peuple n'en offrent pas » d'exemple, le rétablissement de l'empire héréditaire en » la personne de Napoléon III. » Cet acte, immense pour la grandeur et l'avenir du pays, a été accompli dans le vaste département du Nord avec un élan et une spontanéité qui témoignent hautement des sympathies de la population.

Le deuxième constate que les suffrages émis en France pour l'Empire ont donné 7,824,189 bulletins portant le mot : *Oui*, et 253,145 bulletins portant le mot : *Non*. Les bulletins nuls se sont élevés à 63,326.

Le conseil vote à cette occasion une somme de 300 fr., qui sera consacrée à l'achat de charbon et vêtements à délivrer aux familles pauvres de la commune.

Le vote des communes du canton a présenté les résultats suivants :

	Inscrits.	Votants.	Oui.	Non.	Nuls.
Beaucamps	229	176	169	7	»
Emmerin	384	276	252	18	1
Englos	90	81	77	4	»
Ennetières-en-Weppes	459	344	329	15	»
Erquenghem-le-Sec	70	69	69	«	»
Escobecques	75	65	65	«	»
Hallennes lez-Haubourdin	150	109	106	1	2
Haubourdin	752	475	427	39	9
Le Maisnil	167	155	155	»	»
Ligny	38	34	31	2	1
Lomme	646	387	385	2	»
Loos	653	520	477	32	11
Radinghem	358	285	283	1	1
Santes	452	297	287	10	»
Sequedin	156	92	84	8	»
Wavrin	816	459	397	54	8
Total	5404	3824	3593	193	38
En 1851 pour la présidence décennale	4616	4318	4119	199	»

An 1853. — Le 3 février, le corps municipal vote une adresse de félicitations à S. M. l'Empereur à l'occasion de son mariage avec l'Impératrice Eugénie.

Voici le texte de cette adresse :

« Sire,

» Les populations du Nord ont accueilli avec une respectueuse satisfaction le mariage que Votre Majesté vient de contracter avec une princesse que ses hautes qualités rendaient digne du trône où vous l'avez placée.

» Elles aiment, en effet, à reconnaître dans cette alliance le gage précieux des intentions pacifiques dont Votre Majesté s'est plue déjà à reproduire l'éclatante expression.

» Le conseil municipal d'Haubourdin, interprète des sentiments de ses concitoyens, s'empresse d'offrir de nouveau l'hommage de ses sympathies et de son dévoûment au gouvernement de Votre Majesté. Nous en attendons la continuation d'une ère d'ordre et de paix, si favorable au développement des grands intérêts de notre agriculture et de notre industrie. »

Au mois de septembre, l'Empereur et l'Impératrice font un voyage dans le Nord de la France. Leur entrée à Lille a lieu le 23, au milieu des flots d'une population accourue de toutes parts.

Parmi le grand nombre des autorités et des fonctionnaires de tous ordres qui sont admis à présenter leurs hommages à LL. MM., on remarque le corps municipal d'Haubourdin, ayant à sa tête M. le maire, revêtu du costume officiel.

Citons à ce sujet un épisode particulier.

Un habitant d'Haubourdin, admis à l'audience de Sa Majesté en sa qualité de fonctionnaire, avait conservé soigneusement la liste de souscription et les autres notes d'une fête célébrée près de nous, le jour même, et à l'occasion de l'entrée solennelle à Paris des cendres de Napoléon Ier (15 décembre 1840).

Ces documents, ayant été réunis sous l'enveloppe d'un

maroquin vert, portant un aigle doré aux ailes déployées, furent présentés par ce fonctionnaire avec une adresse conçue en ces termes :

A NAPOLÉON III.

« Sire,

» Le 15 décembre 1840, jour à jamais mémorable, de vieux soldats de la République et de l'Empire se réunissaient à Fives, sous les murs de Lille, et célébraient avec quelques amis le retour en France des dépouilles sacrées de l'Empereur.

» Promoteur de cette solennité presque improvisée (1), j'en avais gardé précieusement le procès-verbal.

» Puis-je, Sire, espérer que vous daignerez l'accepter? Votre passage près de nous m'aurait accordé cette insigne faveur et celle de pouvoir me dire, avec le plus profond respect,

» De Votre Majesté,

» Sire,

» Votre très humble et très fidèle serviteur et sujet.

» TIERCE,

» *Juge-de-paix à Haubourdin, ex-commandant des Gardes-Pompiers de Fives lez-Lille.* »

---

(1) Les commissaires étaient MM. Dupont, ex-chirurgien de l'Empire, Deblond et Tierce.   (*Note de l'Auteur*).

Quelque temps après, l'auteur recevait la lettre dont voici le texte :

CABINET DE L'EMPEREUR.

« Palais des Tuileries, le 10 décembre 1853.

» Monsieur, j'ai eu l'honneur de mettre sous les yeux de l'Empereur, avec votre lettre, le procès-verbal du banquet organisé par vos soins, le 15 décembre 1840, pour célébrer avec des anciens compagnons d'armes le retour des cendres de l'Empereur.

» Sa Majesté a été sensible à cette nouvelle preuve de fidélité et de dévoûment donnée par de vieux braves à la mémoire de l'empereur Napoléon Ier, et elle me charge de vous adresser ses remerciements de la lui avoir fait connaître.

» Agréez, Monsieur, l'assurance de ma considération distinguée.

» *Le Sous-Chef du Cabinet de l'Empereur,*

» ALBERT DE DALMAS,

» A M. Tierce, juge-de-paix à Haubourdin, Nord (1). »

---

(1) Pour répondre aux personnes qui seraient disposées à reprocher quelque sentiment de vanité à l'auteur de cette citation, nous dirons que plusieurs raisons nous ont engagé à en reconnaître l'opportunité. Voici ces raisons :
1° Son principal auteur est devenu Haubourdinois depuis bien des années ;
2° Le banquet avait eu lieu chez un Haubourdinois, tenant alors à Fives l'auberge de *la Clef d'or*, M. Hyacinthe Cado, ex-officier du premier empire, maintenant à l'hôtel des Invalides.

An 1854 — Un cœur en vermeil est offert par Haubourdin à Notre-Dame de la Treille, placée dans l'église de Sainte-Catherine à Lille, dont on vient de célébrer le jubilé séculaire. Ce cœur est porté sur un riche coussin, avec le concours d'une procession, et présenté par quatre demoiselles choisies par leurs compagnes (1).

Dès le mois de juillet de cette année, une bibliothèque paroissiale est mise à la disposition des habitants, au presbytère, par les soins de M. Dhalluin, curé-doyen.

On proclame en France et dans tous les pays catholiques le dogme de l'Immaculée conception.

A Haubourdin, la grande procession a lieu. Toutes les rues sont pavoisées et ornées de tentures. Un reposoir est érigé sur la place de l'Hospice, un autre sur la Grand' Place où se fait la consécration de la paroisse à *Marie immaculée*. Le soir, brillante illumination avec divers transparents, etc.

Un plan d'alignement est dû à M. Jean-Baptiste Cordonnier, architecte, l'un de nos concitoyens. Les travaux en ont été dirigés par les soins vigilants de M. Menche, notre maire.

Ce plan est approuvé par le corps municipal, suivant sa délibération du 15 août.

An 1855. — Le 3 janvier, M. Minart est installé

---

(1) Ces demoiselles étaient Sophie Choquet, Charlotte Duportail, Catherine Despatures et Joséphine Mariage.

en qualité de commissaire de police du canton. Il avait prêté serment devant M. le Préfet le 2 du même mois.

Ce commissaire fut remplacé par M. Joland, suivant arrêté préfectoral du 28 janvier 1858. Son installation eut lieu le 11 février suivant.

En octobre 1859, M. Joland est, dit-on, remplacé par M. Cor.

Le 2 septembre, une brillante fête a lieu dans le parc de Mme Torck-Raoust (1).

Ce jour-là, avant l'heure fixée, une foule inaccoutumée parcourt les rues d'Haubourdin ; on y remarque surtout des équipages, des cavaliers, des sociétés de musique et chorales.

Plus de cent jeunes gens, montés sur leurs coursiers,

---

(1) Nous ne pouvons résister au désir de dire deux mots sur cette belle propriété.

Les jardins de M. et Mme Torck-Raoust sont vastes, très ingénieusement tracés et présentent tous les avantages et tous les agréments désirables.

Outre un grand potager et de belles prairies, on y voit : ici de vieux acacias déployant leurs rameaux touffus sur l'épais tapis d'une agréable verdure.... là, des bois taillis tellement rapprochés que leurs branches s'entrelacent et interceptent complètement les rayons du soleil.... ailleurs, des ormes à petites feuilles d'une hauteur prodigieuse formant de belles avenues, dans les détours desquelles la vue se plaît à s'égarer, et dont la cime se voit au loin dans les campagnes environnantes.

Un vaste bassin avec un jet d'eau se trouve au milieu du parc.

Aux alentours sont des terrains avec cabanes rustiques consacrées aux animaux de basse-cour, aux quadrupèdes étrangers et à un nombre infini de volatiles.

Que le lecteur étranger à notre localité se donne la peine de visiter cette propriété, il la trouvera plus belle encore que nous ne saurions la décrire. Nous lui assurons à l'avance et sans prévention une bonne réception de la part des habitants de la maison, dont l'affabilité et l'exquise politesse sont reconnues par toutes les personnes qui les approchent.

Ed Bolduduc del.
Lith. Bolduduc fr. à Lille

JARDIN DE Mᵐᵉ TORCK.
(Haubourdin)

disputent dans un vaste hippodrome les prix qui leur sont sont offerts.

Plusieurs corps de musique, notamment celui du régiment de hussards, exécutent des morceaux d'harmonie. Des sociétés de chant se font aussi entendre.

Des milliers de bouquets sont destinés aux dames; ils leur sont gracieusement offerts à leur arrivée.

Le soir, le parc, les belles avenues étaient éclairés par des feux dits du Bengale.

Le lendemain, les membres de la commission de cette fête déposaient à M. le maire une somme de 3,000 fr. que diverses dames avaient pris la peine de recueillir dans les rangs des spectateurs pour les pauvres et les vieillards de l'hospice.

Honneur à MM. les promoteurs de cette brillante journée, qui a procuré tant de plaisirs et tant d'actes de bienfaisance! Faisons des vœux pour voir une pareille fête, qui a laissé de si agréables souvenirs, se renouveler bientôt dans notre localité.

An 1856. — Dans sa séance du 20 mars 1856, le conseil municipal, sur la proposition de M. le maire, vote à l'unanimité l'adresse suivante :

« A SA MAJESTÉ L'EMPEREUR,

» Sire,

» Vous avez fait cesser l'anarchie, vous avez rendu à la

France sa grandeur et sa gloire, et elle vous devra bientôt, elle en a l'espérance, une paix durable et féconde.

» L'heureuse délivrance de l'Impératrice est un bienfait du ciel qui comble tous les vœux, et l'Empire trouve dans la naissance du Prince Impérial un nouveau gage de sécurité pour l'avenir.

» Permettez au conseil municipal d'Haubourdin de vous adresser ses vives félicitations et de déposer aux pieds du trône l'hommage de son respect. »

Dans la même séance, le maire communique au conseil un arrêté en date du 23 février, par lequel M. le Préfet alloue une subvention de 1,000 fr. sur le fonds de dix millions accordé par décret impérial du 22 septembre 1855, pour faciliter l'exécution des travaux d'utilité communale.

Lors de la session de mai, il est mis sous les yeux du conseil le projet de percement d'une rue de 10 mètres de largeur, qui a pour but de mettre l'une des extrémités de la commune en communication avec le centre, en reliant cette rue avec celle du Calvaire qui serait prolongée jusqu'au point de jonction.

Le conseil approuve ce projet pour être exécuté selon le plan d'alignement dressé par l'architecte Cordonnier, et décide que la nouvelle voie sera appelée *rue Marais*.

L'établissement de cette rue fera naître de nouveaux quartiers et présentera d'ailleurs un immense avantage :

celui de rapprocher de l'église une partie de la population, lorsque, comme on l'espère, la passerelle sera jetée prochainement sur la Deûle, en face de la rue de l'Étanque.

An 1857. — Le 13 janvier, décès de M. Dhalluin, notre curé-doyen.

Un décret impérial du 22 mars de cette année porte concession d'un canal de navigation à ouvrir entre Seclin et la Deûle.

Ce canal est presque achevé aujourd'hui. — Haubourdin et Seclin se trouvent donc reliés par une voie d'eau.

Le 2 avril, mort de M. Désiré Gahide, chevalier de l'ordre impérial de la Légion-d'Honneur, capitaine-commandant des sapeurs-pompiers.

L'un de nos concitoyens prononce quelques paroles d'adieux sur la tombe de ce vieux soldat.

Le 26 avril, nomination du sieur Polvêche, en qualité de deuxième garde-champêtre.

Le 25 mai, Son Excellence Ferouck-Khan, ambassadeur de Perse, lequel avait été reçu la veille chez M. Kuhlmann, à Loos, vint visiter à Haubourdin la belle filature de lin de MM. Colombier et Bonpain.

An 1858. — Les habitants du pays, et particulièrement ceux du canton d'Haubourdin, ont fait une perte immense, par la mort (13 mai de cette année), de M. le comte Adalbert-Charles-Louis-Auguste D'Hespel.

Ses funérailles ont eu lieu le dimanche 16 de ce mois.

La foule considérable que l'on rencontrait dans la chapelle ardente et aux abords du château du défunt témoignait des regrets unanimes causés par la mort prématurée de cet homme de bien ; la tristesse était sur tous les visages.

Nous ne pouvons mieux faire l'éloge de celui que l'on conduisait à sa dernière demeure, qu'en rapportant ici le discours funèbre prononcé par M. Derbigny, notre honorable concitoyen.

M. Derbigny, en s'approchant de la tombe, a fait entendre, d'une voix émue, les paroles suivantes:

« Nous venons de rendre les derniers devoirs à un homme sur lequel la main de la mort s'est appesantie à un âge qui semblait lui promettre encore de longues années (1); les décrets suprêmes lui ont enlevé une vie que Dieu s'était plu à lui rendre chère. Cet homme, en effet, ne portait-il pas un nom que ses pères lui avaient transmis déjà recommandable par une juste considération qui n'a fait que s'accroître autour de lui? N'habitait-il pas une commune où, dès son enfance, il ne rencontrait que les plus sympathiques témoignages d'attachement et de respect? N'était-il pas uni à tous les membres de sa nombreuse famille par les liens de l'entente la plus

(1) M. d'Hespel n'était âgé que de cinquante-un ans.

CHATEAU DE M. LE C.te D'HESPEL
Vue prise sur le Canal

affectueuse et la plus étroite? N'avait-il pas des enfants dignes de lui, et surtout ne possédait-il pas, dans la noble compagne de son choix, une de ces épouses qui n'ont qu'à suivre les traditions de leur race pour y maintenir, à côté, et même au-dessus de l'écusson de leurs ancêtres, le beau titre de femme forte, dont l'Écriture a fait aux âmes tendres, élevées, généreuses, un blason chrétien plus glorieux encore que tous les autres?

» L'immense concours de personnes dont le pieux empressement a voulu déposer sur cette tombe une larme et une prière, proclame assez hautement combien est appréciée l'étendue de la perte de M. le comte Adalbert D'Hespel. C'est que tous ceux qui connaissent quelle a été sa trop courte carrière savent ce que valaient en lui l'homme public et l'homme privé.

» Tous, se rappellant l'indépendance de son caractère, la dignité et la modération de sa conduite, son zèle éclairé pour les intérêts qui lui étaient confiés, pourraient dire qu'il n'a jamais usé de ses fonctions de chef de bataillon de la garde nationale, d'adjoint au maire, de membre du conseil général, que pour se laisser aborder avec la plus affable familiarité et plus encore pour satisfaire cet immense besoin qu'il avait de se montrer utile et obligeant.

» Désigné, par ses lumières, par sa haute position, par ses antécédents, aux suffrages de ses concitoyens qui cherchaient un représentant à l'Assemblée législative, n'a-t-il point donné une grande preuve de son courage civil, lorsque, à peine remis des atteintes d'une grave maladie, il accepta le périlleux honneur de s'associer à la mission des hommes d'ordre et de liberté, qui tentaient d'élever des digues contre le torrent révolutionnaire.

» Mais c'est surtout dans le commerce quotidien de la vie domestique qu'on se plaisait à lui voir apporter les charmes d'un esprit plein de perspicacité, d'une mémoire enrichie de lectures, d'une vive et piquante conversation, et, mieux que tout cela, les épanchements d'un cœur qui comprenait et pratiquait toutes les nobles et pures affections.

» Oui, je ne crains pas de l'affirmer, devant les pauvres qu'il secourait si libéralement, devant ses concitoyens avec lesquels il entretenait de si bienveillants rapports, devant ses fils, pour qui il fut un père si dévoué et un si noble modèle, c'est surtout par les qualités du cœur que se distinguait celui que nous pleurons.

» Il connut l'amitié dans toute sa simplicité et dans toute sa force ; ce sentiment, il n'a, dès son jeune âge, cessé de le verser sur un habitant de notre commune, qui lui a payé l'honneur d'une telle préférence par une gratitude et un dévouement à toute épreuve.

» Ce sentiment, il l'a porté au plus haut degré envers un de ses condisciples devenu un saint prêtre. Où l'homme du monde, faisant des dons de la fortune l'usage le plus honorable, et le ministre de nos autels, cachant ses vertus dans un humble presbytère, ont-ils trouvé le principe, le développement et le sceau de cette touchante amitié? Dans le trésor d'une foi toujours restée commune entr'eux ; car, pendant toute sa vie, M. le comte Adalbert D'Hespel

CHÂTEAU DE M. MENCHE
(Haubourdin.)

s'est honoré d'être pour l'Église catholique un fils respectueux et soumis, et il l'a bien prouvé par sa mort courageusement édifiante.

» Enfin, si j'ose moi-même me rendre l'interprète des communs regrets, c'est que plus de trente années de très intimes et très douces relations, m'autorisent à prononcer sur la tombe de ce gentilhomme chrétien le suprême adieu d'un ami. »

Le 14 juin, M. le maire d'Haubourdin, étant à l'hôtel-de-ville pour présider le bureau électoral, proclame la nomination qui vient d'avoir lieu dans le canton, par le suffrage universel et au premier tour de scrutin :

De M. le comte Octave d'Hespel comme conseiller général, en remplacement de M. son père, décédé;

Et de M. Tierce, juge-de-paix, comme conseiller d'arrondissement, en remplacement de M. Menche qui s'était désisté de sa candidature.

Notre fête communale a été célébrée, cette année, les 18 et 19 juillet, avec un entrain général et au milieu d'un grand concours d'étrangers.

Des prix ont d'abord été décernés aux vainqueurs à l'arc, à la fléchette, aux coureurs dans des sacs, etc., et, ce qui a rehaussé la journée du dimanche, c'est le concert donné dans le parc de M. Menche, où se sont fait entendre plusieurs sociétés de musique et deux sociétés chorales.

Cette fête musicale était en même temps une bonne œuvre, ses produits ayant été distribués aux pauvres.

N'omettons pas de dire que la Commission de musique d'Haubourdin a dirigé avec zèle et habileté, sous l'impulsion de l'habile chef de cette compagnie, les détails d'exécution de cette brillante journée.

Une grande sécheresse, telle qu'on n'en a jamais vu, existe depuis l'automne de 1857.

Les sources sont généralement taries ; les exploitations agricoles et les centres manufacturiers souffrent particulièrement de cet état de choses.

A Haubourdin, les eaux stagnantes exhalent des odeurs fétides, et notre principal cours d'eau, *la Tortue*, est tombé dans l'état le plus insalubre par la déjection des résidus des distilleries.

Ce petit canal est aujourd'hui assaini, grâce à l'intervention de M. Menche, maire, et de M. Vallon, préfet, qui ont puissamment contribué à faire cesser les plaintes des habitants.

An 1859. — Cette année n'offre aucun fait particulier à signaler.

Toutefois, n'omettons pas de dire que les Haubourdinois ont célébré avec enthousiasme les victoires remportées par les armées françaises en Italie.

La nouvelle du traité de paix a produit chez nous, comme ailleurs, une joie inexprimable.

La fête de l'Empereur a été célébrée le 15 août, avec le concours de l'autorité municipale, d'une façon extraordinaire; abondantes distributions de pain, de viande et de comestibles aux pauvres, prix décernés à toutes les sociétés, bals publics, illuminations, etc.

Nous terminons ici cette série de faits, qui, nous le regrettons, paraîtra aride et fastidieuse aux personnes étrangères à notre localité, mais qui présentera néanmoins, nous osons l'espérer, un recueil utile à plusieurs points de vue. Nous avons dû suivre l'ordre des dates, sans y faire aucune digression qui nous aurait fait sortir des limites que nous nous sommes tracées.

CHAPITRE III.

CHAPITRE III.

1° LA FONTAINE DE LA RUE DE L'ÉTANG ;
2° MARAIS, LEUR ORIGINE, LEUR DESSÈCHEMENT ;
3° LE CHATEAU DE BEAUPRÉ, L'AVOCAT DINET ; MM. DERBIGNY, ONCLE ET NEVEU ;
4° ÉGLISE, CURÉS ;
5° HOSPICE, LA FERME DE BOCQUIAU.

La Fontaine de la rue de l'Étang (1).

Peu de temps après la bataille de Bouvines (1214), une grande et illustre princesse, Jeanne de Constantinople, dût se réfugier (nous dirons tout-à-l'heure dans quelles circonstances) à la maison des Dames de Denain, à Haubourdin (2).

C'est pendant ce séjour que la comtesse Jeanne fit construire *la Fontaine* pour procurer aux manants d'Haubourdin une eau salubre et toujours à leur portée.

(1) La fontaine, transformée aujourd'hui en une bonne pompe publique, est située rue de l'Étanque ou Étang. Cette qualification doit son origine, dit-on, à l'amas d'eau établi sur ce point de la Deûle, et servait à faire mouvoir les moulins de Jean III, notre premier seigneur connu.
(2) Château de Beaupré appartenant aujourd'hui à M. Derbigny.

La tradition seule rapporte le fait d'établissement de cette fontaine; aucun titre, aucun auteur ne l'a confirmé.

C'est encore la tradition qui nous a appris cette autre particularité du voyage que fit alors la princesse.

Pour arriver à Haubourdin, de Quesnoy où elle s'était rendue d'abord, elle traversa la rivière de la Haute-Deûle sur une planche, en un lieu du canal que l'on a nommé depuis lors *la Planche à Quesnoy*. Un pont tournant y est établi depuis quelques années.

Disons deux mots sur les causes qui amenèrent momentanément chez nous la comtesse Jeanne. — Elles forment un épisode dramatique, dont le dernier acte a eu lieu dans une ferme située près d'Haubourdin.

Les guerres de cette époque avaient ravagé notre pays; les habitants fuyaient de tous côtés; les croisades et d'autres expéditions attiraient au loin les Flamands; ce fut à tel point que, dans notre bonne Flandre, les terres restèrent plusieurs années sans culture.

Et comme si ce n'était pas assez de tant de calamités, (dit M. Victor Derode), un imposteur, nommé Bertrand de Rains, empruntant le nom de l'empereur Bauduin IX (père de Jeanne, tué en Orient), voulut exploiter la ressemblance de figure qu'il avait avec ce prince. Jeanne faisait alors bâtir à Lille l'hôpital Saint-Sauveur, lorsque le faux Bauduin se présenta pour réclamer l'autorité souveraine. Trompés par les apparences et entraînés par l'exemple de plusieurs villes, les Lillois se tournent contre leur bienfaitrice et accueillent l'étranger. Ne se trouvant plus en sûreté chez eux, Jeanne s'enfuit... et c'est ainsi qu'elle résida quelques mois au château de Beaupré. — Cette infortunée comtesse dut ensuite invoquer le secours du roi.

Convoqué à Péronne pour justifier de son identité, Bertrand, le fourbe, ne put répondre aux plus simples questions. Se voyant découvert, il prit la fuite; mais le sire de Castenay l'arrêta et le livra à Jeanne pour 400 marcs d'argent (20,000 francs). L'imposteur, dépouillé de cette *cape* d'écarlate, descendu de ce haut *palefroi*, à l'aide desquels il avait séduit le peuple, fut mis à la torture, où, comme on peut s'y attendre, il avoua tout ce qu'on voulut. On le lia sur un âne et on le promena en cet état dans les principales villes de la Flandre. Il fut mis au pilori, à Lille, entre deux chiens noirs, ce qui était une marque d'ignominie; il fut traîné sur la claie, roué vif, puis pendu à la justice de Loos, au lieu nommé *Dure-Mort* (1), où les oiseaux le mangèrent.

MARAIS, leur origine, leur desséchement. — **CHATEAU DE BEAUPRÉ**. — **MM**. Derbigny, oncle et neveu.

Avant l'invasion des Romains, les terres de notre pays

---

(1) On attribue, à tort ou à raison, le nom de *Dure-Mort* aux souffrances qu'endura le malheureux Bertrand. — Une ferme ainsi nommée existe près de la Deûle et fait partie du territoire de *Lomme*.

étaient presqu'entièrement inondées par les eaux de la mer. Les révolutions géologiques et l'action du soleil ont amené les desséchements naturels.

Les terrains où séjournent encore une partie de ces eaux s'appellent *marais*.

Ceux d'Haubourdin contiennent près de 100 hectares, en bois, terres et eaux.

Ils s'étendent, en côtoyant la Haute-Deûle, depuis le château de Beaupré jusqu'au territoire d'Houplin, au hameau d'Ancoisne.

Ils forment pour la moitié, à peu près, notre propriété communale.

Quelques desséchements artificiels de nos marais actuels sont impuissants pour en faire disparaître les derniers vestiges ; mais on annonce que de grands travaux de ce genre seront prochainement en voie d'exécution dans la vallée de la Haute-Deûle, depuis Lille jusqu'à Annœullin (1). Ils seront dus à l'initiative de feu M. le comte Adalbert d'Hespel, et de quelques autres propriétaires.

La ville d'Haubourdin a sollicité également du gouvernement de l'Empereur l'autorisation nécessaire pour participer à ce desséchement, lequel aura pour effet d'assainir le pays et de rendre à l'agriculture de vastes terrains couverts jusqu'à présent d'eaux stagnantes ou de broussailles improductives.

(1) Ce périmètre comprend nos terres improductives.

Dans les temps les plus reculés, on y trouvait des sangliers et des cerfs, dont les comtes de Flandre s'étaient réservé la chasse. — Le dernier cerf dont on retrouve la trace fut pris en 1601, près du pont de Canteleu.

Nos marais ont enfanté bien des procès entre ceux qui s'en disputaient soit la propriété, soit la possession, soit le droit d'usage, soit celui de plantis, de pêche (1) et de paisson.

On formerait un volume si l'on devait rapporter seulement les énonciations des procédures qui ont surgi depuis le xive siècle jusqu'à nos jours.

Nous analyserons, toutefois, la sentence dernière, toute récente encore, émanant de la cour d'appel de Douai.

Voici les faits qui provoquèrent ce dernier procès, qui fut gagné en première instance et en appel par la commune d'Haubourdin.

Ces faits s'enchaînent depuis plus de deux siècles, nous allons les énoncer de la façon la plus concise, heureux que nous serons si nous pouvons dans ce récit être clair sans ennuyer le lecteur.

Nous avons dit (*Notice sur les seigneurs*) que, depuis 1605, la famille Du Chastel de la Hovardrie, comme successeur d'Henri IV, possédait la seigneurie d'Haubourdin et d'Emmerin.

(1) On rapporte que vers la fin du siècle dernier les meilleurs poissons d'eau douce, amenés sur le marché de Lille, provenaient des clairs d'Haubourdin.

En 1611, M. de la Hovardrie fils fournit son dénombrement de la terre d'Haubourdin.

En 1616 et 1618, la communauté de ce lieu reconnut ce dénombrement, en faisant certaines restrictions pour une partie des marais.

Plus tard, la vicomté passa à la maison d'Houchin.

En 1696, le nouveau seigneur fournit à Louis XIV, alors possesseur du comté de Hainaut, le dénombrement de la vicomté, et y comprit, comme ses prédécesseurs, les marais en question.

En 1724, le seigneur fait une ordonnance pour le règlement des usages des mêmes propriétés.

En 1727, transaction entre Haubourdin et Emmerin, pour le partage des marais ; cette transaction mit fin au procès existant depuis près de quarante ans entre ces deux communautés.

En 1731, le 20 octobre, arrêt du Parlement de Flandre, adjugeant au seigneur la propriété du riez d'Haubourdin que la commune voulait appréhender.

En 1744, les Haubourdinois, ayant besoin de secours extraordinaires pour leurs pauvres, demandent au seigneur la permission de mettre en prairie et d'affermer dix bonniers de marais. — Cette permission est accordée.

En 1752, arrêt du Conseil de Malines, ordonnant le partage des marais.

En 1768, arrêt dudit Conseil, modificatif du précédent, et ordonnant le renvoi des parties devant le Parlement de Douai.

Durant la dernière période de vingt années, le marquis d'Houchin *était frappé d'interdiction;* son curateur le représentait dans tous les actes judiciaires.

En 1775, le 20 janvier, un premier arrêt de Douai ordonne que les marais défrichés par les habitants d'Haubourdin seraient séquestrés (1).... jusqu'à ce qu'il soit statué sur les demandes du marquis d'Houchin.

En 1779, le 22 mai, un second arrêt dit qu'avant faire droit, les parties comparaîtront devant un conseiller-rapporteur. — Les 14 juin et 6 juillet, il y eut procès-verbal de comparution. Le marquis de Roquelaure s'y fit représenter par un fondé de pouvoirs. Le rapporteur constata que le premier point d'office, l'arrangement, n'avait pu avoir lieu, et déclara que la Cour, avant faire droit, admettait le sieur de Roquelaure *à vérifier* que les deux tiers des marais suffisaient pour l'usage des communautés d'Haubourdin et d'Emmerin.

Les choses restèrent alors en suspens ; mais elles étaient de nature *à courroucer* M. de Roquelaure, puisque le Parlement de Douai paraissait avoir jugé qu'il ne pouvait réclamer, au plus, que le tiers des marais contentieux.

Notre seigneur déclara donc que cette sentence portait

---

(1) Ce séquestre fut cause que les propriétés en question de la famille d'Houchin, qui s'est émigrée, ne furent pas vendues par l'État.

une grave atteinte à ses droits. Voulant prendre contre elle des voies et moyens, il s'adressa à un conseil composé des six avocats les plus renommés du barreau de Paris (Mes Robin, Babille, Tronchet, Doittot, Boys et Vulpian), pour savoir s'il était fondé à se faire rétablir dans la plénitude de ses droits.

Et le 22 mai 1781, ces jurisconsultes, s'appuyant sur un arrêt célèbre rendu le même jour par le Parlement de Paris en faveur de monseigneur le comte d'Artois (depuis Charles X) sur la propriété des marais du Marquenterre, émettent l'opinion (après une dissertation écrite, comprenant vingt pages d'impression, au moins) que M. de Roquelaure doit revendiquer la propriété entière de nos marais.

Leur écrit contient entr'autres considérations celle-ci :

« Il faut tenir pour maximes certaines, d'après cet arrêt
» (celui de Paris), qu'en général, le roi dans les domaines
» de la couronne, les princes dans leurs apanages, les sei-
» gneurs et laïcs dans leurs seigneuries et hautes justices,
» ont la grande main et la propriété des terres vaines et
» vagues, marais, etc., sujets, de fait ou de droit, aux usages
» et pâturages des habitants voisins ; que le simple exer-
» cice de ces usages et le paiement des taxes ne peuvent
» jamais acquérir à ces habitants la propriété communale
» desdits terrains ; qu'il leur faut des titres valables ou
» bien une possession suffisante et continuée pendant le
» temps nécessaire pour acquérir par prescription. »

Il ne fut donné aucune suite à l'instance dont il s'agit,

et le 28 juin de la même année, il intervint une transaction entre les communautés et leur seigneur, par laquelle ce dernier se contenta d'obtenir *pour sa part le tiers des marais*.

La Révolution de 1789 éclata; un décret de l'Assemblée nationale du 10 juin 1793 dit que les marais sont déclarés appartenir, de leur nature, aux communes dans le territoire desquelles ils sont situés ; que, comme tels, lesdites communes sont autorisées à les revendiquer, sans que le ci-devant seigneur puisse opposer à cette action d'autre titre *qu'un acte authentique* constatant qu'il les a légitimement achetés ; que le titre qu'il doit produire ne peut être celui qui émane de la puissance féodale.

C'est ainsi que notre commune acquit définitivement son marais actuel.

Une portion en fut aliénée, conformément à la loi du 20 mars 1813, par la caisse d'amortissement, qui, en échange constitua au profit de la ville d'Haubourdin une rente de 1,773 francs.

Depuis lors, la commune était en pleine et paisible possession ; rien ne faisait présager qu'elle dut être troublée encore par ses anciens seigneurs ; c'est ce qui arriva cependant.

En effet, un exploit de l'huissier Mallet, du 5 avril 1834, donné à la requête des héritiers du marquis d'Houchin, décédé le 14 juin 1783, assignait le maire d'Haubourdin devant le tribunal de Lille pour entendre déclarer que leur auteur n'avait jamais été dépossédé de la vaste quantité de terrain autrefois en nature de marais, située au territoire d'Haubourdin, et sur laquelle cette commune n'avait eu jusqu'ici qu'un simple droit d'usage; — que, par suite, les demandeurs reprenaient l'instance précédente, pendante au Parlement de Flandre, etc.

Mais les héritiers de notre ex-seigneur furent déboutés de leurs prétentions par jugement du tribunal civil de Lille, en date du 1er décembre 1838, confirmé sur appel par arrêt du 3 juillet 1840, rendu par la cour royale de Douai.

Cet arrêt condamna en outre les appelants à l'amende et aux dépens de la cause.

CHATEAU DE BEAUPRÉ. — L'avocat Dinet, MM. Derbigny.

Le domaine de Beaupré contient quarante bonniers. Il est situé entre la Haute-Deûle et le pavé reliant Haubourdin et Emmerin.

Dans les temps les plus anciens, il était possédé par les dames de l'abbaye de Denain, qui y avaient érigé une maison ou forteresse.

On trouve, en effet, dans l'inventaire chronologique des

CHATEAU DE BEAUPRÉ
Vue prise du Jardin potager

archives départementales, tome V, page 347, que Philippe-le-Bel, roi de France, venait de prendre Lille sur Guy de Dampierre, comte de Flandre (acte de capitulation du 29 août 1297), et que deux ans après ce souverain donnait un mandement daté de Paris du lundi avant Sainte-Catherine, an 1299, à son cher et féal comte de Hainaut, de remettre sans aucun retard dans les mains de son bailli, Jean du Castel, bourgeois de Lille, qu'il avait fait prendre *dans la maison de l'abesse de Denain à Habourdin,* et qu'il retenait en prison, de lui rendre tous ses biens, etc.

Cette même maison devint le château de Beaupré.

Le château actuel, reconstruit au xvie siècle, parfaitement conservé avec ses tourelles, est d'une architecture espagnole.

Cet édifice était une véritable demeure seigneuriale, un château-fort de la féodalité.

Durant les guerres, les habitants s'y réfugiaient. — On y voyait alors un pont-levis, et des barrières pour empêcher les ennemis d'y pénétrer

L'origine de cette propriété est constatée par un acte portant la date du 25 juin 1377, où il est dit qu'un sieur Pierre Delcour vend une prairie au profit de Jean *de Bieauprez*, dit *Bredoutts*.

En 1528, le 18 février, Noël de Pontrewart vend la terre de Beaupré à Jean de Beaufromez, écuyer, conseiller de l'empereur Charles-Quint. C'est apparemment à cette époque que le château fut reconstruit tel qu'on le voit de nos jours.

A la fin du xviiie siècle, le domaine appartenait à demoiselle Deswaziers de Beaupré, dame de la Rive, laquelle émigra à la Révolution.

Le 24 ventôse an VIII, il fut vendu par l'Etat au citoyen Charles-Simon Dinet, homme de loi (condisciple et ami de Merlin, de Douai)

M. Dinet de Vareilles s'était fixé à Haubourdin, où il remplit diverses fonctions municipales (1).

Le château de Beaupré a été ensuite longtemps habité par un homme de courage civil et de talent littéraire, dont la famille, originaire de Laon, est maintenant établie dans notre département; nous voulons parler de M. Pierre-François-Xavier Derbigny, homme de lettres, ancien secrétaire du comité d'instruction publique, ancien recteur des Académies de Grenoble et de Rouen, ancien censeur à

---

(1) Les occupations spéciales de M. Dinet étaient de donner aux habitants de la contrée des consultations, que sa qualité de légiste le mettait à même de rédiger.

C'est à l'une de ces consultations que l'on attribue sa mort, puisqu'elle fut pour lui une source de chagrins qui abrégèrent son existence. Voici ce que la chronique rapporte à ce sujet.

Une fille d'Haubourdin vint raconter à M. Dinet que le sieur G., receveur de l'enregistrement, avait abusé de sa faiblesse et qu'elle était enceinte de ses œuvres. Après la naissance de l'enfant, la mère, sur l'avis écrit de cet avocat, actionna le sieur G. en reconnaissance du nouveau-né et en demande d'une pension alimentaire. Non-seulement la demanderesse vit échouer sa prétention, mais le sieur G. obtint du tribunal une réparation pour l'écrit de M. Dinet, qui fut déclaré injurieux et diffamatoire pour le défendeur.

Ceci se passait en 1803, et il est probable que le légiste avait omis de porter son attention sur une disposition de la loi promulguée le 2 avril de la même année, disant que « *la recherche de la paternité est interdite.* »

Lille, ancien secrétaire-général de la préfecture du Nord, conseiller de légation du roi des Pays-Bas, membre de l'ordre du Lion néerlandais, l'un des conseillers municipaux d'Haubourdin élus en 1832.

Dans la retraite, M. Derbigny se livrait aux plus sérieuses études et aux méditations les plus profondes, et les hommes initiés aux grands mouvements ou occupés des graves travaux de la politique ont conservé souvenir des remarquables ouvrages qu'il a publiés et qui lui ont valu une juste réputation.

Nous sommes heureux d'avoir pu nous procurer la notice nécrologique de cet homme illustre (1). La publication de cette notice sera un faible hommage rendu à l'écrivain célèbre qui a vécu longtemps parmi nous.

Son neveu, M. Henri Derbigny, occupe aujourd'hui le château de Beaupré. Les Haubourdinois le trouvent toujours à leur tête pour diriger nos œuvres de bienfaisance ou pour soutenir les graves intérêts de la commune.

Lui aussi cherche à fortifier par la lecture des grands écrivains les connaissances qu'il a acquises, d'abord à l'École de droit, puis dans l'exercice des fonctions publiques, à l'époque où il était conseiller de préfecture du Nord (2). La Révolution de 1848 le vit, avec tous les hommes de cœur et d'intelligence, résister à l'envahissement des doctrines subversives de l'ordre social. Pendant

---

(1) Voir annexe N° 6
(2) Révoqué en décembre 1851, il fut réintégré dans cette fonction par décret de l'Empereur du 14 juillet 1858.

dix-huit mois, il a publié de nombreux articles, et particulièrement les *Revues de la semaine*, dans un journal qu'il avait fondé (1), de concert avec M. le comte de Melun et M. Kolb-Bernard, et qui a fortement contribué, au moment des élections générales, à empêcher dans notre département le triomphe de la liste *démocratique et sociale*.

Église.

Le principal monument, l'Église, est devenu l'objet des préoccupations des Haubourdinois.

Son vaisseau est trop restreint, et ce fait est incontestablement reconnu, depuis surtout que la population s'accroît d'année à l'autre.

Il y a donc lieu, ou de l'agrandir, ou de la reconstruire, ou d'en ériger une sur un autre emplacement que celui actuel.

Cette question, vivement débattue depuis près de dix ans, reçoit en 1855 et en 1859 diverses solutions dont nous allons retracer les principales phases.

Disons d'abord deux mots sur cet édifice : l'église d'Hau-

(1) *La Liberté*, de Lille.

Eglise d'Haubourdin

bourdin est placée sous l'invocation de saint Maclou (1).

Sa construction remonte au xvi⁰ siècle ; on voit sur l'un des côtés de la tour le millésime 1513.

En 1761, les mayeur et échevins, avertis de l'état de vétusté des murs de l'église, la font visiter par le sieur Delaruelle, arpenteur, et le sieur Gombert, architecte, lesquels, par un procès-verbal du 20 juin, expriment l'avis qu'il y a lieu de la rebâtir à neuf.

Quelques années plus tard, deux vicaires-généraux visitent le temple, et disent que son interdiction sera prononcée si des réparations ne sont pas immédiatement exécutées.

M. Blondeau-Grandel, négociant à Haubourdin, se trouvant momentanément à Paris, sollicite, au nom de la communauté, les bienfaits du roi pour la réédification de l'église.

Aucune trace de la munificence royale n'est restée dans la localité.

---

(1) Le saint dont il est question, appelé aussi *Malo et Mahout*, mourut à Saintes en l'an 565.

L'ouvrage intitulé : *Vies des Pères, des Martyrs*, donne une notice sur la vie de notre saint patron. Saint Maclou vint au monde dans la vallée de *Lann-Carvann* (Angleterre) où sa mère s'était rendue dans le dessein de visiter le monastère qui y avait fondé *saint Cadoc*. Saint Brendan le baptisa et se chargea ensuite de le former aux sciences et à la piété. Plus tard, il fut sacré évêque et quitta sa patrie. Il aborda les côtes de France, dans un endroit où a été bâtie depuis la ville de *Saint-Malo*.

Les habitants de ce lieu professaient le christianisme, mais la plupart étaient encore idolâtres au temps dont nous parlons. Saint Maclou, brûlant de zèle pour leur conversion, quitta sa solitude et vint prêcher la foi aux infidèles du pays et au petit nombre de chrétiens qui s'y trouvaient. Il éclairait les uns et instruisait les autres du véritable esprit de l'Evangile.

La notice sus-rappelée ne relate aucun fait de la vie de saint Maclou qui se rattache plus spécialement à notre contrée.

En 1779, il a été payé au sieur Béranger, pour 3,000 livres de métal destinées à la nouvelle cloche, la somme de 2,640 livres de France.

En juin 1788, on remet sur le tapis le projet de reconstruction. L'architecte Lesaffre dresse le devis des travaux, dont le prix s'élève à 20,500 florins ou 25,625 francs.

Ces travaux consistaient dans le prolongement de l'église dans l'état où elle existe encore aujourd'hui.

La commune avait alors demandé au chapitre des chanoinesses de Denain, qui percevait la dîme et nommait à la cure, de concourir à cette dépense ; mais les abbesses rejetèrent cette proposition ; un procès allait s'engager... Les événements politiques qui surgirent bientôt après mirent obstacle à la réalisation du projet.

Le 16 août 1791, un violent orage, mêlé de grêle, occasionna des dégâts considérables à la toiture et aux vitres de l'église.

Le 29 décembre suivant, le district de Lille, sur requête à lui présentée, autorise la municipalité d'Haubourdin à réparer ces dommages, dont la dépense est fixée à 274 fr. par le sieur Fiévet, arpenteur à Wazemmes.

En l'an XII (1804), trois experts appelés pour visiter le temple, déclarent qu'il est susceptible d'être réparé et que la dépense des travaux s'élèvera à 15,000 francs.

Le 28 pluviôse, même année, le conseil municipal approuve leur rapport. Le sieur Tonnel, maître maçon à

Wazemmes, se rend adjudicataire des travaux, lesquels comprennent la réparation des murs latéraux, de la toiture et de la charpente, et la construction d'un pérystile, qui, disons-le en passant, est d'une architecture qui contraste avec celle de l'édifice entier.

Le 10 juin 1849 eut lieu dans l'église la bénédiction des trois cloches fondues à Haubourdin par Joseph Drouot.

Le 10 mai 1851, le conseil vote une somme de 940 fr., dépensée par le maire pour d'urgentes réparations à la tour de l'église.

Dans sa séance du 12 février 1853, il dit que l'on prendra ultérieurement une décision sur la question de l'agrandissement de l'église, question dont se sont préoccupés, dans ces derniers temps, un certain nombre d'habitants de la commune.

Le 2 avril suivant, le corps municipal se réunit extraordinairement en vertu de l'autorisation de M. le préfet.

L'assemblée est composée de dix-sept membres; M. le maire la préside et lui communique :

1° Copie de la délibération prise en janvier dernier par le conseil de fabrique de l'église d'Haubourdin, de laquelle il résulte, d'une part, que M. le curé-doyen est prié de mettre le comité de souscription qui s'est occupé déjà des moyens nécessaires pour parvenir à l'agrandissement de l'église, en demeure de faire connaître le résultat de ses démarches et la nature du concours qu'il se propose de donner à l'œuvre dont il s'agit ; d'autre part, que le conseil municipal soit appelé à se prononcer sur la question;

2° Une lettre du 12 février 1833, adressée à M. le curé-doyen par le comité de souscription et signée par l'un de ses membres.

Après avoir rappelé avec détails les phases de cette affaire, M. le maire dit qu'il importe de chercher sur le terrain de la conciliation les moyens les plus sûrs pour tenter la réalisation de l'œuvre. En conséquence, il propose au conseil de prendre la résolution suivante :

« Il sera nommé une commission chargée de rechercher
» les moyens de construire une église neuve, sur la Place,
» en rapport avec les besoins de la population.

» Cette commission sera composée de M. le doyen, du
» maire, des membres du conseil de fabrique, de cinq
» conseillers municipaux et de trois notables. »

Une discussion s'engage, dans laquelle prennent part notamment : MM. Derbigny, d'Hespel, Liénart, Tierce et Jean-Baptiste Cordonnier, puis la proposition précitée est soumise au scrutin secret, lequel produit le résultat suivant :

Pour, 12 voix ; contre, 4, et un bulletin blanc.

On procède ensuite à la nomination :

1° Des cinq membres du conseil municipal; le scrutin donne la majorité à MM. d'Hespel, Liénart, Tierce, Crépy et Jean-Baptiste Cordonnier;

2° Des trois notables qui seront adjoints à la commission; le conseil choisit MM. Cuvelier, Fichaux et Ad. Bonzel.

En conséquence, la commission sera composée, savoir :

Dans le conseil de la commune, de MM. Menche, maire, président; d'Hespel, Liénart, Tierce, Crépy et Cordonnier 6
Dans le conseil de fabrique, de MM. Duhamel, président de ce conseil; Dhalluin, curé; Derbigny, Leroy, Lamblin et Béghin. 6
Et des notables, de MM. Cuvelier, Fichaux et Bonzel 3
                                            Total. . . 15

Cette commission se réunira prochainement pour s'occuper de l'objet de sa constitution.

Les études durèrent deux ans et demi.

Dans la session d'août 1855, le conseil municipal reçut, en effet, communication des travaux de la commission, et prit en même temps une résolution sur cette importante affaire.

En fidèle narrateur des phases de cette sérieuse question, nous croyons devoir rapporter ici le procès-verbal qui a été tenu à cette occasion.

Le maire rappelle au conseil que, par délibération en date du 2 avril 1853, il a nommé une commission chargée d'étudier les moyens de construire une église neuve sur la Place ; que cette commission ayant rempli sa mission, elle a chargé M. le comte d'Hespel d'en faire connaître le résultat.

M. d'Hespel a la parole et donne lecture du rapport qui suit :

« Messieurs,

» L'église d'Haubourdin est devenue insuffisante pour une population qui a presque doublée depuis quelques années ; c'est là un fait évident et qui n'est contesté par personne ; mais s'il y a unanimité pour constater cet état de choses et pour s'en plaindre, on est loin d'être d'accord sur les moyens d'y porter remède.

» Les uns auraient voulu conserver l'église actuelle et l'agrandir ; suivant eux, c'est de ce côté que doit se produire l'accroissement de la commune, en prévision duquel on veut élever un temple plus vaste, et déjà les deux tiers des constructions nouvelles ont été bâties dans les rues qui l'avoisinent. Si l'on envisage la question du côté moral, c'est à l'église qui subsiste depuis plusieurs siècles que se rattachent toutes les traditions du passé ; c'est à son ombre que reposent les personnes dont la mémoire nous est chère ; c'est dans son sein que se sont accomplis les événements les plus considérables de notre existence, ceux qui laissent dans nos cœurs les plus précieux et les plus durables souvenirs. D'autres, au contraire, sont d'avis qu'il faut une église entièrement nouvelle, sur un terrain nouveau. Ils disent que l'édifice actuel est éloigné du centre communal ; que la population qui l'environne, vouée toute entière au travail, ne peut fréquenter l'église qu'une fois par semaine, tandis que les classes qui ont plus de loisir et qui trouveraient un aliment à leur piété dans des exercices quotidiens, en sont privés par la distance.

» Il est indispensable, suivant eux, d'élever le nouveau temple sur la grand'route. S'il est difficile de reconnaître exactement le point central dans une commune dont l'agglomération affecte une forme longitudinale, il est évident que c'est sur cette ligne seulement qu'on peut espérer le trouver.

» Nous avons cru, Messieurs, qu'il n'était pas utile de vous rappeler, même sommairement, les points qui ont été discutés devant vous ; c'est après les avoir débattus, que dans votre séance du 2 avril 1853, vous avez nommé une commission chargée de rechercher les moyens de construire sur la place une église neuve, en rapport avec les besoins de la population.

» Si nous avons tant tardé, Messieurs, à vous rendre compte de la mission qui nous était confiée, c'est que nous nous sommes trouvés depuis longtemps en présence de deux difficultés que nous pouvions craindre de voir rester également insurmontables : le manque d'argent et le défaut d'un terrain propre à recevoir les constructions.

» En effet, la dépense d'une église destinée à une population de 6,000 âmes, quoique bâtie avec toute l'économie possible, ne peut être évaluée à moins de 80,000 francs, et l'on ne saurait porter une somme inférieure à 30,000 francs pour l'acquisition d'un terrain convenable.

» Et nous n'avions pour couvrir cette somme de cent dix mille francs, chiffre peut-être inférieur à la réalité, que 45,400 francs de souscriptions recueillies par M. le doyen, aidé de l'administration municipale.

» Il semblait difficile de faire de bien sérieuses démarches pour acheter un terrain, alors qu'il était évident que cette acquisition aurait laissé à peine quelques mille francs disponibles pour l'exécution de l'œuvre projetée. Cependant, M. le maire a fait étudier avec soin ceux des terrains qui, dans la situation indiquée par le conseil municipal, pouvaient paraître avoir l'étendue nécessaire au monument qu'il s'agit d'ériger.

» Le cabaret de *la Maison blanche*, en y ajoutant deux autres maisons, présenterait la superficie strictement nécessaire. M. Cordonnier a été invité à faire connaître ses prétentions ; elles s'élevaient à 24,000 francs, auxquels il aurait fallu ajouter 8,000 francs pour les deux autres maisons.

» Mais depuis lors cette propriété a changé de mains, et il est plus que douteux que le nouveau propriétaire consentît aujourd'hui à céder volontairement son acquisition.

» Certains terrains sur lesquels on aurait pu jeter les yeux sont déjà envahis par l'industrie; pour d'autres, le conseil municipal aura à examiner avec attention s'il n'y a pas d'inconvénients à placer un édifice religieux dans une situation rapprochée des machines, ou exposé au danger d'incendie qui résulte quelquefois de leur proximité.

» Ce qui précède suffit, Messieurs, pour vous prouver que le choix d'un terrain est resté un grand embarras. Nous n'oserions vous faire aucune proposition à cet égard, et nous sommes forcés d'en laisser l'initiative au conseil municipal ; mais, si cette question est peu avancée, nous avons au moins la satisfaction de pouvoir vous dire que la question d'argent a fait un grand pas, et vous savez combien l'aplanissement des difficultés financières contribue puissamment à la solution de toutes les autres.

» Nous avons eu l'honneur de vous dire que les souscriptions recueillies s'élevaient à un total de 45,000 francs. Quelques personnes honorables et dont la solvabilité ne peut être mise en doute ont signé l'engagement d'ajouter à cette somme 35,000 francs, soit le complément des 80,000 francs jugés nécessaires à la construction d'une église neuve.

« Cette pièce est déposée sur le bureau ; vous jugerez, sans doute, qu'elle a besoin d'être régularisée, et vous prierez M. le maire de s'entendre à cet égard avec les signataires. Il faut que les personnes qui s'engagent sachent au juste jusqu'à quel point peut s'étendre leur responsabilité ; il est aussi important pour elles que pour la commune qu'aucune discussion ne puisse s'élever dans l'avenir.

» L'on peut espérer, avons-nous dit, que 80,000 francs

suffiront à la construction du monument ; reste à pourvoir aux frais d'acquisition de terrain, évalués à 30,000 francs.

» Nous croyons que le conseil municipal pourrait appliquer un vote de 10,000 francs à cette dépense. Le conseil général est dans l'usage d'accorder un secours de 3,000 francs, et l'on solliciterait, non sans espoir de succès, une allocation de 12,000 francs sur les fonds du ministère des cultes. Ces diverses ressources présentant un total de 25,000 francs, il n'y aurait plus à pourvoir qu'à un défaut de 5,000 francs, qui serait facilement couvert par le produit de la démolition de l'église.

» Car, c'est ici le lieu de le dire, ce serait évidemment se faire illusion que de croire, comme quelques personnes, à la possibilité de la conservation de l'antique sanctuaire. Haubourdin est et sera longtemps encore impuissant pour entretenir deux églises ; pour les pourvoir du mobilier indispensable ; pour indemniser les ministres nécessaires à la célébration d'un double culte, en un mot, pour avoir deux paroisses. L'érection d'un monument nouveau condamne, sans rémission, l'ancien à périr.

» Pour nous résumer, la Commission dont je suis l'organe a l'honneur de proposer au conseil municipal :

» 1° De déterminer d'une manière précise le terrain destiné à recevoir de nouvelles constructions ;

» 2° Le choix fait, d'inviter M. le maire à faire les démarches voulues pour en faire l'acquisition, soit par voie amiable, soit par expropriation ;

» 3° De le prier, en outre, de faire dresser les plans et devis nécessaires à l'érection de l'œuvre projetée.

» Quant aux voies et moyens, d'y pourvoir :

» 1° Par le montant de la souscription effectuée par la commission . . . . 45,000 fr.

» 2° Par l'acceptation de 35,000 francs offerts par M. Cuvelier et autres, après que l'acte d'engagement aura été modifié. . 35,000

» 3° Par un vote d'une somme de 10,000 francs, à fournir sur les ressources communales 10,000

» 4° Demande d'un secours du département 3,000

» 5° Demande sur les fonds de l'État. 12,000

» 6° Produit de la démolition de l'église. 6,000

» Total. . . 110,000 »

Cette lecture terminée, M. Crépy demande la parole et fait une proposition ainsi conçue :

« Messieurs,

» Le déplacement d'une église est une mesure trop grave pour qu'elle doive avoir lieu sans une impérieuse nécessité.

» A mes yeux cette nécessité n'existe pas.

» Lorsque les habitants au-delà du pont ont choisi leur demeure, l'église était où elle se trouve aujourd'hui ; ils ont pu se rendre compte de la distance ; elle ne les a pas effrayés.

» Lorsque, pour arriver à l'église, ils parcourent une partie de la commune, ils sont arrivés à la Place ; la distance qui reste à franchir vaut-elle une dépense de 120 ou 130 mille francs et la destruction d'une ou plusieurs maisons dont il faudra déposséder les propriétaires ?

» Il n'y a pas trente personnes qui répondraient affirmativement.

» D'abord, quelles sont les chances d'avenir de la commune ? Il y en a deux :

» 1° La construction de maisons sur les terrains non bâtis qui avoisinent l'église, chose qui serait peut-être déjà faite en partie, sans l'incertitude qu'on a jetée depuis trois ans dans les esprits ;

» 2° L'établissement après le desséchement d'une nouvelle voie, qui, partant du Calvaire, viendra, au moyen d'un pont vis-à-vis de la rue de l'Étanque, relier l'extrémité de la commune au centre religieux ; car l'église se trouvera alors aussi près du Calvaire, plus près, peut-être, que ne l'est la Place aujourd'hui.

» On regrettera alors le déplacement qui est maintenant en question.

» Il me paraît qu'il y a un meilleur moyen de conciliation ; c'est d'établir un sanctuaire qui puisse offrir un asile auxiliaire aux habitants au-delà du pont ; mais je ne pense pas qu'il faille le placer sur le terrain de M. Cordonnier, car il y aurait trois chapelles sur un espace restreint: celle qu'on bâtirait, celle du couvent des Dames de la Sagesse et celle de l'hospice. Ce qu'il y a à faire, c'est d'agrandir cette dernière, et de porter au budget municipal, afin de leur donner un caractère plus ferme et plus authentique, les frais du culte, qui sont aujourd'hui à la charge d'une souscription particulière.

» Par ces motifs :

» J'ai l'honneur de proposer au conseil municipal d'adopter les résolutions suivantes :

» 1° L'ancienne église restera où elle est ; elle sera agrandie et restaurée dans les proportions nécessaires pour une population de cinq à six mille habitants ;

» 2° La chapelle de l'hospice sera aussi agrandie et restaurée dans les proportions qui seront jugées nécessaires, après que l'étude en aura été faite ;

» 3° Les souscripteurs seront invités à maintenir leurs souscriptions pour faciliter les travaux indiqués dans les résolutions qui précèdent.

» Haubourdin, 11 août 1855. »

Après un sérieux examen et une discussion prolongée, le conseil procède à un scrutin secret, dont le dépouillement donne le résultat suivant :

Votants. . . 19.

Pour les conclusions du rapport de la commission, en

ce qui concerne la construction de l'église sur la Place, 3 voix.

Pour la proposition de M. Crépy, 12 voix.

Un bulletin illisible.

Un bulletin blanc.

Un bulletin pour faire une nouvelle église plus rapprochée du centre.

Un bulletin pour la faire sur le terrain de M. Blondeau.

En conséquence, la proposition de M. Crépy est adoptée et convertie en délibération.

Et dans sa session de mai 1859, le conseil municipal, sur la proposition du maire, décide que la reconstruction de l'église, à l'exception de son clocher, aura lieu sur son emplacement actuel (1).

Curés d'Haubourdin.

Les registres de l'état-civil d'Haubourdin ayant été brûlés ou détruits, nous n'avons pu trouver les noms de nos premiers pasteurs. Ceux connus, sont :

(1) Au moment où nous mettons sous presse, il paraît que plusieurs architectes sont chargés de concourir pour l'adoption d'un plan; que le nouvel édifice coûtera environ cent mille francs; que la moitié de cette somme à peu près sera recueillie en dons volontaires; que, pour payer le surplus, aucun impôt extraordinaire ne sera mis à la charge des habitants.

Curés : MM. Valentin Moncherig, entré en 1629; Jean-Baptiste Lecocq, 1665; Jean Reinselaire, 1677; Philippe Prevost, 1704 ; Etienne Thion, licencié en théologie, 1739; Balthazar-François Batteur, 1750; Jean Perche, 1769; Jean Testelin, 1770; Jean-Baptiste Herbo, curé constitutionnel, 1792; Dacheu, curé-doyen, 1802; F. Leclercq, idem, 1812; Pierre Herreng, idem, 1817; N. Bellain, idem, 1820; Charles Dhalluin, idem, 1841; Ravaux, titulaire actuel, 2 mars 1857.

Vicaires : MM. Deregnaucourt, entré en novembre 1816; Seingier, avril 1819; Prevost, janvier 1821; Caillé, avril 1824; Dorchies, septembre 1825; Dachis, août 1828; Gombert, décembre 1830; Gossart, janvier 1840; Plouvier, septembre 1845; Blaevoet, janvier 1846; Delannoy, août 1851; Tonnelle, janvier 1853; Dernoncourt, janvier 1855; Vancostenoble, juin 1856; Vivier (en exercice), juin 1858.

Hospice d'Haubourdin. Sa fondation, son état actuel.

L'hôpital d'Haubourdin fut fondé par Jean de Luxembourg, seigneur de ce lieu.

(Voir l'acte constitutif, annexe N° 2).

La destination de cet hôpital était de procurer un asile

aux pèlerins qui passaient par Haubourdin pour se rendre soit à Rome, à Lorette, à Compostelle ou à la Terre-Sainte.

Plus tard, la dévotion par pèlerinages s'étant beaucoup refroidie, on s'aperçut qu'il ne restait de l'ancienne ferveur qui avait porté tant de fidèles à des émigrations fréquentes, que l'envie de s'en faire un prétexte pour couvrir beaucoup d'abus, dans des courses que l'esprit de la religion avait cessé de diriger.

En effet, le concile de Bourges en 1584 et les déclarations de nos rois, de janvier 1671, 1686 et d'août 1738, achevèrent de ruiner les pèlerinages en les rendant presque impossibles, par les conditions sous lesquelles on était décidé à les permettre désormais. De là, la suppression de beaucoup d'hôpitaux de cette espèce, ou leur réunion soit aux charités générales, soit à d'autres établissements de bienfaisance chrétienne.

Celui d'Haubourdin resta sur pied, mais sa destination en fut changée; au lieu d'héberger des pèlerins, on y donna une retraite à quelques orphelins natifs du lieu, qui y jouissaient de toutes les nécessités de la vie, et auxquels, d'ailleurs, on faisait apprendre un métier.

Une requête signée le 16 octobre 1726, par le sieur Lernould et autres hommes de fief d'Haubourdin, supplie M. le procureur-général du roi près la cour du Parlement de Flandre de prescrire la reddition des comptes de l'hospice, dont le revenu annuel est de 900 florins.

Cet écrit signale des dépenses extraordinaires faites à

l'établissement, et consistant, notamment, en deux appartements érigés à l'usage du seigneur de Longastre et de sa femme, et des écuries pour y placer leurs chevaux et carrosses constructions qui absorbaient une grande partie des produits de l'hospice, qui, d'après la fondation, devaient servir à l'alimentation des pauvres.

Aucun acte postérieur n'a révélé la suite donnée à cette supplique. Toutefois, la chronique rapporte que M. le marquis n'a pas tardé à dégarnir ses appartements et ses écuries pour ne plus y reparaître. C'était justice, car le pieux établissement n'avait-il pas été fondé pour servir d'asile au malheur et à la souffrance ?

En 1785, au mois d'octobre, le marquis de Roquelaure témoigna le désir de placer à l'hôpital, comme cela existait autrefois, sept à huit enfants que l'on occuperait à la filature de la laine. — Cette offre fut agréée par M. le procureur-général près la cour et par les mayeur et échevins d'Haubourdin.

Un ouvrage publié en 1849 par M. le docteur Le Glay, le *Cameracum christianum* ou *Histoire ecclésiastique*, contient sur cet établissement une note ainsi conçue :

« L'hôpital qu'on voit à Haubourdin est recommandable,
» soit pour l'aspect du lieu, soit pour les soins qu'y trou-
» vent les malades. Le bâtiment, construit en briques, est
» solide, assez élégant et d'une haute antiquité. Une cha-
» pelle y est jointe. »

Sur la demande de notre digne curé-doyen, Monseigneur l'archevêque a accordé la permission d'y conserver le Très Saint Sacrement, d'y confesser les personnes de l'hospice et même des étrangers qui auraient quelque motif pour ne pas se présenter à l'église paroissiale.

Le service hospitalier ne comptait autrefois que dix vieillards (hommes) sous la garde d'une seule servante. — Il a reçu de l'extension depuis un grand nombre d'années.

Son personnel comprend aujourd'hui :

Trois Sœurs de la Sagesse (directrice et surveillantes)	3
Vieillards (hommes), titulaires.	10
Idem (femmes), idem.	6
Idem (hommes), pensionnaires	6
Idem (femmes), idem.	3
Orphelines	20
Servantes.	2
Total.	50

Bienfaiteurs de l'Hospice.

La loi française n'impose pas, comme dans un pays

voisin, la taxe destinée aux pauvres; mais, chez nous, la bienfaisance publique est regardée comme un devoir. Nos libéralités s'étendent en faveur de tous ceux qui souffrent. Elles se produisent au sein de notre commune, non-seulement pour tous ceux qui sont dans le besoin, mais pour les malheureux, qui, dans l'avenir, doivent trouver en notre hospice un asile pour passer les dernières années de leur vie.

Pourquoi donc garder le silence sur les dons principaux faits à cet établissement charitable, et ne pas faire connaître les personnes qui s'en sont rendues les auteurs avec autant de générosité que de modestie?

Citons donc ici Mme Campbell, MM. Dhalluin, Wicart, Mme veuve Deledeuille, née Bresol, MM. Thiebault et Leroy, et donnons à chacun d'eux un témoignage de reconnaissance au nom des vieillards et des pensionnaires de notre hôpital.

Le 11 janvier 1856 est décédée, âgée de 93 ans, à Haubourdin, où elle demeurait depuis longtemps, Mme Philippine-Louise de Mengin-Fondragon, douairière de messire Jean-Baptiste-Guillaume-Édouard-Charles Campbell d'Archimbreck.

Sur un tableau sous glace qui décorait sa salle à manger, on lisait en lettres-tapisseries, ces mots:

Dieu bénisse à jamais notre chère bienfaitrice.
Les Orphelines de l'Hospice.

Quoique sans fortune, Mme Campbell se plaisait, dans

les dernières années de sa vie, à donner à l'hospice le fruit de ses économies. C'est ainsi qu'elle y fonda plusieurs lits à perpétuité, en faisant une donation de 12,000 francs, qui fut accepté par actes notariés des 2 février 1850, 22 octobre même année et 27 septembre 1851. — Ajoutons à cette libéralité : 1° un titre de 100 francs de rente donné en 1854, et 2° 400 francs donnés en 1855.

M. Dhalluin, notre ancien curé, donna à l'hospice 2,000 francs pour concourir, il y a une dizaine d'années, à la construction d'un bâtiment.

M. Charles Thiebault, ex-associé de la maison Colombier et Bonpain, donna de son côté 1,000 francs pour concourir à la même construction.

Au mois d'août 1855, il donne encore une somme de 2,500 francs pour assurer à perpétuité une pièce de l'hospice aux enfants qui y sont élevés à sa charge.

Enfin, en janvier 1856, il fait un don manuel de 500 francs au même établissement.

M. Wicart, notre ex-capitaine des sapeurs-pompiers, meurt le 19 avril 1851, et, par son testament authentique, il lègue une somme de 5,000 francs à l'hospice et au bureau de bienfaisance, après le prélèvement de ses frais funéraires.

La dame Marie Bresol, veuve Deledeuille, rentière à Haubourdin, décède la même année ; son testament notarié, reçu le 6 octobre 1835, contient un legs de 1,000 francs en faveur de l'hospice.

Ses héritiers ont opéré la délivrance de ce legs.

L'un des marguilliers de la paroisse, M. Leroy-Gruson, se plaît à embellir les églises et les établissements charitables ou religieux. Il a gratifié l'hôpital d'Haubourdin dans différentes circonstances, notamment en donnant la somme de 1,000 francs pour couvrir la dépense du bâtiment dont il a été parlé.

Et en juillet 1858, il a fait construire à ses frais une chapelle dans le fond des jardins de l'établissement.

CHAPITRE IV.

CHAPITRE IV.

1° BIÈRE, VIN, OCTROI, POLICE ;
2° ÉCHEVINS, MAYEURS ;
3° INTENDANCE, ÉCHEVINAGE, MAIRIE ;
4° SECRÉTAIRES-GREFFIERS ;
5° SERGENTS ET GARDES-CHAMPÊTRES.

Bière. — Vin. — Octroi. — Police.

Pourquoi ne pas parler de la bière, de cette boisson dont nous faisons un si grand usage, et que l'on fabrique dans nos environs par millions d'hectolitres ?

Un vieil auteur (Goguet) dit qu'après le vin, la bière fut la liqueur la plus anciennement et la plus généralement en usage ; elle était la boisson ordinaire de l'Égypte. L'usage en était également établi en Grèce et en Italie. Les anciens Espagnols, les Gaulois, la connaissaient aussi de temps immémorial.

L'origine de la bière est donc fort ancienne. Cependant, durant les XII° et XIII° siècles, on cultivait la vigne dans nos environs ; la consommation du vin était grande.

Un auteur rapporte à la vigne le nom d'un chef-lieu de canton très rapproché de nous, Carvin (1). D'après la tradition, les premiers moines de l'abbaye de Loos cultivaient la vigne sur les plaines de ce village contiguës à celles d'Haubourdin, de 1450 à 1500 ; le prix du lot de vin était de 16 sous.

La disparution de ces vignobles serait due, paraît-il, au refroidissement de notre climat.

C'est ainsi que vers la fin du xiv⁰ siècle, on est amené à fabriquer à Lille et à Haubourdin une boisson appelée *cervoise* ou *goudale* (2); du grain et des herbes servaient à sa confection. Cette boisson n'était autre que *la bière*.

En 1444, les brasseurs du pays, et particulièrement ceux de Lille, eurent plusieurs débats à soutenir pour le prix et la qualité de leurs boissons. Les brocanteurs (3) vendaient alors la cervoise à 8 deniers le lot. Sur diverses plaintes qui lui étaient parvenues, le magistrat (4) en fixa le prix à 7 deniers.

Sur ce les brasseurs réclamèrent, en disant qu'ils avaient *esté grandement foulés et dommagiés*.

Le duc de Bourgogne intervint, et une ordonnance rendue

---

(1) M. Duthillœul, *Histoire des pays de Flandre et d'Artois*.
(2) Ce mot vient de *good ale* (anglais) qui a produit le mot populaire *godailler* (faire orgie).
(3) On appelait brocanteurs ou cabaretiers ceux qui vendaient la bière par *broc*.
(4) Ce nom signifie toutes les personnes composant alors le corps municipal.

par ses gens de comptes, le 14 janvier 1443, relate, entr'autres prescriptions, celles ci-après.

« 1° Aucun brassin ne sera plus grand que 22 tonneaux de cervoise, auquel brassin on sera tenu de mettre 20 rasières de grain, dont 4 rasières de bled à un gros près de verd, 6 rasières d'avoine de cense bonne et loyale, et 10 rasières de soucrion bon, loyal et marchant.

» 2° Les brasseurs vendront au peuple le lot de cervoise pour 5 deniers; et si les trois grains étaient du prix de 30 à 40 gros, la cervoise serait alors de 6 deniers le lot. »

Il est à remarquer que ces conditions ne furent imposées aux brasseurs qu'après plusieurs essais de brassins faits sous la surveillance des échevins, à Lille, à Loos et à Haubourdin.

Voici comment s'exprime sur ce point l'ordonnance ci-dessus citée :

« .... Et au regard d'un nouvel essay que les brasseurs requeraient estre faict, il est vray et tout notoire que la loy en fesant son debvoir et loyal povoir pour le bien de la choze publique et des dits brasseurs, en avait piéça fait faire deux ou trois, mais quand on les avait voulu faire, les brasseurs y avaient toudis baillie ou fait bailler empeschement et fait ou fait faire du mal, par y avoir jectée du quir escoché d'anne ou oignonnée; et tellement *qu'un essay fait à HABOURDIN* en avait esté failly et n'avais rien vallu, comme bien scevent les dits brasseurs qui avaient esté présens; mais celui que avait fait faire l'abbé de Los avait esté très bon et si n'y avait eu que XV rasières de grain en 16 tonneaux de cervoise. Et toutefois les dits brasseurs avaient fait proposer qu'en XX tonneaux de cervoise, convenait avoir XX rasières de grain; ce que *non*, car XX rasières de grain, ilz en fesaient bien XXVIII tonnaus de cervoise et par ce est leur cervoise longue et très mauvaise au dommage du commun peuple et de la choze publique. »

En octobre 1474, des enquêtes suivies d'ordonnances nouvelles eurent lieu touchant la fabrication de la bière et la fixation des prix de vente. — Cette intervention de l'autorité supérieure engagea apparemment les brasseurs à travailler plus consciencieusement; la bière devint plus potable et d'un prix accessible au peuple, qui la préféra au vin du pays (1).

(1) Le prix de la bière a dû subir plus tard quelque variation. Ainsi, en 1550, il était de 14 doubles le pot; en 1600 de 15 doubles; en 1681 de 16 doubles; en 1744 de 18 doubles. Mais, vers la fin de ce dernier siècle et en 1787 et 1788, la bière cabaretière ne se vendait que 4 sous le pot.

Durant ces deux dernières années, les brasseurs d'Haubourdin présentèrent requête aux officiers seigneuriaux pour que le prix de la bière fut porté à 5 sous au moins le pot.

Ceux-ci y répondirent par une ordonnance de police qui en fixait le prix à 18 liards.

Mais les brasseurs prétendirent que cette augmentation était insuffisante eu égard à la hauteur du prix du scourgeon et du houblon, et qu'ils auraient encore éprouvé une perte de 6 livres à la rondelle.

D'un autre côté, quelques Haubourdinois, auxquels cette augmentation déplut, présentèrent requête en opposition à l'ordonnance de police, en disant *qu'ils étaient en possession* de ne payer la bière que 4 sous; qu'il ne fallait pas considérer si le houblon et le scourgeon étaient chers, parce que si les brasseurs perdaient actuellement, le gain qu'ils feront quand les denrées deviendront à bon marché les indemniserait de la perte momentanée qu'ils éprouvaient.

Ces moyens d'opposition parurent déraisonnables aux brasseurs, de plus amples

Les quelques vignobles que l'on rencontrait alors dans notre pays ne servirent plus qu'à faire du *verjus*.

C'est donc depuis près de quatre siècles que la bière est devenue *notre boisson nationale*.

Octroi.

Une ordonnance des États de Lille, du mois de mai 1570, établit des impôts sur les vins, bières, grains et autres denrées qui se débitent à Haubourdin.

contestations s'en suivirent; la cour du parlement de Flandre fut saisie de l'affaire. — Des essais de brassins furent faits.

Les cabaretiers excités par les habitants portèrent également plainte de la mauvaise qualité des bières encavées. — Pour apprécier le mérite de leur demande, les mayeur et échevins déléguèrent les sieurs François et Gamertz, sermentés en justice, égards-jurés à la ferme des octrois de Lille, pour visiter les cabarets d'Haubourdin et y déguster la bière. Ces deux experts opérèrent le 1ᵉʳ juillet 1788 et jours suivants.

Ils dégustèrent chez 20 cabaretiers, nommés Pierre Labbe, Michel Cogez, Pierre Hocq, Augustin Lefebvre, Jean Dalle, François Durot, Jean-Baptiste Danna, Philippe Béghin, Lambert Roussel, Toussaint Lesieux, la veuve Bonnel, Louis Tellier, Jean-Baptiste Rotru, Philippe Buisine, Pierre Guillon, Jean-Baptiste Pollet, Michel Vanescotte, Nicolas l'Heureux et Pierre Dubus.

Les bières provenaient des brasseries de veuve Bresol, Arnold Durot, Jean-Baptiste Romon, Vincent Béghin et Jean-Baptiste Cordonnier.

La plupart de ces bières (bières de saison ou coulantes) furent reconnues ou fort minces, ou défectueuses, ou sans qualité, et parfois d'une nature à incommoder.

Le procès-verbal des experts fut signé par eux, les échevins Clarisse et Livre, et les sergents Touzart et Dô.

Il ne nous est apparu aucune sentence qui ait mis fin à ces débats, la Révolution de 89 s'en est chargée.

— 224 —

Mais par ses lettres données à Paris le 5 mai 1601, Henri IV, comme seigneur souverain d'Haubourdin, révoqua ladite ordonnance et établit un octroi sur diverses denrées, le produit devant servir à construire une chaussée (celle actuelle, qualifiée de route impériale, N° 41, de Lille à Saint-Pol).

Cet octroi fut confirmé par transaction faite entre Albert et Isabelle, infants d'Espagne, d'une part, et les seigneurs et les habitants d'Haubourdin, d'autre part, en la ville de Bruxelles, le 3 octobre 1605.

Les choses restèrent sur ce pied jusqu'au changement de domination en 1708 (1).

Mais cette période de temps expirée, l'octroi reparut, comme ayant été accordé par Louis XIV, le 30 janvier 1700.

Louis XV accorda à son tour l'octroi d'Haubourdin, par ordonnances des 3 mai 1723, 11 janvier 1735, 6 mai 1749 (2), 16 octobre 1759.

Louis XVI imita ses prédécesseurs, le 30 mai 1780.

---

(1) Domination hollandaise après le siège de Lille, par les armées alliées; elle ne dura que cinq ans, car, la bataille de Denain, gagnée par Louis XIV en 1712, nous rendit Français! Qualité aussi noble que glorieuse que nous possédons depuis lors.

(2) Ces deux dernières ordonnances disaient que le produit de l'octroi pendant trente ans devait être affecté à la reconstruction de la maison cléricale (le presbytère actuel, surmonté d'un étage en 1858), l'élargissement des pavés et le renouvellement des anciens ponts.

Durant les six années à partir de cette dernière époque, l'octroi produisit 5,000 livres, année commune.

De 1706 à 1788, les droits étaient fixés comme il suit :

Pour une pièce de vin de 100 lots. . . 10 florins.
Pour une rondelle de 70 lots. . . . 25 patards.
Pour le lot de brandevin. . . . . 6 patards.
Pour le lot de vin. . . . . . . 2 patards.

L'octroi était affermé ; bien des discussions, des procès eurent lieu pour la perception des droits entre les fermiers-adjudicataires, d'une part, et les mayeur et échevins, ou les brasseurs et cabaretiers, de l'autre.

Des difficultés d'un autre genre se produisaient entre les commis d'octroi et les particuliers ; en voici une assez bizarre dont nous lisons la relation dans un acte de notoriété reçu par le notaire Carpentier, le 26 mai 1727.

La scène se passe sur le sentier d'Haubourdin à Emmerin, entre les trois sergents (gardes-champêtres).

Rapportons textuellement leurs dires :

« Pottier demanda à Denneulin s'il était vrai qu'il eût fait un beau tour à Pierre Deruelle, cabaretier d'*Hurtebise*. Est-il vrai, continua-t-il, que vous savě chargé estant ché ledi Deruelle de faire declaration au commis de la ferme des vins et bierres, de deux rondelles qu'il avait renclos et qu'au lieu de l'aller déclarer au commis, vous l'aviez déclaré au fermier, comme bière de fraude, que cela estait une très mauvaise action, qu'il ne méritait point de porter l'habit de sergent ; à quoi Denneulin a répondu qu'il se fo..... de cela, qu'il avait deux âmes et que si avait le malheur d'en perdre une, qu'il tacherait de sauver l'autre, etc., etc. »

Les sergents de police ressemblaient à de certains hauts personnages de l'époque, sous le rapport de l'instruction; ils ne savaient pas signer.

Voici la marque apposée sur l'acte notarié précité, par le sieur Briqueteur, l'un d'eux :

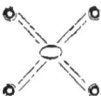

Durant la période révolutionnaire, l'octroi ne fonctionna point.

Rétabli sous le Consulat, il dura jusqu'à la Restauration.

M. Hespel de Guermanez était alors chef de notre administration communale. Il ne s'opposa point au vœu du corps municipal, qui avait demandé la suppression totale des droits d'octroi ; il lui fit toutefois une observation aussi sage que significative, dans les termes dont voici le sens :

« J'ai administré jusqu'à ce jour Haubourdin comme
» une ville ; désormais la commune ne sera plus qu'un vil-
» lage. »

Après une absence de quarante ans, l'octroi a reparu

à Haubourdin depuis le 1er février 1859, pour n'imposer que de légers droits sur les boissons.

Police.

L'établissement des brocanteurs ou cabaretiers nécessitait, on le comprend, des ordonnances de police que les souverains ou seigneurs ont dû rendre à des époques diverses.

Charles-Quint s'en occupa le premier (1).

Par son mandement en date à Malines, du 6 octobre 1524, ce monarque s'exprime ainsi :

« Charles par la Divine clemence eleu Empereur des Romains, toujours Auguste, Roy de Germanie des Espagnes etc. — A tous ceux qui ces présentes lettres verront, salut. De la part de nostre ame es feal escuyer et bailly, Henry de Courte-Ville, nous a esté remonstré comme à cause du grand nombre et multitude de tauérnes et cabarets qui sont présentement ès ville et villages de notre dit bailliage, plusieurs jeunes gens et autres en délaissant le labeur d'eux et de leurs maistres, se trouvent es dites

---

(1) Charles V, empereur, résidant à Bruxelles, était souverain des Pays-Bas, dont Lille et sa châtellenie faisaient partie; à l'époque de sa mort, vers 1560, ces mêmes pays échurent à Philippe II, son fils, roi d'Espagne.

tavernes et cabarets, là ou le plus souvent ils sont le jour entier, et non contents du jour y demeurent la nuict et plus longuement ès jours de dimanches et autres festes : Et es dites tavernes et cabarets s'emboiuent et enyurent et quand ils sont ainsi embus en aduient des grands et énormes jurements et blasphêmes contre Dieu nostre créateur, la benoiste vierge Marie et la cour celeste, aussi plusieurs noises débats et homicides et est apparent qu'encores plus se fera ne soit moyennant nostre remède.

» Nous requérant en toute humilité.....

» Nous avons, par la délibération de nostre très chère et très amée dame et tante l'archiduchesse d'Autriche duchesse et comtesse de Bourgogne regente et gouvernante pour nous en nos pays de par de ça; a l'aduis des chefs et gens de nostre privé conseil, auons ordonné et statué de nostre certaine science authorité et pleine puissance en deffendant par ces présentes à tous hostes et hostesses tenant tauernes et cabarets en nostre dit baillage que doresnavent ils n'assient en iceux cabarets pour boire et manger durant le tems de la messe paroissiale de chacun dimanche et autres hautes festes, ne aussi durant les vespres des jours d'ataulx et Assomption de la glorieuse vierge Marie, nuls quels qu'ils soient. . . . . . à peine de 60 sous parisis (1).

(1) Ce mandement de Charles-Quint présente cette particularité qu'il a été renouvelé pour ces mêmes dispositions par la loi du 19 novembre 1814 (règne de Louis XVIII) dont l'article 3 est ainsi conçu :

« Dans les villes dont la population est en-dessous de 5,000 âmes, ainsi que dans » les bourgs et villages, il est défendu aux cabaretiers, marchands de vin, dé- » bitants de boissons, traiteurs, limonadiers, maîtres de paume ou de billards, de

» Et outre statuons et ordonnons que les dits hostes ne pourront asseoir ne nos dits subjects frequenter les dits cabarets et tavernes en temps d'esté du soir à scavoir depuis Paques jusqu'à la St. Remy plus tard que dix heures et de St. Remy à Paques, après les 9 heures du soir, sur semblables peines que dessus (1). »

Par son arrêté général de police pour Haubourdin et Emmerin, en date du 4 septembre 1532, Marie de Luxembourg, dame de ces lieux, a modifié les dispositions ci-dessus dans les termes ci-après :

« Art. 46. Que nul ne soit si hardy que depuis Pasques jusqu'à la Toussaint, iceux tavernes ne poulront vendre ne asseoir en leurs maisons et pourprin gens incontinent l'heure de huit heures passées ne pareilles depuis le Toussaint jusques à Pasques après l'heure de cinq heures du soir a peril d'amende de 10 sous.

« Art. 47. Idem que nul ne se parte desdits cabarets sans faire le content et payer l'hoste, à peril de l'amende de 60 sous. »

» tenir leurs maisons ouvertes et d'y donner à boire ou à jouer les fêtes et di-
» manches pendant le temps de l'office. »
    Néanmoins l'exécution de cette loi a été plus ou moins observée, notamment durant le règne de *Louis-Philippe*, et cette circonstance avait déterminé certains tribunaux de police à relever des individus qui l'avaient enfreint. — Mais la cour de cassation a réformé les sentences de cette nature par divers arrêts, dont les plus récents sont des 6 décembre 1845, 2 juin et 15 septembre 1854 et 28 juillet 1855, en se fondant sur les motifs que la loi suscitée n'a été abrogée ni expressément ni tacitement par aucune disposition constitutionnelle ou législative; — que ses dispositions sont générales et obligatoires par elles-mêmes sans qu'il soit besoin que des arrêtés administratifs viennent en rappeler l'exécution.
    (1) De nos jours, MM. les maires ont fixé à peu près les mêmes heures par des arrêtés pris en vertu des dispositions des lois postérieures.

Les successeurs de ladite dame de Luxembourg ont dû renouveler ou modifier ces ordonnances. C'est ainsi que, par un arrêté publié le 7 juillet 1714, messire de Houchin dit et prescrit ce qui suit :

« Sur les plaintes qui nous ont été faites par les bailli hommes de fiefs et gens de loi, qui se comet infinité de desordres, violences et voies de faits, par quantité de jeunes libertins sous les noms de *Grenadiers* ; pour à quoi remédier, nous prescrivons les mesures suivantes :

» Il est défendu à toute personne d'être au cabaret depuis les fêtes de Pâques jusqu'à la Toussaint et aux cabaretiers de vendre, asseoir en leurs maisons et pour prix, gens incontinent, l'heure de 8 heures passées. Pareillement depuis la Toussaint jusqu'a Paques après l'heure de 5 heures du soir. »

L'arrêté spécial de police des cabarets qui existait lors de la Révolution de 1789 était ainsi conçu :

« Nous messire Jean-Joseph-Aimé-Marie de Houchin, chevalier, marquis de Houchin et de Longastre, vicomte d'Haubourdin et d'Emmerin, baron de Broucq, seigneur d'Annezin, Choque, Foucquereuil, La Peugnoy, Mory, Bilque, Herringhem et autres lieux ;

» Ayant considéré que le concours des étrangers dans les cabarets de nos vicomtés d'Haubourdin et d'Emmerin, où les attirait le meilleur marché des boissons, était souvent l'occasion de querelles, qui quelquefois devenaient sanglantes au grand préjudice de l'ordre et de la tranquillité publique. Ayant de plus fait attention que ces désordres avaient lieu, surtout, lorsqu'au mépris des placards et ordonnances, les cabaretiers fournissaient encore à boire après la cloche de la retraite sonnée, nous avons cru qu'il était de l'avantage public, dont nous devons à nos vassaux le maintien et le soin, de renouveller des défenses qui tendent à le procurer et à le conserver.

» A ces causes, nous défendons à toutes personnes (les voyageurs exceptés) de demeurer dans les cabarets après la cloche de retraite sonnée (1), sous peine de 60 sols d'amende.

» Défendons en outre à tous les cabaretiers de donner à boire après ladite cloche sonnée, à peine d'interdiction, etc.

» Donné sous notre seing et le cachet de nos armes à Lille, le 17 décembre 1776, signé le marquis de Houchin et scellé d'un cachet de cire rouge aux armes dudit seigneur. »

Échevins (2). — Mayeurs.

L'institution des échevins est très ancienne dans notre pays.

---

(1) L'arrêté ne fixe pas l'heure de la sonnerie. C'était cependant la disposition la plus importante à établir.
(2) Ce mot vient de l'allemand et signifie *juge* ou *homme savant*.

Dans le milieu du viie siècle, le titre d'échevin était pris par les conseillers des comtes. Les gens d'épée qui rendaient la justice sous Clovis II s'appelaient *échevins du palais.*

Dans la suite, les échevins, dont leur chef prenait le titre de *mayeur,* ont été des officiers municipaux chargés de la police et des affaires des communes.

Ils furent créés pour notre province en l'année 1195 par Baudouin IX, comte de Flandre.

Les mayeurs d'Haubourdin, d'après les archives de la commune, ne nous donnent que les noms ci-après :

1553.	MM. Antoine SENECHAL.
1562.	Louis MALFAIT.
1593.	Charles MIRABELLE.
1613.	François BATAILLE.
1615.	Jean BUQUET.
1625.	Étienne BEHAGUE.
1629.	Pierre DUTHOIT.
1633.	Eustache GOSSART.
1636.	Barthelemy CARPENTIER.
1649.	Antoine WATTRELOO.
1670.	Pierre WATTERLOS.
1679.	Fery BEGHIN.
1680.	BETTREMIEUX-CARPENTIER.
1682.	Antoine GRIMBEL.
1686.	Josse CARPENTIER.

1687. Paul DELATTRE.
1689. Jean CREPIN.
1692. Jean-Martin BLANQUART.
1698. Gerard BECQUET.
1704. Paul DELATTRE.
1708. Charles DESCAMPS.
1711. Etienne MEURILLE.
1718. Nicolas BUTIN
1723. Luc CARPENTIER.
1730. Pierre CORDONNIER.
1738. Jean-François HEDDEBAULT.
1743. Pierre CORDONNIER.
1750. Pierre CAZIER.
1755. Nicolas CORDONNIER.
1761. Charles-Louis BRESOU.
1770. Jean-Baptiste WEUGUE.
1778. Jean-Baptiste-Albéric BLONDEAU.
1785. Le même BLONDEAU.
1789, 17 février. Marc LIVRE, chevalier de Saint-Louis.

Substitut, Célestin CLARISSE.

Échevins : Constantin BERNARD, Antoine DELEDEUILLE, Eugène DILLIES, Jean-Baptiste CHOQUET, Placide COUTURE, Ignace MASQUELIER.

La formule du serment prêté par ces officiers était conçue en ces termes :

« Vous jurez tous sur votre part de paradis et damnation de votre âme que vous exercerez bien et dûment les offices de mayeur et échevins d'Haubourdin; ferez justice aux pauvres comme aux riches, garderez les droits, hauteurs et prééminences du seigneur de ce lieu, des femmes veuves et orphelins; que vous abhorrerez toutes sectes d'hérésies et autres contraires à notre mère la sainte Église, et au surplus ferez comme bons et loyaux mayeur et échevins doivent faire et observer, et ainsi vous aident Dieu et ses Saints. »

On sait qu'à la Révolution de 1789 ces officiers furent remplacés par les maires et leurs adjoints.

Intendance. — Échevinage. — Mairie.

Notre département est composé d'une partie de deux anciennes intendances, dont l'une comprenait la Flandre wallonne (notre contrée), la Flandre maritime et l'Artois (chef-lieu Lille).

Les affaires publiques étaient confiées aux grands baillis, à des députés et à des magistrats de Lille, Douai et Orchies; ceux-ci faisaient la répartition des subsides, qui étaient ensuite votés par les ecclésiastiques et les nobles.

L'assemblée des États se tenait chaque année pour l'audition des comptes, statuait sur l'assiette de l'impôt et délibérait sur les intérêts de la province.

Les magistrats dans les villes, les mayeur et échevins dans les communes rurales, étaient chargés de l'administration immédiate. Le mode de leur nomination variait dans chaque localité, comme la plupart des grands corps administratifs différaient dans l'essence de leur organisation (1).

L'Assemblée nationale, par un décret du 12 novembre 1789, remplaça l'antique institution de l'échevinage par une municipalité dans chaque commune, et dont le chef prit le titre de Maire.

Noms de MM. les maires depuis cette époque :

1 François Clarisse, nommé en	. . . .	1790
2 Pierre-François Labbe, idem	. . . .	1792
3 François Clarisse, idem	. . . . .	1793
4 Perkin, idem	. . . . . .	1794
5 François Clarisse, idem	. . . . .	1794
6 Magret, idem	. . . . . .	1798
7 Charles-Augustin Wicart, idem	. . . .	1800
8 Jean-Baptiste Cordonnier, idem	. . .	1806
9 D'Hespel de Guermanez, idem	. . .	1813
10 Butin-Dillies, idem	. . . . .	1830
11 Henri Coppin, idem	. . . . .	1837
12 Alexandre Fichaux, idem	. . . .	1848
13 Gustave Menche (en exercice), idem	. .	1852

(1) A Haubourdin, le seigneur nommait le bailli qui rendait justice en son nom.

Noms des Secrétaires-Greffiers d'Haubourdin connus.

MM.
Tesin, entré en fonctions en.	1690
Jean-Baptiste Carpentier, entré en fonctions en	1722
Gabriel-Valentin Carpentier, entré en fonctions en	1757
Antoine-François Delannoy père, entré en fonctions en.	1790
Ignace Delannoy fils, entré en fonctions en. .	1804
Auguste Labbe, secrétaire actuel, entré en fonctions en.	1836

Sergents et Gardes-Champêtres.

Années.
1685 Pierre Pottier.
1719 Pierre-François Pottier fils.
1727 Charles Pinte.
1730 Jean-Baptiste Briqueteur, et aulneur de la perche au drap.
1740 Denneulin.
1745 Jacques-Philippe Briqueteux.

1790 Sébastien Dô et Aimé Touzart.
1793 Ledit Dô et Étienne Glorian.
An III. Jean-Antoine Lefebvre et Louis Delcroix.
An VII. Joseph Boyer.
An VIII. Jean-Béatrix Dô.
1843 Aimable Dô, son fils.
1852 Jean Poire, actuellement en exercice.
1856 Barnabé Polvèche,   id.

CHAPITRE V.

CHAPITRE V.

1° RUES, CHEMINS, PLACES ET SENTIERS D'HAUBOURDIN;
2° MANUFACTURES, USINES, PROFESSIONS DIVERSES;
3° POPULATION, NOMBRE D'INDIGENTS;
4° INSTRUCTION PUBLIQUE : PENSIONNAT DES SŒURS DE LA SAGESSE,
ASILES, ÉCOLES, PENSIONNAT DE BEAUCAMPS, PRÈS D'HAUBOURDIN;
5° SERVICE MÉDICAL, MALADIES;
6° PLAINE D'HAUBOURDIN;
7° AGRICULTURE;
8° CONTRIBUTIONS DIRECTES ET INDIRECTES.

Rues. — Chemins. — Places et sentiers d'Haubourdin.

NOMS SOUS LESQUELS ON LES DÉSIGNE.	POINTS DE DÉPART	Longueur sur le territoire. (Mètres).	Largeur moyenne. (Mètres).
Rue de l'École.	Rue d'Emmerin.	105	9
— d'Emmerin.	La chaussée impériale.	1 772	9
— de la Basse-Folie.	Idem.	238 90	9
— Marais.	A la Basse-Folie.	255	10
— du Petit-Pavé de l'Église.	La chaussée impériale.	345	6
— du Croissant.	Le petit pavé de l'Eglise.	142	6
— du Rivage.	Rue d'Emmerin.	92	7
— du Calvaire.	La chaussée impériale.	120	10 50
Pavé d'Englos.	Idem.	232	10
— de l'Abbaye de Loos.	Idem.	610	9
Chemin de Laignerue (1).	Idem.	1 180	10

(1) Autrefois appelé *Chemin des Ribauds (ribauteurs)*, comme aussi le pont de l'abbaye de Loos, placé sur la même ligne, nommé alors le *Pont des Ribaux*. (Extrait de l'inventaire des chartes.)

Cette qualification est due au fréquent passage sur cette voie, durant les xvi° et xvii° siècles, d'un grand nombre de Lillois qui se rendaient au centre d'Haubourdin pour y consommer nos boissons, et particulièrement notre bière, que l'on avait à meilleur marché que partout ailleurs.

NOMS SOUS LESQUELS ON LES DÉSIGNE.	POINTS DE DÉPART.	Longueur sur le territoire. (Mètres).	Largeur moyenne. (Mètres).
Chemin des Moulins.	La chaussée impériale.	615	10
— des Lostes.	Idem.	1 183	10
— de la Contraine.	Pavé d'Emmerin.	870	10 50
— gravelé de Bésigny.	Pavé d'Englos.	280	10
— du Marais.	La Contraine.	1 811	10
— du Pavé à tourbes.	Chemin du Marais.	504	8 50
— dit Ancienne carrière des Moulins.	Pavé d'Emmerin.	390	5
— de Bocquiau.	La chaussée impériale.	330	8 50
— d'Ennequin.	Laignerue.	621	3 50
Sentier des Trois-Planches ou Rouge-Tuile.	La chaussée impériale.	580	2 50
— allant à la Rouge-Tuile.	Petit pavé de l'Église.	137	2 50
— longeant la cour Degrise.	Idem.	321	1 80
— au bout de la propriété de M. Degrise.	Chemin de Laignerue.	88	1 80
— de Laignerue au cimetière.	Idem.	88	1 80
— Rouge-Tuile, longeant le verger Choquet.	La Rouge-Tuile.	214	2 20
— Rouge-Tuile, longeant le parc de M. Menche.	Idem.	144	1 80
— des Moulins.	La chaussée impériale.	546	1 40
— d'Ennequin.	Chemin des Lostes.	494	1 80
— de l'Abbaye de Loos.	La chaussée impériale.	433	1 40
— des Poissonniers.	Ancienne carrière des Moulins.	335	1
— d'Emmerin.	Pavé d'Emmerin.	851	3
— du Cimetière.	Petit pavé de l'Église.	218	1 40
— du Sautoir.	La chaussée impériale.	368	1 60
— allant au chemin de Santes.	Idem.	381	1 20
— dit Ruelle-Folie.	Rue du Calvaire.	782	3 60
— du Cornet.	Chemin du Cornet.	410	1 50
— des Cattelaines.	Pavé de Santes.	320	3 06

PLACES.

1° La Grand'Place ; 2° place de l'Hôpital ; 3° place de l'Église.

Manufactures. — Usines.

Il existe à Haubourdin :

Une fabrique d'huile mue par la vapeur; deux moulins à l'huile, trois moulins à farine mus par le vent; un moulin à farine et autres céréales mu par la vapeur; deux fabriques de sucre ; trois distilleries d'alcool ; deux filatures de lin; une filature de coton; trois brasseries à la bière, dont deux pourvues de machines à vapeur; trois teintureries; deux briqueteries; trois tanneries où l'on corroie le cuir; deux fabriques de chicorée; une fabrique de céruse; une fabrique de bleu d'outremer et de boules à azurer; une fabrique de machines à hacher les pailles, les pommes de terre, etc.

Le plus important de ces établissements est celui dirigé par MM. Bonzel frères ; il comprend à lui seul la fabrication : 1° de la céruse; 2° de la chicorée ; 3° du sucre indigène; 4° du bleu d'outremer; 5° de la pannerie, etc.

Quatre à cinq cents ouvriers y sont employés.

MM. Bonzel ont obtenu, à diverses époques, tant en France qu'à l'étranger, des médailles, distinctions ou mentions honorables pour leurs différents genres de produits.

Ces industriels ont établi au centre de leurs usines un nouveau système de boulangerie qui leur permet d'offrir à leurs nombreux ouvriers le pain de froment au prix du pain de blanzé, selon la taxe.

Professions diverses.

Un boisselier, six bouchers, dix boulangers, un bourrelier, quatre bureaux de tabac, vingt-huit cabaretiers-aubergistes, dont quatre ayant table d'hôte, deux chapeliers, deux charcutiers, un charpentier de moulin, sept charpentiers-menuisiers, trois charrons, trois chaudronniers, trois coiffeurs et barbiers, trois colporteurs, un constructeur de cercles, deux cordiers, sept maîtres cordonniers, trois maîtres couvreurs, deux débitants de liqueurs, deux dessinateurs, vingt-huit épiciers et merciers, deux ferblantiers, trois fripiers, vingt-un fermiers ou cultivateurs, un graveur sur cuivre, deux horlogers, deux jardiniers, trois laitiers, trois maîtres maçons, quatre maîtres serruriers, six maîtres tailleurs, deux maîtres tonneliers, quatre marchands de charbon, cinq marchands d'étoffes diverses, un marchand de fruits, un marchand de guano, six marchands de légumes, trois marchands de levure, un marchand de parapluies, quatre marchands de vins et liqueurs, un marchand de tamis, deux manneliers, deux maréchaux-ferrants, deux modistes, un pâtissier, trois peintres en bâtiments, un sabotier, quatre tailleuses, un tapissier-décorateur, deux tourneurs en bois, quatre voituriers et messagers (1).

Population. — Nombre d'indigents.

Les anciens registres de la sacristie ont été, comme beaucoup d'autres titres et documents, détruits lors des guerres du xviie siècle, notamment en 1640 ; nous n'avons donc trouvé aucun papier présentant les traces des naissances et décès antérieurs à cette époque.

En 1650, on comptait à Haubourdin 900 communions.

En 1695, un dénombrement général fut fait.

(1) On trouvera peut-être ces détails minutieux. Ils conviennent cependant au titre de cet ouvrage, et on les retrouverait même, au besoin, dans les *Annuaires du département*.

En 1750, on constate l'existence de 350 feux (1).

En 1776, 380 feux et 30 étrangers.

En 1789, la population était de 1,750 âmes.

A partir de l'an IX, les chiffres sont alors officiellement donnés : 1,860 habitants, 330 maisons et 347 feux.

En 1830, 2,000 habitants.

Une ordonnance royale du 11 mai 1832 prescrivit des recensements quinquennaux.

Ceux faits à Haubourdin en 1841, 1846, 1851 et 1856, présentent les résultats ci-après, savoir :

En 1841, la population était de 2,502.

En 1846 (compris dans 685 ménages et 618 maisons), 2,092.

En 1851, elle comprenait 3,136 habitants, dont 3,082 de population agglomérée, et 54 de population éparse.

En 1856, elle était de 3,185 habitants, dont 3,105 de population agglomérée, et 80 de population éparse.

Ces chiffres parlent d'eux-mêmes, et démontrent que notre population s'accroît chaque année.

---

(1) Ou ménages. On invoquait ce chiffre pour établir le droit des habitants dans le partage du marais avec Emmerin.

Les ménages étaient au nombre de. . . 714
et les maisons au nombre de 655

En récapitulant les sexes, on trouve :

Sexe masculin : { Garçons . . . . . 945 ; Hommes mariés . . 521 ; Veufs . . . . . . 63 } 1,529

Sexe féminin : { Filles . . . . . . 985 ; Femmes mariées . 526 ; Veuves. . . . . . 145 } 1,656

Total égal : 3,185

Si l'on fait un relevé des dix années qui ont suivi 1830, on trouve les résultats ci-après :

Naissances, 681. — Moyenne de chaque année, 68
Décès, 658. — id. id., 65
Mariages, 154. — id. id., 15

Quant aux trois dernières années, elles présentent les chiffres suivants :

Naissances . . . . . { 1856 — 95 ; 1857 — 122 ; 1858 — 129 } 346

Décès . . . . . . { 1856 — 75 ; 1857 — 73 ; 1858 — 96 } 244

Mariages. . . . . . $\begin{cases} 1856 - 24 \\ 1857 - 22 \\ 1858 - 24 \end{cases}$ 70

Conscrits. . . . . . $\begin{cases} 1856 - 31 \\ 1857 - 24 \\ 1858 - 29 \end{cases}$ 84

Le nombre de familles secourues est de . . 90
Celui des indigents, de 328

Instruction publique.

La loi du 8 avril 1851, qui régit l'instruction, a été sensiblement modifiée par celle du 14 juin 1854.

Les membres du comité de surveillance de la commune étaient, en 1851: 1° M. Fichaux, maire; 2° M. Dhalluin, doyen; 3° M. Derbigny, 4° M. Cordonnier-Liénart, 5° M. Menche, 6° M. Deledeuille, 7° M. Tierce.

D'après la dernière loi, le comité communal est seulement composé du maire et du curé; mais il y a des comités cantonnaux. Celui d'Haubourdin est actuellement formé des personnes ci-après : 1° M. Derbigny, 2° M. Ravaux, doyen, président; 3° M. Menche, 4° M. Billon, 5° M. de Garsignies, 6° M. Félix Bernard, 7° M. Tierce.

Pensionnat de jeunes demoiselles dirigé par les Filles de la Sagesse.

Le pensionnat d'Haubourdin fut fondé, il y a quarante ans, par dame Louise Legrand, ancienne religieuse, que la Révolution de 93 avait forcée à quitter son monastère.

Cette excellente dame s'était acquis l'estime et l'affection de tous les habitants par la bonté la plus franche et la plus cordiale, et par une générosité sans bornes qui la rendait la mère des pauvres.

Mais cette vénérable fondatrice avançait en âge, et l'épuisement de ses forces lui rendait chaque jour plus difficile la noble tâche qu'elle s'était imposée.

C'est alors que M. Gombert, curé d'Ennetières-en-Weppes, et M. l'abbé Bernard, depuis vicaire-général de notre diocèse, l'engagèrent à remettre son établissement entre des mains plus fortes que les siennes, et à assurer ainsi la durée de son œuvre.

M. l'abbé Bernard désigna les Filles de la Sagesse pour remplacer dame Legrand. La grande piété de celle-ci lui fit suivre ce conseil.

Le zèle éclairé de M. Bernard, sa charité généreuse, firent disparaître les difficultés qui se présentaient à cette transformation, et, en septembre 1840, les Filles de la Sagesse arrivèrent à Haubourdin.

Les religieuses comprirent d'abord la nécessité d'un local plus convenable et assez vaste pour séparer les pensionnaires des externes, qui jusque-là avaient été réunies.

Cette circonstance donna l'occasion à M. l'abbé Bernard d'achever son œuvre. Il avança sans intérêts les fonds nécessaires aux nouvelles constructions, et vint lui-même poser la première pierre des bâtiments.

Cette amélioration extérieure et matérielle était bien précieuse; une autre, tout aussi désirable, restait à obtenir: il fallait faire disparaître certains abus et assujettir les élèves à un nouveau réglement contraire à leurs usages.

La douceur et la patience des bonnes religieuses d'une part, et de l'autre une retraite donnée à cette époque par les Pères de la Compagnie de Jésus suffirent pour établir sur les plus solides fondements cet esprit de docilité, de piété et d'ardeur pour l'étude qui, depuis ce temps, n'a pas cessé de distinguer les élèves et de faire la consolation des maîtresses.

Les pensionnaires sont aujourd'hui au nombre de 50. Quelques demi-pensionnaires suivent aussi les cours. De plus, les sœurs dirigent une classe d'externes payantes.

Toute l'ambition de ces saintes filles est d'assurer le bonheur de leurs jeunes élèves en formant leurs cœurs à la vertu et leur donnant la facilité d'acquérir toutes les connaissances et tous les talents qui conviennent à leur âge et à leur condition.

Chaque année, le pensionnat prépare des élèves à la réception des brevets de capacité.

Un aumônier est attaché à l'établissement.

Dès l'arrivée des Filles de la Sagesse à Haubourdin, la commune leur confia la direction d'une classe gratuite pour les enfants pauvres, privées jusqu'alors du bienfait de l'instruction. Transférée pendant quelque temps à l'hospice, cette classe est depuis 1853 dans une dépendance du pensionnat. Elle a pris de grands accroissements: deux Sœurs y donnent à 110 enfants une instruction simple, mais solide; une troisième Sœur dirige un ouvroir où ces mêmes enfants se perfectionnent dans tous les ouvrages utiles. Ces améliorations sont dues en partie au zèle actif de M. Menche, maire actuel, qui, de concert avec M. Ravaux, notre curé-doyen, ne cesse d'encourager par tous les moyens possibles les maîtresses et les élèves, et ne recule devant aucun sacrifice pour le bien de la population d'Haubourdin.

Une seconde salle d'asile a été ajoutée à l'école communale de filles, de sorte que dès l'âge de deux ans toutes les enfants peuvent commencer à recevoir dans l'institution des Filles de la Sagesse l'instruction et le savoir nécessaires pour posséder plus tard, comme ouvrières, un état honorable et lucratif.

Asile. — École.

L'asile pour les enfants des deux sexes fut fondé, comme nous l'avons dit ailleurs, en 1844, par l'administration communale avec le concours de quelques généreux habitants.

Une école privée de filles y est annexée.

Cet établissement est en pleine voie de prospérité ; 150 enfants environ y reçoivent les soins et l'instruction que réclame leur jeune âge.

Il est situé rue de l'Église, dans de vastes locaux séparés par des terrasses et jardins bien aérés.

La direction en a été donnée à la demoiselle Doutreligne.

Le comité de patronage de nos salles d'asile est composé comme il suit :

Membres de droit : M. le maire, président ; M. le curé-doyen ;

Dames patronnesses : Mmes la comtesse d'Hespel, Derbigny, Menche, veuve Butin, Georges Colombier, François Lefevre, Cuvelier, Jules Verley, Ernest Remy ; M^{elles} Anna d'Hespel et Pauline Bigo ;

Médecin : M. le docteur Billon.

(Arrêté préfectoral du 11 février 1856.)

École de garçons.

De 1786 à 1839, les maîtres d'école furent MM. Henri Cazier, Antoine Delannoy, Pilot, Duportail, Herbo, Quintrel, Lefebvre (ces trois derniers prêtres), et Augustin Verdrée.

Durant cette période, il y avait aussi des pensionnats de garçons, qui ont été dirigés par MM. Perriquet, Gachet, Gressin, Pilate, Guelton, Vigneron, Tonnelle et Duportail.

Depuis 1849, il n'y a plus qu'une institution primaire, qui, dès 1840, a été confiée à M. Jules Loridan, enfant d'Haubourdin, ancien élève-maître de l'École normale. Cette école communale, divisée en trois classes, compte 250 garçons, qui reçoivent une instruction solide, à la grande satisfaction des familles et des autorités.

Le zèle éclairé de M. Loridan lui a valu à diverses reprises les éloges de ses supérieurs.

Depuis 1841, il a reçu des lettres de félicitations de l'autorité municipale, de M. le Préfet, de M. le Recteur.

En 1853, M. le Ministre de l'instruction publique lui a décerné une médaille de bronze, et le 6 décembre 1858 il reçut une médaille d'argent des mains de M. Vasse, inspecteur d'Académie, subdélégué par Son Excellence le Ministre.

Une imposante cérémonie eut lieu dans le vaste local de l'école, à l'occasion de la remise de cette dernière marque honorifique. La nombreuse assemblée qui y assista applaudit tout entière aux succès obtenus par notre excellent instituteur.

Pensionnat et noviciat de Beaucamps.

Nous avons dit qu'à diverses époques, dont la dernière est toute récente (1849), divers pensionnats de garçons avaient été tenus à Haubourdin; depuis lors il n'en existe plus. Cette circonstance nous permet et nous engage même à donner une notice sur un établissement de ce genre situé près de chez nous, à Beaucamps, commune de notre canton, et dirigé par des religieux de la congrégation des *Petits-Frères de Marie*, dits *Frères-Maristes*.

Elle fut fondée en 1817 par M. l'abbé Champagnat, du diocèse de Lyon.

Répandue aujourd'hui dans 25 diocèses de France, introduite aussi en Angleterre et en Belgique, la congrégation des *Frères-Maristes* donne l'instruction primaire à 60,000 enfants dans 380 écoles communales ou privées. Un décret du 20 juin 1851 approuve ses statuts et la reconnaît comme établissement d'utilité publique. A ce titre, la congrégation jouit de tous les droits civils attachés aux instituts de ce genre, notamment de celui de recevoir les libéralités de toute nature.

Cette création remonte à l'année 1844 ; elle est due à deux époux joignant à des sentiments de la plus haute piété ceux d'une inépuisable bienfaisance, M. le comte et Mme la comtesse de La Grandville, dont le château est situé dans le même village.

Le dessein de ces généreux bienfaiteurs s'était borné d'abord à la fondation d'une simple école, mais jugeant ensuite par le bien que les Frères faisaient à Beaucamps de celui qu'ils pourraient procurer à diverses communes de la contrée, Mme la comtesse alla plus avant, doubla ses libéralités et obtint un noviciat, moyen efficace pour arriver au résultat désiré. Elle fit donc construire à Beaucamps une vaste maison et une église, qui furent cédées à l'institut avec un domaine d'un revenu de 1,800 francs. — Qu'ils sont rares de tels exemples de générosité !

Les locaux actuels sont vastes ; ils réunissent les meilleures conditions de salubrité et d'agrément ; de vastes salles, des cours spacieuses, un préau, de beaux et grands jardins, une prairie ombragée, sont destinés aux récréations des élèves.

L'institut de Beaucamps compte aujourd'hui : 135 élèves pensionnaires, 100 élèves externes (école communale); le tout dirigé par 30 Frères, dont 15 sont employés dans la maison à des travaux divers. Il y a 50 novices et postulants.

Les écoles succursales des environs sont à Santes, Wavrin (canton d'Haubourdin), Annœullin, Esquermes, Quesnoy-sur-Deûle, Frelinghien, etc.

Service médical.

Il y a à Haubourdin quatre médecins : MM. Deledeuille, Dupuis, Desfontaines et Soyez.

Le premier est le médecin du bureau de bienfaisance.

Le deuxième est ordinairement choisi pour les visites et rapports judiciaires; la mairie l'a chargé aussi de constater les décès à domicile.

M. Desfontaines est le médecin des membres de la société de saint Jean-Baptiste et de diverses autres corporations.

Maladies.

Il appartient à un homme de l'art de traiter un pareil sujet.

Citons ici cependant quelques-unes des observations faites par des praticiens de notre localité. Ces observations, quoique générales, conviennent spécialement à Haubourdin et aux communes voisines.

Les circonstances atmosphériques exercent une influence manifeste sur la santé publique. Elles sont surtout cause de nos maladies lorsqu'elles cessent de suivre les lois ordinaires des saisons. Ces faits sont évidents depuis plusieurs années. La sécheresse prolongée et les chaleurs anormales que nous avons eues ont occasionné un grand nombre de grippes, d'angines gutturales, de diarrhées, de catarrhes opiniâtres, de névralgies et de fièvres intermittentes marécageuses. Ces différentes maladies ont présenté une opiniâtreté très grande qu'explique la persistance de la cause elle-même.

Si les saisons, avec leurs caractères, fournissent une foule de causes aux maladies, les usages et les habitudes vicieuses ne sont pas moins funestes à la santé.

Faisons sur ce point quelques citations, en divisant notre population en deux classes : l'ouvrier et l'homme aisé.

L'ouvrier, l'ouvrier industriel surtout, est entouré d'une infinité de causes qui agissent contre sa santé: le logement est parfois malsain et insuffisant, l'alimentation de mauvaise nature; sa condition est de vivre le plus souvent dans une fabrique où l'air vicié est mêlé à des corps étrangers. Si l'on joint à cela l'usage abusif des boissons alcooliques, on reconnaîtra presque toujours la cause des maladies chez l'ouvrier. C'est si vrai, que ses maladies sont toujours les mêmes. Déjà il est lymphatique, scrofuleux, rachitique, et devient bientôt en proie aux maladies chroniques, notamment à la phthisie, devenue si fréquente dans nos environs.

L'homme aisé, défendu en apparence contre toutes les causes maladives, n'a pas moins son mauvais côté. On trouve chez lui une alimentation trop succulente; le défaut d'exercice et divers usages ou habitudes tendant plutôt à détruire sa santé qu'à la sauvegarder. Ces circonstances expliquent les apoplexies foudroyantes, les lésions organiques graves que l'on rencontre si fréquemment dans notre contrée.

On rencontre des scrofuleux; ils sont ici en petit nombre. Ceux qui en sont atteints se trouvent placés dans de mauvaises conditions hygiéniques. Les scrofules, au dire des hommes compétents, seraient une maladie héréditaire. Les alliances faites dans ces conditions sont nécessairement à craindre.

Les épidémies qui parfois règnent à Haubourdin sont, pour l'enfance, la fièvre éruptive ou à boutons, et pour l'adulte, la fièvre typhoïde.

Celle-ci, peu commune dans nos environs, est souvent sporadique ou isolée, et est alors peu grave; mais la fièvre typhoïde épidémique est contagieuse et beaucoup plus à redouter. Elle ne s'est jamais produit à Haubourdin. Il y a vingt ans, on l'a vue à Santes et dans les environs.

Quant à la variole, on l'a signalée une seule fois durant le même laps de temps, et elle a sévi avec assez d'intensité. Cette remarque nous dit combien est rare son apparition.

Les cas d'aliénation mentale sont très rares à Haubourdin : on n'en a signalé aucun durant ces dernières années qui ont présenté des chaleurs excessives et de longue durée, causes habituelles des maladies de ce genre.

Plaine d'Haubourdin. — Moulins à vent. — Valeur des terres. — Prix de la journée de travail.

Située sur un point culminant, la plaine d'Haubourdin est vaste et belle. On y voit les moulins à vent de MM. Bonnel, Baratte, Brunel, François-Grégoire et Choquet, nos concitoyens.

Une fabrique d'huile, mue par la vapeur, existe sur le pavé de la maison de force de Loos; elle est la propriété de M. Crépy.

Les moulins à vent nous viennent d'Orient. Leur construction chez nous date du temps des croisades, dont bon nombre de Flamands de nos environs firent partie.

Le plus ancien est cité comme existant à Loos en 1227.

Le seigneur d'Haubourdin possédait en ce lieu, en 1699, un moulin à vent occupé par Fleurent Dujardin.

L'hôpital Comtesse de Lille avait le monopole de la mouture dans toute la châtellenie; on ne pouvait construire un seul moulin sans en avoir obtenu l'autorisation et sans payer une redevance.

C'est plus tard que l'on fit le *tordoir à huile*. L'huile que l'on fabriquait alors était de lin ou de chanvre, car la plante de colza n'a été cultivée dans notre pays que vers 1625, et l'œillette en 1700.

Trente ans après, on fait usage de l'huile pour éclairer les rues de Lille; jusque-là, on ne brûlait que de la chandelle dans les habitations.

L'huile épurée n'a été inventée que vers 1800.

La valeur des terres variait considérablement, selon leur situation plus ou moins rapprochée soit des habitations, soit des chaussées, soit des terrains marécageux.

Le rendage des fermiers se payait autrefois en denrées.

Un auteur voisin rapporte qu'à Verlinghem, en 1374, on vendait 2 bonniers de terre 149 francs d'or de France ou 74 fr. l'un (1).

(1) Le franc d'or valait alors 40 sous parisis de Flandre. Quant au bonnier, on sait qu'il équivalait à 1 hectare 41 ares 77 centiares.

Le bonnier valait, près de Lille, 90 francs. Un siècle après, à Lezennes, on le vendait 200 livres parisis.

Un bail fait à Ferrières, commune de Wattignies, en 1387, stipulait un rendage de 10 rasières de blé par bonnier, à charge de tenir la terre neuf ans en blé, neuf ans en semis de mars, et neuf ans en jachères.

L'agriculture avait alors adopté l'assolement triennal avec jachères.

En l'année 1400, la journée de travail n'était encore que de 2 sols 1/2 à 3 sols (1); mais elle augmenta progressivement jusqu'au XVIIIe siècle. De 1744 à 1790, on la fixait à 6 patards ou 7 sous 1/2. Elle varie aujourd'hui de 50 centimes à 1 franc, outre la nourriture, pour les ouvriers agricoles.

Vers 1780, les terres d'Haubourdin étaient vendues de 150 à 200 francs les 8 ares 86 centiares.

La même contenance était louée de 4 à 5 florins (5 francs à 6 francs 25 centimes).

De 1800 à 1816, la valeur des terres était du prix moyen de 300 francs les 8 ares 86 centiares (100 verges); la location, de 9 francs.

C'est ainsi que les 28 janvier, 17 août 1808 et 6 avril 1809, on achetait des terres à Haubourdin, savoir :

---

(1) Il serait difficile de dire ce que l'on pouvait se procurer alors pour 2 sous 1/2, le prix des denrées d'autrefois ne pouvant être comparé à celui d'aujourd'hui. Il était le plus souvent basé sur la nature des objets échangés.

1° 66 ares 45 centiares, pour 2,100 francs; 2° 39 ares, 750 francs; et 3° 50 ares 20 centiares, pour 2,000 francs.

Le 20 juillet même année, M. Dillies fait l'acquisition pour 1,800 francs d'un moulin à huile avec pacus, et 4 ares 43 centiares de terres.

Les bois-taillis étaient d'une valeur variable. En 1808, M. Cordonnier, brasseur, en acquérait 52 ares pour la somme de 1,000 francs. En 1813, 2 hectares 93 ares étaient vendus 5,700 francs.

Quant aux terres marécageuses ou humides, elles n'étaient presque pas cultivées, aussi étaient-elles sans valeur; l'hectare ne valait que 30 à 50 francs de location.

Aujourd'hui, les terres se vendent (les 8 ares 86 centiares ou 100 verges), savoir :

Celle des marais, 3 à 400 francs; celles de la plaine, première classe, 600 à 1,000 francs; deuxième classe, 5 à 600 francs; celles bordant la chaussée, 1,000 à 2,000 francs.

Agriculture.

Les récoltes habituelles de notre territoire sont, outre les légumes, le blé, l'avoine, le seigle, le colza, le lin et les pommes de terre.

Les 528 hectares formant la superficie d'Haubourdin, peuvent être divisés comme il suit :

Terres labourables.	300 hect.(1)	»
Jardins potagers	17	65
Jardins d'agrément.	6	45
Prés.	20	»
Pâtures.	11	85
Marais.	6	60
Bois.	93	»
Vergers.	12	20
Étangs.	4	20
Mares d'eau.	10	15
Eaux.	1	20
Fossés.	1	10
Drèves.	6	33
Avenues.	5	50
Terrains plantés	1	15
Rues, places, grands'routes, etc.	17	50
Rivières, ruisseaux, abreuvoirs, etc.	12	02
Jardins d'hospice, maisons d'écoles.	1	»
Deux cimetières.	»	30
Total égal :	528 hect.	»

(1) Voir ci-après la diversité des récoltes que produisent ces 300 hectares.

— 264 —

Produits divers.

NATURE DES RÉCOLTES.	Nombre d'hectares employés pour chaque produit.	PRODUIT PAR HECTARE en 1857.	PRODUIT PAR HECTARE en 1859.	OBSERVATIONS.
Froment	80	25 à 30 hectolitr.	31 hectolitres.	L'année 1858 a été très mau-
Avoine	40	50 à 60 id.	65 id.	vaise, à cause de la grande et
Seigle	12	25 à 30 id.	20 id.	longue sécheresse qui a donné
Colza	10	30 à 35 id.	25 à 30 id.	des produits inférieurs à ceux des
Pommes de terre	8	200 à 250 id.	100 à 125 id.	autres années. Les terres humi-
Lin (1). . . .	4	15 à 20,000 kilog.	18 à 22,000 kilog.	des et marécageuses ont, au
Betteraves . .	56	35 à 45,000 id.	45 à 55,000 id.	contraire, donné généralement
Autres. . . .	90	»	»	de bonnes récoltes.
Total . . .	300			

(1) On sait que le lin commun est une plante annuelle, dont la racine, garnie de quelques fibres latérales, pousse une tige droite, cylindrique, rameuse seulement à son sommet, et qu'elle s'élève jusqu'à 50 ou 70 centimètres. L'élégance et la légèreté de son port et son agréable verdure le font remarquer dans la campagne qu'il embellit, soit quand il commence à couvrir la terre, soit lorsqu'il étale ses belles fleurs.

La culture du lin dans nos parages est d'origine ancienne.

La manipulation du lin, qui produit la toile convenable à tant d'usages, est une industrie qui depuis des siècles fait en partie la richesse de nos campagnes.

VALEURS ET RENDEMENTS DIVERS.

Le prix de l'hectolitre de blé est de 17 fr. 25 c. en France.

Il est de 18 francs chez nous.

Il y a quatre ans, il s'élevait à 30 fr. (1)

Les pailles peuvent s'élever à 4,500 kilogrammes par hectare.

L'hectolitre de colza vaut 25 à 30 fr.; son rendement en huile est de 22 à 27 litres.

Le rendement en tourteaux est de 38 à 40 kilogrammes par hectolitre de graines.

Contributions directes.

M. Lefevre, percepteur actuel, a été nommé le 10 avril 1844.

Sa circonscription comprend les communes d'Haubourdin, Loos, Lomme, Hallennes et Sequedin.

Ses prédécesseurs étaient :

M. Bailleul, nommé en 1836; M Delannoy en l'an IX;

(1) Le prix moyen régulateur de l'hectolitre de froment a été, dans le département du Nord, durant la période des dix dernières années (1849 à 1858), savoir : 1° au mois de septembre, de 22 fr. 98 c., 2° pour ces mêmes années, de 28 fr. 57 c.

M. Pivion, en l'an VIII, et M. Flamen, en l'an V de la République.

En l'an IX (1800), le rôle des impôts de la commune s'élevait à 13,067 francs 60 centimes,
dont : 10,358 fr. 40 c. pour la contribution foncière;
1,789 80 pour celle personnelle et mobilière,
et 919 40 pour celle des portes et fenêtres.

Total égal : 13,067 fr. 60 c.

En 1829, Hanbourdin payait pour impôts, savoir :
Foncier . . . . 10,431 fr. 30 c.
Portes et fenêtres. . . . 1,361 09
Personnels et mobiliers . 2,716 25
Patentes. 2,253 73
Frais d'avertissements. . 29 95

Total : 16,792 fr. 32 c.

En 1856, le montant des rôles était de. . 54,202 77

Principal des contributions (part de l'État). 28,096 05

Centimes additionnels généraux sans affectation spéciale. 2,214 36
Fonds de secours à la disposition du ministère de l'intérieur. 129 50
Fonds de non-valeurs sur le principal des contributions 799 28

A reporter. . . 3,143 14

Report. . .	3,143 14
Fonds pour dépenses départementales. .	5,577 39
Fonds de non-valeurs sur le montant des impositions départementales. . . .	103 71
Fonds pour dépenses communales, ci . .	17,243 23

répartis ainsi qu'il suit :

Cinq centimes pour dépenses ordinaires	647	50
Instruction primaire . . .	842	88
Chemins vicinaux. . . .	1,404	80
Salaire des gardes-champêtres	950	»
Insuffisance des revenus communaux.	10,859	»
Imposition extraordinaire p^r construction de l'école. .	1,500	»
Fonds de non-valeurs. . .	430	01
Frais de perception . . .	499	02
Réimpositions.	110	02
Somme égale. . .	17,243	23

Frais d'avertissement.	39 25
Total égal. . . .	54,202 77
Attribution à la commune sur le principal des patentes	861 60

BUDGET D'HAUBOURDIN POUR 1859.

RECETTES.

NATURE DES RECETTES.	Recettes admises par le Préfet. (1)
RECETTES ORDINAIRES.	
5 centimes additionnels ordinaires.	674 »
Attributions sur les patentes de l'année précédente.	864 »
Attributions sur amendes	50 »
Id. sur permis de chasse.	150 »
Taxe sur les chiens	852 »
Droit de chasse.	51 »
Droit de location de place aux halles, foire, marchés.	300 »
Biens ruraux communaux	544 25
Location de la pêche.	166 »
Id. de pâturage.	290 »
Rentes sur l'État	1,543 »
Produit de concessions de terrains dans le cimetière.	50 »
Produit des expéditions des actes de l'état-civil.	6 »
Intérêts des fonds placés à la caisse de service.	59 »
A REPORTER.	5,590 25

(1) Ces recettes varient peu avec celles proposées par le maire ou votées par le conseil municipal.

NATURE DES RECETTES.	Recettes admises par le Préfet.
Report. . . .	5,590 25
Baux emphytéotiques (**location de terres et bois**)	691 »
1° Pour salaire des gardes-champêtres . .	1,000 »
2° Pour l'instruction primaire	864 »
3° Pour les chemins vicinaux	1,439 »
4° Evaluation en argent des prestations en nature, 3 journées.	2,800 »
5° Dépenses ordinaires obligatoires et facultatives.	10,000 »
Rétribution scolaire, école de garçons . .	815 »
Id. id. (asile). . . .	500 »
Frais de perception des impositions communales	509 »
Total des recettes ordinaires. . .	24,208 25
RECETTES EXTRAORDINAIRES.	
Impositions extraord. pour pavage . 1,500 Travaux de la rue de la Basse-Folie. 1,477	2,977 »
Total général des recettes. . .	27,185 25

DÉPENSES.

NATURE DES DÉPENSES.	Crédits alloués.	
DÉPENSES ORDINAIRES.		
Traitement du secrétaire de la mairie. . .	1,200	»
Frais de bureau de la mairie	300	»
Abonnement au Bulletin des Lois. . . .	8	50
Frais des registres de l'état-civil	78	57
Impressions à la charge des communes . .	12	»
Id. des matrices de rôles relatifs à la taxe sur les chiens, etc .	25	»
Timbre des comptes et registres de la comptabilité communale.	10	»
Remises du receveur municipal	600	»
Traitement du commissaire de police (**part de la commune**).	500	»
Salaires des gardes-champêtres	1,000	»
Remises du percepteur sur les impositions communales.	509	»
Service de sûreté	200	»
Assurances contre l'incendie	52	»
Contributions des biens communaux . . .	155	»
Entretien de l'horloge	50	»
Id. des marchés, édifices comm., etc.	600	»
Entretien des pavés	625	»
Id. des pompes à incendie et accessoires.	690	»
A REPORTER. . .	6,615	07

NATURE DES DÉPENSES.	Crédits alloués.
Report...	6,615 07
Dépense de l'éclairage	2,400 »
Enlèvement des boues	300 »
Entretien des chemins vicinaux ordinaires, y compris les prestations	3,875 »
Entretien des chemins de grande communication.	364 »
Secours à la société de musique	200 »
Ecole de musique.	200 »
Entretien du cimetière	70 »
Fonds accordés aux hospices	500 »
Bureau de charité.	1,500 »
Pension d'aliénés indigents	230 »
Traitement des instituteurs	1,615 »
Id. des institutrices.	1,300 »
Location et entretien des maisons d'écoles .	1,350 »
Achats de livres, fourniture aux élèves indigents et chauffage des écoles	600 »
Imprimés pour les rôles de rétribution scolaire	8 »
Traitement de la directrice de l'asile. . .	1,200 »
Id. du médecin chargé de constater les décès	75 »
Indemnité pour le service religieux à l'hospice : messes, saluts, prédications, administrations, etc., etc. (1).	200 »
A reporter. . . .	22,602 07

(1) Nous connaissons des indemnités plus fortes pour des services moins considérables.

NATURE DES DÉPENSES.	Crédits alloués.	
Report...	22,602	07
Logement des ministres du culte protestant.	16	»
Traitement du vicaire.	400	»
Location d'un terrain pour l'agrandissement du cimetière.	76	»
Fêtes publiques 100		
Dépenses imprévues 586,22	686	22
Annuaire départemental. 4,50		
Abonnement à divers journaux . . 25,50	30	»
Rente et revenu des herbes à payer à la commune de Noyelles	68	38
Total des dépenses ordinaires. . .	23,878	67
DÉPENSES EXTRAORDINAIRES.		
Constructions et travaux neufs . . 1,500		
Travaux de la rue de la Basse-Folie (**deuxième annuité**). 1,477	2,977	»
Total général des dépenses. . .	26,855	67
RÉCAPITULATION.		
Recettes ordinaires et extraordinaires. .	27,185	25
Dépenses id. id. . .	26,855	67
Résultat en excédant à . .	329	58

Administration des contributions indirectes.

PERSONNEL. — SERVICE DES BOISSONS.

MM. Liron, receveur de 1re classe, chargé de la perception de tous les droits constatés au profit de la régie.
Crépin, commis principal de 2e classe.
Lorriaux, commis de 1re classe.
Foujols, commis de 3e classe.

SERVICE DES SUCRES.

MM. Como, commis principal de 2e classe.
Louïse, commis de 1re classe.
Leroy, commis de 1re classe.
Laborde, commis de 2e classe.
Fructus, commis de 3e classe.
Debia, commis de 3e classe.

DOUANIERS.

MM. Chocraux, sous-brigadier.
Ducateau, sous-brigadier.
Gobin, préposé.
Drieux, préposé.

RECETTES.

Le montant des recettes, en 1858, a été de 192,690 fr. 69 centimes.

Ce chiffre est très éventuel, et s'il a été si faible en 1858, comparativement aux années précédentes, c'est que de fortes quantités de sucres ont été conduites à l'entrepôt, où les droits ne sont dûs qu'à l'époque de l'enlèvement des marchandises et acquittés à Lille. — Il en est autrement quand les sucres sortent des fabriques pour être livrés à a consommation, car alors les droits sont immédiatement payés.

C'est ainsi que de 1852 à 1856, il a été payé à notre receveur, pour ces mêmes droits, 5 à 600,000 francs par an.

NOMBRE D'HAUBOURDINOIS SOUMIS A LA VISITE DE MM. LES EMPLOYÉS.

59 débitants, 3 brasseurs de bière, 4 marchands en gros, 3 distillateurs, 3 fabricants de sucre, 5 débitants de tabac, 1 débitant de poudre à feu, 6 débitants de cartes à jouer et 2 horlogers.

CHAPITRE VI.

CHAPITRE VI.

1° JUSTICE DE PAIX
2° NOTARIAT;
3° BUREAU DE L'ENREGISTREMENT ET DES DOMAINES;
4° CORPS DES SAPEURS-POMPIERS. — GARDE NATIONALE;
5° MÉDAILLÉS DE SAINTE-HÉLÈNE;
6° ACTIONS GÉNÉREUSES;
7° SOCIÉTÉS ET CORPORATIONS.

Justice de Paix.

Cette institution si salutaire a été empruntée des Anglais.

Elle date chez nous du 24 août 1790.

Le tribunal de paix est le premier de tous les bienfaits de la Révolution.

Cette sublime institution procure le bien qu'on en pouvait attendre; elle surpasse les espérances; ses succès assurent la régénération des mœurs et contribuent à la prospérité du gouvernement.

Le juge-de-paix, ce magistrat populaire, était élu par ses concitoyens; il ne pouvait juger seul; il fallait qu'il fût assisté de deux assesseurs.

Cet ordre de choses fut changé par la loi du 9 ventôse an IX, qui supprima les assesseurs et prescrivit qu'en cas de maladie, absence ou autre empêchement du juge-de-paix, ses fonctions fussent exercées par un suppléant. A cet effet, chaque juge-de-paix a, depuis lors, deux suppléants.

Le droit de choisir le juge-de-paix, donné aux citoyens de sa juridiction par la loi de 1790, fut réduit par le sénatus-consulte du 16 thermidor an X (4 août 1802) à celui de présentation de deux candidats à l'Empereur, qui choisit celui des deux qui lui paraît le plus digne.

La nomination des suppléants a lieu dans les mêmes formes.

NOMS DES JUGES-DE-PAIX QUI ONT OCCUPÉ LE SIÉGE D'HAUBOURDIN ET DATES DE LEURS ENTRÉES EN FONCTIONS.

MM.
1 J.-B.-Albéric Blondeau, élu le 23 novembre 1790 (1)
2 Jean-Baptiste Cordonnier, élu le 18 novembre 1792
3 Amable Magret, élu en 1794
4 Bresol, nommé en 1801
5 Eugène Blondeau, idem 1816
6 Bonaventure Sy, idem 1832
7 Célestin Sy, idem 1833
8 Hippolyte Truche, idem 1846
9 J.-Bapt. Tierce, titulaire actuel, idem 1847

(1) M. Albéric Blondeau fut l'un des Haubourdinois les plus recommandables de l'époque.
Il coopéra puissamment en juillet 1789, à la formation de notre garde natio-

GREFFIERS DE LA JUSTICE-DE-PAIX.

MM.
1 Pierre Debloy,   nommé en 1790
2 Grandel, ex-chanoine,   idem   1795
3 Ghémar, ex-curé de Santes,   idem   1797
4 Empis, ex-avoué,   idem   1803
5 Eugène Blondeau,   idem   1804
6 Hippolyte Robart,   idem   1806
7 Benjamin Fleurkin, titulaire actuel, idem   1824

Notariat.

L'institution du notariat remonte aux temps les plus reculés.

Elle doit être attribuée aux progrès de la civilisation.

Chez les Romains, les fonctions de notaire étaient remplies par la plus haute noblesse. — Le premier *écrit* se nommait *minute* sous l'empereur Justinien; le second *écrit*, que le tabellion mettait lui-même au net, était la *grosse*.

nale. Nommé juge-de-paix, il en remplit pendant deux ans les fonctions bien arides et difficiles alors, à la grande satisfaction de ses concitoyens.

Il fut ensuite élu deux fois électeur et administrateur du conseil-général du département du Nord ; puis appelé à la place de membre du conseil général du district de Lille, enfin nommé juge du tribunal dudit district.

En France, et jusqu'à la fin du règne de saint Louis, les notaires ne conservaient point les minutes.

Ces fonctionnaires publics perdirent à la Révolution de 89 d'honorables priviléges; mais la loi du 25 ventôse an XI rendit au notariat le rang qu'il devait occuper dans la société.

Il y a quatre notaires dans le canton d'Haubourdin ; un seul réside au chef-lieu.

Celui actuel est M. Charles-Désiré-Augustin-Chrisogone-Joseph Béghin.

Ses prédécesseurs connus, selon nos recherches, furent:

MM.

1	Pierre Leroy,	institué en	1621
2	Pierre Duthoit,	idem	1630
3	Claude Sauvaige,	idem	1674
4	Jacques Muteau, demeurant à Santes,	idem	1679
5	Jean-Baptiste Carpentier,	idem	1723
6	Gabriel-Valentin Carpentier,	idem	1757
7	Jean-Baptiste-Joseph Cousin,	idem	1810
8	Henri-Joseph Coppin,	idem	1828
9	Charles Béghin,	idem	1851

Bureaux de l'Enregistrement & des Domaines.

Ces mots étaient connus autrefois sous la définition de *Contrôle des Actes*.

L'origine de *l'insinuation* vient de Constantin, qui la prescrivit pour les donations entre vifs, afin de remédier aux fraudes pratiquées au préjudice des créanciers.

Justinien institua l'usage de la *formule* pour les notaires de Constantinople ; ces deux précautions firent naître, paraît-il, l'idée de celle du contrôle des actes.

Le but du contrôle n'était pas purement fiscal; la formalité avait aussi pour objet de constater la date des actes et de leur donner plus de force et d'authenticité. Il fut établi en France, par édit de Henri III du mois de juin 1581.

Un autre édit donné par Louis XIV rendit générale la formalité du contrôle, qui prit sous les rois suivants une grande extension.

Le droit de contrôle a été aboli par l'article 1er du décret du 19 décembre 1790 et par la loi de février 1791. Ces deux lois leur ont substitué deux attributions qui subsistent encore aujourd'hui, sous les dénominations de *Droits d'enregistrement et de timbre*.

Le bureau d'enregistrement d'Haubourdin fut créé dans les premières années de la République.

NOMS DES RECEVEURS ET DATES DE LEUR NOMINATION.

MM.
Godefroy,   nommé en l'an V de la République
Ardent du Picq,   nommé le 21 décembre 1811
Duchatelet,   — le 13 décembre 1813
De Fontaine,   — le 1er septembre 1828
Wable-Brun,   — le 7 juillet 1830
Cornet,   — le 15 janvier 1835
Plouvain,   — le 7 mars 1838
Sy,   — le 21 septembre 1847
Dary,   — le 22 novembre 1851
Thomas, titulaire actuel, — le 21 août 1856

Corps des Sapeurs-Pompiers.

Il y a près de deux siècles que des Haubourdinois remplissent les fonctions de pompiers.

A la date du 25 juillet 1686, les bailli, mayeur et échevins de la vicomté font une déclaration ainsi conçue :

« *Une dépense est faite chaque année pour l'entretien*
» *des échelles, sceaux et autres ustensiles pour s'en servir*
» *en cas de feu de meschef.* »

En 1776, la commune fait l'achat de deux pompes, au sieur Antoine, plombier à Lille, pour le prix de 960 livres. Elles ont fonctionné jusqu'à la fin de l'année dernière.

Le 11 septembre 1783, MM. Cordonnier et Faroux font la reconnaissance du matériel, lequel consiste en 2 pompes, 9 échelles, 6 crochets, 90 seaux.

Dès cette dernière époque, le service des pompes fut fait par un certain nombre d'Haubourdinois, choisis de préférence parmi les ouvriers d'art.

Dans les premières années de la République, le maire, sur le vu de la lettre que lui avait adressée M. le préfet, le 23 frimaire an VII, rédigea un règlement d'organisation pour le service en cas d'incendie.

L'article 1er était ainsi conçu :

« Il est établi en cette commune une compagnie de pompiers, commandée par un chef (brigadier), divisée en deux brigades, commandées chacune par un sous-chef (sous-brigadier). »

Ce document émanant de l'administration municipale rend justice aux habitants qui ont jusqu'alors, dit-il, fait le service avec zèle et courage, en se portant avec la plus grande exactitude aux incendies.

Les troubles révolutionnaires n'étaient point de nature à altérer le désintéressement des pompiers Haubourdinois ; un sinistre était-il annoncé *d'une commune voisine*, ils s'y transportaient avec leur matériel.

Un fait de cette nature est constaté par la note suivante, déposée aux archives de la mairie. En voici le texte :

« État de ce qu'il ay du au sitoien Louis Tellier, caba-
» raitiez *au Lion dor* Au bourdin pour delivrance qui la
» fait le 20 pluvios l'an 8, à le ponpiè d'Aubourdin par
» ordre du sitoien Magret.

» Le 20 livrés 20 pot bier	5	00	00
» Le 20 livrés 4 potez d'au de vie	1	00	00
Total porte six frans	6	00	00

« Vu par l'administration municipale d'Haubourdin ;

» Considérant que cette dépense a été nécessitée uniquement pour désaltérer les pompiers qui ont travaillé à éteindre le feu qui a eu lieu *à Emmerin*, le 20 pluviôse, 8 heures du soir, à qui il n'a été rien accordé pour gratification ou reconnaissance pour cet objet par les agents municipaux de cette dernière commune ;

» Ladite administration arrête :

» Ouï le commissaire du gouvernement, que le montant du mémoire sera payé par le percepteur, etc.

» A Haubourdin, le 28 pluviôse an VIII.

» Signé B. BROVELLIO, P.-J. POLLET, NORY, F. BECQUART, RASSEL, WICART, commissaire, et DELANNOY, greffier. »

Le 28 pluviôse an IX, le conseil municipal dit que les accessoires des pompes sont en mauvais état ; que les échelles sont dispersées ; qu'on en a trouvé dans la cour du château de l'émigré Blarenghien (1) lors de la démolition des bâtiments, etc., et décide qu'il sera acheté vingt-cinq seaux neufs pour en porter le nombre à 100, lesquels seront déposés à la mairie et à l'hospice pour le service des pompes qui s'y trouvent ; qu'il sera fait quatre échelles de trente-sept pieds chacune, lesquelles seront, avec les crochets, enchaînées et cadenassées.

Napoléon Ier s'occupa du service des sapeurs-pompiers dans ses vastes États ; il chargea son ministre de l'intérieur d'un travail important à ce sujet, et par acte du gouvernement en date du 17 mars 1812, l'organisation des gardes-pompiers fut décrétée pour tout l'Empire.

Le 17 mai suivant, M. le préfet du Nord appelle l'attention de M. le maire d'Haubourdin sur la nécessité d'organiser dans sa localité une compagnie de pompiers.

Ce corps fut établi, peu de temps après, par les soins vigilants de M. le comte D'Hespel de Guermanez, maire ; il se composa d'hommes réunissant la force à la probité, ayant la connaissance de la construction ou la pratique des métiers qui s'exercent sur le bois et les métaux.

M. Étienne Wicart, ex-officier du génie, filateur de coton, fut nommé capitaine de la compagnie ; M. Poullet, lieutenant, et M. Cochez, sous-lieutenant.

Des réglements relatifs à l'administration du corps furent successivement proposés ; le premier que l'on trouve

---

(1) Ce château se trouvait derrière la propriété de M. Deledeuille, médecin, sur le territoire de Sequedin.

revêtu de l'approbation de l'autorité locale et de celle de M. le comte D'Hespel, en sa qualité de chef d'état-major des gardes nationales du département du Nord, porte la date du 22 juillet 1816.

Le 11 mai 1821, le conseil municipal élève de 300 à 400 francs la dépense annuelle des pompes, dont l'entretien et le bon état sont maintenus par *la belle compagnie* d'Haubourdin.

Cette compagnie, dit le conseil, qui a acquis tous les droits à la reconnaissance de l'administration et des habitants, est souvent forcée à des dépenses que son service exige; ce généreux dévouement serait porté à l'excès, si on n'accordait pas le remboursement de la dépense occasionnée par l'entretien des armes et la gratification aux fifres et tambours.

M. Wicart donna sa démission à la fin de 1840.

Le 13 juin 1841, M. Désiré Gahide, capitaine en retraite, chevalier de l'ordre impérial de la Légion-d'Honneur, fut élu en son remplacement.

M. Mariage, maître charpentier, fut pourvu le même jour de la charge de lieutenant.

Une lettre du 20 du même mois de juin, de M. Saint-Aignan, préfet du Nord, à M. le maire d'Haubourdin, constate que la présence et le zèle des pompiers d'Haubourdin, accourus le 9 du susdit mois à la maison centrale de Loos, qu'un grave incendie menaçait d'envahir tout entière, ont prévenu le désastre que l'intensité du feu rendait fort redoutable.

Le 9 novembre, même année, le conseil municipal vote une somme de 900 francs destinée à l'achat de trains neufs, échelles et autres objets relatifs au matériel des pompes.

La compagnie fut organisée en corps municipal, par arrêté du 2 novembre 1843, approuvé par le ministre, le 7 septembre 1844; MM. Gahide et Mariage furent confirmés dans leurs grades.

Dans sa session de mai 1844, le corps municipal exprime hautement la satisfaction que lui cause le zèle et la bonne tenue de la compagnie, et adresse des éloges au capitaine Gahide, qui a contribué puissamment à donner une bonne organisation au corps qu'il commande.

A la date du 11 mai 1849, le conseil vote une somme de 1,380 francs pour la dépense approximative du renouvellement des uniformes de la compagnie.

Le chef du corps, M. Gahide, mourut le 2 avril 1857.

Quelque temps après, la compagnie fut dissoute, dans des circonstances indépendantes de la volonté de l'administration.

Un décret de l'Empereur, en date de novembre 1858, ordonna la réorganisation du corps et nomma:

1° Capitaine-commandant, M. Pascalin, chevalier de l'ordre de la Légion-d'Honneur, capitaine d'infanterie en retraite (démissionnaire);

2° Lieutenant, M. B. Lefevre, ex-sergent-major d'artillerie, percepteur des contributions directes.

Mais un autre décret du 31 décembre 1859 nomma :

1° M. Lefevre, capitaine, en remplacement de M. Pascalin ;

2° M. Alexandre Merlin, lieutenant ;

3° M. Henri Choquet, sous lieutenant.

Et pour donner au corps des sapeurs-pompiers une nouvelle preuve de sa reconnaissance et de sa sympathie, le conseil municipal, sur la proposition de M. le maire, après avoir décidé l'achat de deux nouvelles pompes à incendie, vota une dépense de 2,000 francs destinés au paiement des uniformes neufs des hommes à incorporer dans la nouvelle compagnie.

Parmi les médailles ou mentions honorables décernées à nos pompiers pour leurs actions courageuses, nous citerons celles ci-après :

1° M. Mariage, sergent, reçoit une médaille d'argent pour s'être signalé à l'incendie qui eut lieu en la maison centrale de Loos, le 9 juin 1844 ;

2° M. Cambron père, sergent, est gratifié d'une médaille semblable, pour le même fait ;

3° Le caporal Dhullu,

4° Le caporal Hyacinthe Dô,

5° Et M. Vincent Liénart, brasseur,

Sont l'objet de mentions honorables pour services rendus lors du même incendie

6° M. Hippolyte Delannoy, sergent,

7° M. Carrette père, sergent-fourrier,

Sont favorisés chacun d'une médaille d'argent de 2e classe, en récompense de leur courageuse conduite à l'incendie qui éclata le 27 janvier 1844, dans la ferme du sieur Alexandre Léon, d'Haubourdin (1) ;

8° M. Hyacinthe Dô, sergent, est le sujet d'une mention honorable, pour ses services au même incendie.

9° Quelques années plus tard, enfin, M. Legrain père, sergent-major, obtient du gouvernement une médaille d'argent, en récompense des bons et longs services rendus par lui à la compagnie.

Garde nationale.

Cette force publique existait à Haubourdin bien avant la Révolution de 1789.

En octobre 1764, en exécution de l'ordonnance du maréchal prince de Soubise, commandant de la province, les mayeur et échevins d'Haubourdin formèrent le con-

---

(1) Le rapport que fit le capitaine Gahide, le lendemain de ce sinistre, contient le paragraphe suivant :

« Je dois signaler particulièrement le sergent Delannoy, premier servant de la

trôle des habitants qui devaient monter la garde. Il s'y trouvait 366 hommes, dont un tiers de sergents.

Notre milice bourgeoise fut spécialement organisée par un arrêté de ses chefs daté du 29 juillet 1789. Elle comprenait 12 compagnies de 26 hommes chacune.

Après les décrets de l'Assemblée Constituante, dont le premier est du 10 juin 1790, M. Bresol fut élu chef de légion, et M. Frioul, commandant.

Le 15 prairial an II, conformément à la réquisition de l'adjudant-général attaché à la place de Lille, la garde citoyenne d'Haubourdin fournit chaque jour vingt hommes, un officier et deux sous-officiers pour le service de l'ex-abbaye de Loos, où était établi un hôpital militaire.

Durant le bombardement de Lille, un poste existait près du pont d'Haubourdin pour le service des gardes nationaux du canton.

C'est à cette époque que plusieurs d'entre eux s'engagèrent dans les armées de la République pour marcher les premiers à la défense de la patrie.

Le 1er nivôse de l'an XIV, M. Imbert de Chéreng fut nommé chef de la première cohorte de la garde nationale d'Haubourdin.

» pompe N° 2, lequel, par son courage et son intrépidité, est parvenu à retirer d'un
» danger imminent l'un de ses camarades et à sauver la pompe d'une complète
» destruction, malgré les blessures qu'il avait reçues aux mains et aux pieds. »

En lui décernant sa médaille, le 31 du même mois de janvier, M. le ministre de l'intérieur annonce au sieur Delannoy qu'il est autorisé à la porter suspendue à la boutonnière par un ruban tricolore. Le ministre ajoute qu'il lui délivre en même temps un diplôme, afin de perpétuer dans sa famille et au milieu de ses concitoyens le souvenir de son honorable et courageuse conduite.

Au mois de frimaire de la même année, les sénateurs Rampon et Jacqueminot étaient envoyés à Lille pour réorganiser cette force publique dans notre contrée. Ils annonçaient que Sa Majesté l'Empereur et Roi, en partant à la tête de ses armées pour vaincre une nouvelle coalition, avait confié les clefs de l'Empire aux gardes nationaux des départements frontières ; ils ajoutaient que des compagnies d'élite devaient être formées, et que parmi les prérogatives qui leur seraient réservées, la plus précieuse sera celle de former la garde d'honneur de Sa Majesté, lorsque, après avoir dispersé ses ennemis du continent, l'Empereur viendra dans nos contrées reprendre les préparatifs d'une vengeance contre la perfide Angleterre.

Notre milice bourgeoise ne fut pas sourde à cette proclamation patriotique ; un certain nombre de ses jeunes gens entrèrent dans la garde d'honneur. La plupart furent incorporés dans l'armée active, car, voulant disposer des gardes nationales comme de l'armée permanente, l'Empereur fit rendre le sénatus-consulte du 13 mars 1812 qui les divisa en deux bans et appela *cent cohortes du premier ban*.

La Restauration apporta divers changements à l'organisation de cette force publique. Le roi Louis XVIII en fit l'apologie, mais Charles X lui porta une atteinte grave par son ordonnance du 29 avril 1827, qui licencia la garde nationale de Paris.

Cette garde reparut dans toute sa force, avec un éclatant enthousiasme, lors de la Révolution de 1830.

Avant, comme depuis cette époque, la milice citoyenne rend it des services éminents; elle était réellement la garantie de l'ordre public.

Lors des événements de 1848, elle donna, comme toujours, des preuves du plus grand dévoûment; dans maintes localités de notre contrée, on doit à sa vigilance, à la fermeté de ses chefs surtout, le maintien de la tranquillité.

Cette institution était digne de la grande nation qui l'a fondée; mais elle rappelait particulièrement des temps de crise. Elle a cessé aujourd'hui d'être le palladium de l'ordre social, parce que le peuple est devenu plus sage après avoir essuyé tant de secousses révolutionnaires.

Aussi, depuis le rétablissement de l'Empire, notre nouveau souverain n'a-t-il maintenu la garde nationale que dans certaines grandes villes. Aucun fait particulier n'a engagé le gouvernement à la réorganiser ailleurs : ni l'occupation en Afrique de notre armée, ni l'expédition de Rome, ni la guerre de Crimée, ni celle d'Italie, n'ont été causes de services actifs imposés à nos gardes nationaux.

Le dernier commandant de la garde nationale d'Haubourdin était M. Charles Deledeuille, d'Haubourdin, officier de santé, ex-soldat du premier empire, décoré de la médaille de Sainte-Hélène.

Son bataillon, fort de 1,000 hommes sous Louis-Philippe, comprenait les communes d'Haubourdin, Emmerin, Hallennes, Ligny, Loos, Santes, Sequedin et Wavrin.

Le deuxième bataillon était commandé par M. le comte

Adalbert d'Hespel. Il était formé des communes de Beaucamps, Englos, Ennetières, Escobecques, Erquinghem, Le Maisnil, Lomme et Radinghem. Sa force était de sept cents hommes.

Médaillés de Sainte-Hélène.

MM.
Gilles Auffray.
Martin Bouttemy.
Angelbert Brepsant.
Aimé Bridelance.
Antoine Buisine.
Pierre-Alexandre Buricz.
Louis Cambron.
Pierre-Louis Contamine.
Louis-François Cousin.
Louis-Ernest Cousin.
Adrien Crépin.
Mathieu Debucq.
Augustin Defache.
Charles-Louis Deledeuille.
Vincent Desmazières.
Louis-Séraphin Dhennin.
Pierre-François Ducarin.

MM.
Florentin Duflot.
Ignace-Louis Ghys.
Xavier Guery.
Simon Legoguey.
Étienne Legrain.
Henri Mangé.
Jean-Baptiste Martin
Monroy.
Jean Nory.
Julien Perrier.
Hippolyte Platel.
Frédéric Renaudin.
Charles-Louis Testelin.
Jean-Baptiste Vennin.
Auguste Verdier.
Jean-Baptiste Vienne.
Jean-Baptiste Vermont.

Actions généreuses.

M. MOUTON, père.

Le 14 décembre 1826, M. le comte D'Hespel, maire d'Haubourdin, fait la remise au sieur Mouton d'une médaille décernée par Son Excellence M. le ministre de l'intérieur, et sur laquelle se trouve l'inscription suivante :

« A Mouton, sous-lieutenant des douanes royales, à
» Haubourdin (Nord), pour avoir sauvé, en exposant ses
» jours, un enfant qui se noyait, le 13 juin 1826. »

M. Xavier CASTEL, boulanger, 59 ans, père de huit enfants, ex-sapeur-pompier, ex-sergent de la garde nationale.

Le 13 août 1830, il sauve un enfant de 8 ans, tombé dans la Deûle, et qui déjà était disparu deux fois.

Cette action généreuse lui fait obtenir du gouvernement une médaille portant cette inscription :

« Le ministre des travaux publics à Castel (Xavier),
» pour avoir sauvé au péril de sa vie un enfant qui se
» noyait à Haubourdin. 14 août 1832. »

Le 26 novembre 1832, Castel sauve un charretier qui se noyait avec son cheval, au pont d'Haubourdin.

Le 19 mars 1841, il retire de l'eau le nommé Vantrin; qui ne put être rappelé à la vie.

Le 28 avril 1843, même dévoûment au profit de la nommée Dubois, femme Janson, qui succombe néanmoins quelques moments après.

Le 16 novembre 1857, il sauve le petit Henri Vermont, âgé de 6 ans, tombé dans le canal à midi, en revenant de l'école ; il était disparu deux fois dans les flots, au moment où Castel le saisit pour le déposer sur la berge.

En récompense de cette dernière action, Sa Majesté l'Empereur décerne à Castel, le 21 juillet 1850, une médaille d'argent de 1re classe.

M. TURLOTTE, *fils aîné, Haubourdinois employé à la Banque.*

Le dimanche 6 août 1859, M. Turlotte venait de prendre un bain dans le canal, à la hauteur du château de M. D'Hespel ; il était habillé et se disposait à assister à la grand'messe, lorsque M. Jules Lepoutre, autre Haubourdinois, descend à son tour dans la rivière, avec son jeune neveu, Bonnel, de Roubaix. Après quelques évolutions, M. Jules et l'enfant disparaissent sous les flots, entraînés par le courant devenu d'autant plus rapide que le chômage de la Deûle existait depuis quelques jours. — Les spectateurs regardent avec anxiété, et aucun d'eux ne voit reparaître le nageur. M. Turlotte, n'écoutant que son courage, se jette à l'eau tout habillé, et est assez heureux pour saisir d'abord M. Lepoutre retenant l'enfant, mais épuisé de force ; poussé par Turlotte, il gagne la berge, et l'enfant à son tour est ramené par ce dernier, sain et sauf, aux applaudissements des personnes présentes.

M. Turlotte reçut dans la journée de la famille et des amis de M. Lepoutre les remerciements et les félicitations que lui méritait sa noble et courageuse action.

Sociétés et Corporations.

Les sociétés sont indispensables pour faire progresser la raison publique.

L'enfant, après être sorti de l'asile, de l'école élémentaire et avoir reçu l'enseignement primaire supérieur, doit ensuite pouvoir choisir telles associations qui conviennent à son âge et à sa condition.

Les Haubourdinois l'ont compris. Toujours leurs efforts individuels se sont réunis, soit pour établir des corporations utiles, agréables, instructives, soit pour former des sociétés procurant de chastes et silencieux plaisirs, propres à moraliser les jeunes gens ; soit enfin pour concourir aux œuvres charitables qui sont toujours un puissant auxiliaire pour ceux chargés de la distribution des secours du bureau de bienfaisance.

Nous allons esquisser rapidement les corporations qui existent en notre ville.

Société de musique.

La société de musique a été instituée en 1810. Ses dispositions réglementaires sont établies par un acte passé devant M⁰ Carpentier, notaire impérial à Haubourdin, le 28 octobre même année.

Elle était alors composée de 24 membres musiciens.

Son directeur était M. Fidèle Cordonnier;

Ses censeurs, MM. Ignace Delannoy, Josse Fleurkin, Louis Scoutteten, Florimond Droulers et Verdrée (1).

Depuis cette époque, le corps de musique a pris plus d'extension et n'a cessé de mériter jusqu'aujourd'hui l'entière satisfaction des familles et des autorités.

Chaque année, le conseil municipal vote une allocation en sa faveur. C'est justice. Ne faut-il pas protéger une institution aussi utile qu'agréable? Peut-on ne pas apprécier une société qui contribue puissamment à l'éclat des fêtes civiles et religieuses, et qui ne manque jamais de prêter son concours désintéressé chaque fois qu'il est question d'une cérémonie quelconque ou d'une bonne œuvre? Tout le monde n'a-t-il pas compris que la musique est une source d'émotions ineffables, exerçant son pouvoir sur les facultés de l'âme; n'est-elle pas un principe civilisateur et l'ornement de toutes les fêtes de campagne?

---

(1) MM. Louis Scoutteten, Florimond Droulers et Benjamin Fleurkin sont les seuls membres survivants aujourd'hui; M. Fleurkin est encore membre honoraire.

Au mois de mai 1825, la société se réorganise sous le titre de *Corps de musique militaire*, attaché au service de la garde nationale, dont elle prend l'uniforme à ses frais.

La commune vote en même temps une allocation extraordinaire pour subvenir à l'achat d'instruments.

Au mois de mars 1844, le conseil municipal s'occupe plus spécialement, sur la demande de M. le maire, de la situation du corps de musique. A cette occasion, le rapporteur d'une commission, M. le comte d'Hespel, s'exprime à peu près en ces termes :

« La commune suit toujours avec intérêt les efforts que fait la société de musique pour se perfectionner, et elle contribue à lui en fournir les moyens. On se plaît à constater et les succès qu'elle a obtenus et le zèle avec lequel elle prête son concours toutes les fois qu'il peut être agréable aux habitants. On applaudit particulièrement à l'établissement d'une école de chant pour les enfants. Cette institution produit les plus heureux résultats.

» On a reconnu depuis longtemps que le goût de la musique, surtout l'usage des chants sacrés, contribuaient à adoucir les mœurs des populations. La Suisse et tous les États de l'Allemagne enseignent la musique dans leurs écoles primaires, et il est honorable pour la commune d'Haubourdin d'être une des premières à suivre un pareil exemple. »

MÉDAILLES.

La société, dans la personne des membres ci-après, a obtenu, savoir :

MM. Testelin-Beele, à Lille, en 1827, 1er prix; Auguste Labbe, à Mouscron, en 1837, 1er prix; Caulier père, à Mouscron, en 1837, 2e prix; Crespin, à Mouscron, en 1837, 3e prix; Dumon père, à Fournes, en 1838, 2e prix; Louis Labbe, à Marchiennes, en 1840, 1er prix; Rollin, à Marchiennes, en 1840, 1er prix; Poullet père, à Tournai, en 1841, 1er prix; Lemaire, à Tournai, en 1841, 2e prix; Voiturier, Lille (anniversaire du bombardement), en 1842, 1er prix; Cappelle, à Mouscron, en 1842, 1er prix; Lheureux, à Armentières, en 1844, 1er prix; Charlemagne Beaurepaire, à Wazemmes, en 1844, 1er prix; Beaurepaire père, à Bailleul, en 1844, 2e prix; Bodoux, à Lille, en 1845, 1er prix; Jean-Baptiste Cordonnier, à Warnéton, en 1847, 1er prix; Cambier, à Wazemmes, en 1851, 3e prix; Cambier, à Lille, en 1854, 3e prix; Dutilleul fils, à Wazemmes, en 1854, 3e prix; Burie, à Carvin, en 1855, 1er prix; Mangé, à Esquermes, en 1855, 1er prix; Charles Beaurepaire, à Lille, en 1856, 3e prix; Cambier, à Wazemmes, en 1856, 3e prix.

Concours de musique et fêtes musicales.

Depuis 1838, ils ont lieu de deux ans en deux ans, dans le parc de M. le comte d'Hespel.

En 1858, le 18 juillet, un concert est donné dans les jardins du château de M. Menche, maire.

MEMBRES EXÉCUTANTS.

MM. Brespsant, chef, chevalier de la Légion-d'Honneur, décoré de la médaille de Sainte-Hélène, auteur et compositeur de musique; Beaurepaire père, Beaurepaire fils, Bodoux, Charlemagne Beaurepaire, Baumann, Burie, Cappelle, Cambier aîné, Cambier cadet, Caulier père, Caulier fils, Jean-Baptiste Cordonnier, Crépin, Datiche, Depadt fils, Dutilleul fils, Dumon père, Dumon fils, Facomprez, Auguste Labbe, Louis Labbe, Lemaire, Leleu, Lheureux, Mangé, Poullet père, Poullet fils, Rollin, Alexandre Testelin, Dieudonné Testelin, Voituriez, Warin, Lemarre, Forge. Total : 34.

MEMBRES HONORAIRES.

MM. Derbigny, François-Grégoire, Baumann, Menche, Brame, Mme Butin, Jules Bigo, Liénard Deledeuille, Pitoux, Duverdyn, Benjamin Fleurkin, Tierce, Mariage, Béghin, Schoutteer, Adolphe Bonzel, Émile Bonzel, Crépy, Dominique Choquet, Hyacinthe Dò, Cottignies, Rincheval, Henri Cuvelier, Deleforterie, Buisine, Durnemann, Dutilleul père, Pélicier, d'Hespel, Mme Lepoutre, Lefèvre, percepteur; Brice, Octave d'Hespel, de La Grandville, Verley frère aîné, Louis Bonnel, Butin, Charles Tellier, Thomas, receveur; Brunel, Valery, Caulliez-Lantoing, Paul Hochart et Ernest Blondeau. Total : 44.

Société du Cercle.

Elle a pour objet la réunion d'un certain nombre de citoyens paisibles et honorables, n'ayant d'autre but que de passer agréablement leurs loisirs par le délassement du jeu, de la lecture, des causeries familières; d'entretenir une franche amitié par des rapports plus faciles, et de procurer aux étrangers une réception convenable.

Elle fut constituée le 30 septembre 1852; son règlement est revêtu de l'approbation de M. le préfet.

Son local comprend une maison avec jardin, située rue du Petit-Pavé.

Le nombre de ses membres est de quarante à soixante.

Parmi les banquets qui ont eu lieu dans le local des réunions, celui du 15 octobre 1855 fut signalé par plusieurs journaux de Lille. La Commission du Cercle en a fait à M le maire le simple récit dans les termes suivants:

« M. le maire, ainsi que notre président vous l'avait déjà

» annoncé, nous avons l'honneur de vous informer que
» notre fête anniversaire a eu lieu hier 15 de ce mois.

» Après avoir assisté à une messe chantée à dix heures,
» 225 kilogrammes de pain ont été distribués, dans le
» local, aux pauvres, par deux sociétaires membres du
» bureau de bienfaisance.

» Puis un modeste repas nous a tous réunis à la même
» table ; il avait lieu par souscription, pour célébrer les
» triomphes des armées françaises en Russie.

» Un seul toast a été porté par le président : *A l'Empe-*
» *reur ! A l'armée !*

» La compagnie s'est bien amusée, et sa réunion lais-
» sera ici, nous l'espérons, d'agréables souvenirs.

» Vous jugerez peut-être opportun, Monsieur le maire,
» de donner connaissance à M. le préfet, de cette petite
» fête dans laquelle étaient placés comme en un même
» faisceau *la France, le pauvre et la famille.* »

Société de Saint-Simon.

La Société dite de Saint-Simon a son siége dans une des salles de l'auberge ayant pour enseigne : *A la ville de Boulogne.*

Elle a été formée en 1832. Le nombre des sociétaires a varié de douze à quinze, et n'a jamais dépassé ce nombre.

Le but des membres est de se réunir, afin de s'amuser et se délasser.

Société de secours mutuels.

Une société de secours, ayant pour patron saint Jean-Baptiste, fut fondée à Haubourdin en 1844, le 2 janvier, au cabaret *la Fleur-de-Lys,* par M. Ad. Bonzel, qui l'a dirigée jusqu'au 31 décembre 1853.

La mise hebdomadaire de chaque sociétaire est de vingt centimes. — Les secours accordés aux malades sont de un franc par jour.

Le nombre des sociétaires dépassait le chiffre de 100.

Durant cette période de 1844 à 1853, les recettes se sont élevées à . . . . 6,594 fr. 90 c.

On a payé, savoir :
Pour journées de maladie. . . . 4,719 fr. 90 c.
Pour le traitement des employés. . 1,172   20
Pour émoluments du médecin. . .   700   »

Total des dépenses équivalentes. . 6,592 fr. 10 c.

Par son arrêté du 16 avril 1853, M. le préfet approuve les statuts de la Société, et par décret en date du 17 mai même année, l'Empereur nomme M. Dieudonné Testelin président de la Société.

Nous nous plaisons à constater que depuis cette époque, la classe ouvrière a mieux compris encore les bienfaits de cette association, qui reposent sur le travail et sur l'épargne. — Elle sait qu'il est bien préférable de devoir à soi-même son repos et son bien-être.

Aussi la bienfaisance du gouvernement de l'Empereur et celle des classes aisées d'Haubourdin sont-elles venues donner à l'institution leur concours moral et financier, dont le résultat vient de placer aujourd'hui la Société de saint Jean-Baptiste au premier degré de prospérité parmi toutes les sociétés de ce genre existant dans le département du Nord, si nous en exceptons toutefois Douai et Marcq-en-Barœul, dont l'encaisse est de quelque peu supérieur.

Les chiffres ci-après parlent d'eux-mêmes pour établir cette prospérité.

A la date du 1er juillet 1859, le nombre de sociétaires participant est de 320 (1).

Celui des membres honoraires de 44.

(1) Dans ce chiffre ne sont pas comptés dix-huit jeunes gens récemment appelés au service militaire, et dont la plupart sont allés avec notre vaillante armée ceuillir leur part de lauriers sur le sol de l'Italie.

L'encaisse s'élevait à la somme de. . .   4,308 44
Le fonds de retraite, au 31 décembre 1857,
   était de 3,079 45
La subvention de l'État s'est élevée à 1,375 »
Les versements par la Société, à. . . 2,000 »   6,632 75
Les intérêts capitalisés, à. . . . 178 30

               Total de l'actif. . . 10,944 19

Dans cette valeur, les cotisations des membres honoraires sont entrées, savoir :

    En 1854, pour 978 fr. »
    En 1855, pour 628 »
    En 1856, pour 592 »
    En 1857, pour 608 »
    En 1858, pour 546 »

        Total : 3,352 fr. »

Société de Saint-Vincent-de-Paule.

Il a été formé à Haubourdin en 1850 une Société ou conférence de Saint-Vincent-de-Paule pour nos Messieurs.

Les dames avaient déjà la leur depuis plusieurs années.

D'un côté comme de l'autre, les œuvres ne sont pas rendues à la publicité. Bref, tous les membres justifient le titre qu'ils ont adopté, par le bien moral, religieux et matériel qu'ils font chaque jour aux familles visitées.

Société de Saint-Joseph.

Cette société a pour but de réunir les jeunes gens dans une pensée de vertu, de religion et de persévérance ; de les éloigner des plaisirs dangereux ; de leur offrir des divertissements convenables et des récréations honnêtes.

Elle se réunit les dimanches et fêtes dans une belle propriété appartenant ci-devant à M. Lebon, ex-conseiller de préfecture, puis à M. Leroy, et que quelques membres honoraires viennent d'acquérir en leurs noms pour faciliter le maintien de l'œuvre.

Société de Saint-Louis de Gonzague.

Cette association a le même but que la précédente, qui lui fournit une partie de son local. — Elle est préparatoire et admet les enfants de 12 à 16 ans. Après cet âge, ils sont présentés au président de Saint-Joseph pour leur admission dans cette société.

Ces deux sociétés furent fondées en 1851.

Réunions.

Outre ces diverses sociétés, on trouve encore à Haubourdin des réunions de jeunes gens et de jeunes demoiselles. On leur offre, les dimanches et fêtes, d'agréables distractions ; en les amusant, on sauve-garde leurs mœurs, on les forme, par des entretiens édifiants et instructifs, à l'économie, à la tempérance, aux vertus privées.

Sociétés à l'Arc.

L'exercice de l'arc était familier aux Gaulois. L'inclination de ce peuple pour cet exercice est devenue comme héréditaire dans nos campagnes.

Avant l'usage des armes à feu, une partie de l'infanterie était armée d'arcs. Les habitants des villes et des bourgs étaient même obligés de savoir s'en servir. Nos rois donnèrent des prix aux plus adroits ; de là l'origine des compagnies bourgeoises qui subsistaient encore à l'époque de la Révolution, et qui apparaissent même encore aujourd'hui.

Philippe-le-Bon aimait à se trouver aux jeux de l'arc; Henri II, Charles IX, Henri IV tirèrent de l'arc plusieurs fois. Louis XIV décocha plusieurs flèches à l'oiseau.

Chez nous, les seigneurs ou leurs baillis honorèrent tour à tour le jeu de l'arc, lors des exercices annuels où l'on faisait le roi de la compagnie.

Le plus ancien titre recueilli concernant l'établissement d'un jeu d'arc à Haubourdin, date de l'année 1599 (règne des archiducs successeurs de Charles-Quint).

Ce titre est conçu en ces termes :

« A Messieurs les comis du Roi trés chrestien ès Pays-
» Bas.

» Remonstrent les manans de Haut-Bourdin quy dési-
» rants l'exercice de l'arcq à main estre estably et authorisé
» par leur supérieur en suitte de leur commencement qu'ils
» en ont prins en certain lieu et droit, la chaussée qui maisne
» de ladite chaussée à l'Estang ou que les bersauts ont estés
» dressés qui est dudit fief et seigneurie d'Haut-Bourdin,
» cognaissant que Sa Majesté trés chrestien aurait remis
» en notre cognaissance l'entiers disposition et ordre quy
» trouver convenir en ses terres de par de cha (1) sup-
» plient que votre plaisir soit, au nom et de la part de
» sa dite Majesté leur accorder la dite place avec les fossés et
» clotures d'allentour avec l'establissement d'une confrairie
» soubs l'invocation de Dieu et St Sebastien en nombre de
» seizantes personnes et avec eux reglement qui sont éta-
» blis es lieux voisins et leur depecher lettres d'octrois. »

A la marge de l'acte, on lit ces mots :

« Accordé aux dits remontrants ce qu'ils requièrent, les-

---

(1) On appelait alors *terres de par deça* les pays situés en deça de l'Escaut possédés par l'empereur.

» quels deburont pour vente de l'héritage à eulx accordé
» paier au proufit de Majesté chacun an, la somme de deux
» florins avec mai logis de la motte.

» A Lille le VI de juin XVIIIIXX et 19.

» Signé CUVILLON. »

Cette compagnie fut belle et prospère. — Quelques années plus tard, monseigneur de La Hovardrie lui accorda de plus grands développements. Les berceaux furent placés à une distance de vingt-cinq verges. Ils étaient côtoyés par un large trottoir planté d'arbres pour abriter les confrères et embellir ce lieu de plaisir.

Les mayeur et échevins se plaisaient à être agréables aux confréries. Parmi les immunités qui leur étaient accordées, n'omettons pas de rappeler celle qui figure dans tous les procès-verbaux d'adjudication pour l'entreprise des droits d'octroi, dressés de 1706 à 1788, et consistant dans la faculté accordée à chaque confrérie d'archers et arbalétriers de faire renclore où ils s'assembleront, les jours d'honneur et qu'ils tireront l'oiseau, à faire un nouveau Roi, tous les ans, six rondelles de forte bière, sans être soumis de payer aucun impôt (1).

La Société (d'archers) était pourvue d'un étendard en soie rouge, sur lequel figurait en broderie un superbe

---

(1) Les compagnies d'archers n'ont plus d'existence légale comme ayant été supprimées par le décret du 29 septembre — 11 octobre 1791. Les biens de celles qui en possédaient ont été déclarés nationaux par le décret du 21 avril — 2 mai 1793. — Elles ne sont plus depuis lors que de simples associations d'individus qui s'assemblent dans un but d'amusement.

Saint-Sébastien, et on y lisait ces mots : *Vicomté d'Haubourdin*.

Ce bel étendard, que l'on appelait *guidon*, avait été donné aux archers d'Haubourdin par Henri IV, leur seigneur.

Il n'a point reparu après la Révolution.

Il existe encore aujourd'hui, à Haubourdin, deux sociétés d'archers.

Celle qui a son siége chez M. Dubus, cabaretier, à l'enseigne de *Saint-Antoine*, compte trente membres.

L'autre est *à la Maison-Blanche*, tenue par M. Pierre Morel ; elle est composée de vingt sociétaires.

Sociétés à l'Arbalète.

Cette arme est composée d'un arc d'acier monté sur un fût de bois, d'une corde et d'une fourchette. On la bande avec effort par le moyen d'un fer propre à cet usage.

L'invention de l'arbalète est attribuée aux Phéniciens (la Phénicie est une ancienne contrée de l'Asie.)

C'était l'arme la plus meurtrière que portaient autrefois les gens de guerre.

Les bourgeois et les manants s'en servaient pour repousser les ennemis et les pillards.

Les arbalétriers accoururent à l'armée de Philippe-Auguste, et contribuèrent au gain de la bataille de Bouvines, en 1214.

Vers 1550, l'arbalète fut remplacée par l'arquebuse, la plus ancienne des armes à feu.

De nos jours, l'arbalète, comme l'arc, forme un tir à l'usage des jeunes gens.

Depuis plusieurs siècles, il existait à Haubourdin des sociétés d'arbalétriers. Louis de Houchin, marquis de Longastre, vicomte de ce lieu, s'est plu de donner à la date du 29 août 1701 (1) à ses bons sujets et vassaux, pour les entretenir dans une bonne union, paix et concorde et contribuer à leurs divertissements, un cent de terre dans le bourg d'Haubourdin, haboutant au fief de l'arc pour y ériger une confrérie d'arbalétriers sous le titre de Saint-George, dont l'exercice, disait le seigneur, lui paraissait si noble

Il octroya en même temps un réglement comprenant vingt-sept articles, dont nous faisons grâce à nos lecteurs. Disons toutefois que les confrères étaient tenus aux charges ou à l'observation des conditions ci-après :

1° Donner au seigneur, pour reconnaissance annuelle, le jour que l'on tirait l'oiseau, trois traits dont les pointes de fer étaient dorées ;

2° Donner à chaque nouveau seigneur une arbalète, *telle dont sera lors l'usage*, avec une trousse de traits:

(1) Original d'un acte revêtu de la signature du marquis.

3° Être gens de bonne vie, fame et renommé pour être admis du consentement des rois, connestables et confrères;

4° Faire chanter une messe chaque année, le jour de Saint-Georges, et y assister ;

5° Ne pouvoir jurer, ni proférer paroles déshonnêtes ;

6° Être obligé de crier : *gare !* avant de tirer;

7° Laisser aux rois et aux connestables la faculté de choisir les tireurs pour les combats ;

8° Ne pouvoir appeler les étrangers pour boire dans la compagnie ;

9° Ne pouvoir tirer pendant les offices paroissiaux;

10° Aller à la procession les jours du vénérable et de la dédicace, avec un flambeau ou flèche en main et le tambour battant ;

11° Enfin payer 30 patards pour droit de sortie;

Le tout à peine d'amendes qui variaient de 2 doubles à 6 patards.

Cet acte fut confirmé par François de Bessuejouls, marquis de Roquelaure, vicomte d'Haubourdin, par une déclaration signée et scellée à son château d'Annezin, près Béthune, le 20 août 1779.

On trouve encore à Haubourdin trois sociétés à la *petite arbalète*.

La plus forte a ses berceaux rue de l'Église, dans le cabaret tenu par M. Richard, ayant pour enseigne *à Saint-Georges*.

La seconde se trouve au cabaret du *Bon-Coing*, occupé par Alexandre Delannoy;

Et la troisième a son siège chez le sieur Carton, cabaretier, *à la Vieille-Garde-de-Dieu*.

Société chorale.

Enfin, pour compléter cette série de corporations aussi utiles qu'agréables à la population haubourdinoise, on formé en ce moment une société chorale, qui se compose déjà de trente exécutants, dont la plus grande partie appartient au corps musical.

Le président de cette Société est M. Fichaux père.

Elle est dirigée par M. Brepsant, chef de musique.

Ses réunions ont lieu chez Delannoy, à l'*Estaminet du Bon Coing*.

CHAPITRE VII.

CHAPITRE VII.

1° ABBAYE DE LOOS;
2° NOMS DES ABBÉS DE LA VÉNÉRABLE ABBAYE DE NOTRE-DAME DE LOOS DEPUIS SA FONDATION JUSQU'EN 1792;
3° NOTRE-DAME DE LOOS, DITE NOTRE-DAME DE GRACE; PÈLERINAGE; SON ORIGINE.

Abbaye de Loos.

Thierry d'Alsace était parvenu au comté de Flandre en l'année 1128.

Six ans après, il perdait sa première épouse, nommée Swanechilde, puis il prenait pour femme Sibylle, fille du comte Foulques d'Anjou, roi de Jérusalem.

En ceignant sa couronne comtale, Thierry avait juré de consacrer tous ses soins au bonheur de son peuple; aussi sut-il se faire aimer des petits et respecter des grands.

Sibylle était une femme d'une haute piété et d'un savoir rare pour l'époque. Dans une de ces fréquentes extases où la jetait souvent l'amour divin, Sibylle, un jour disait au comte de Flandre :

« Beau sire et très aimé seigneur, j'ai vu le désert

» fleurir et les lis éclore au milieu des épines ; mon œil a
» découvert les voies cachées de Dieu dans la solitude;
» c'est-là que sont assis, dans la paix de leur cœur, ceux
» qui ont été délivrés des tribulations du monde. Ne vous
» plairait-il point d'attirer sur vos États les bénédictions
» du Ciel, en construisant dans le voisinage de cette ville
» (Lille) un saint monastère, où des moines prieraient
» pour le salut de votre âme et celui de votre humble
» servante? — Cela me plairait très fort, avait répondu
» le vieux comte, et, je vous jure, par saint Thierry, ma
» dame et maîtresse, que j'y songerai. »

Le comte de Flandre avait d'abord à remplir un devoir plus urgent. Sur la demande que lui fit son beau-père, il partit pour les Lieux-Saints avec bon nombre de chevaliers flamands. Revenu après cette croisade en Flandre, en l'année 1138, il prit les dispositions pour réaliser son vœu, et écrivit à cet effet au puissant abbé de Clairvaux, saint Bernard, pour l'inviter à venir choisir le lieu le plus propice à l'établissement religieux qu'il devait fonder.

Bernard s'empressa de se rendre au vœu de Thierry. — Il arriva à Lille avec un certain nombre de cénobites destinés à l'aider dans l'établissement du nouveau monastère.

Disons deux mots sur ce qui se passait le jour de l'arrivée du saint abbé dans nos parages.

« La cité flamande, dit M. Cordier, de Tours, était en grand émoi ; nobles, bourgeois et vilains se portaient en foule vers la porte de Tournai, par laquelle devait entrer processionnellement la troupe des pieux solitaires que le clergé, croix levées et bannières au vent avait été attendre sur le village de Fives, à un quart de lieue de la ville. Le comte, lui-même, accompagné de Thomas Becket, archevêque de Cantorbéry, avait été au-devant du saint abbé, dont la réputation de docteur et de thaumaturge se répandait déjà de tous côtés.

» Dès que les chants sacrés annoncèrent l'approche des religieux, la foule s'émut.... *Voici le saint!* s'écriait-on; *voici l'envoyé de Dieu!*

» Bernard était un homme de quarante ans; sa figure, comme celle de tous les gens voués à la solitude, avait une expression grave et austère, qui rappelait assez bien les traits doux et recueillis que les peintres donnent à saint Bruno, le fondateur de l'ordre des Chartreux. Son front était haut et découvert, son œil vif et perçant, quoique souvent voilé par une paupière pieusement abaissée.

» La coupe hardie de son visage avait quelque chose de noble et de majestueux qui faisait deviner l'âme ardente du chevalier bourguignon sous l'humble froc du moine de Cîteaux; son costume se composait d'une robe de laine blanche, dont les larges manches, correspondant à l'ampleur des plis, relevaient encore l'imposante beauté de ce vêtement monacal.

» La tête rasée du religieux portait une couronne de cheveux noirs qui ajoutait à la majesté de sa taille et à la modestie de son costume. Des sandales de cuir, grossièrement taillées, étaient attachées à ses pieds nus par des courroies, et un bâton noueux, cueilli sans doute dans les bois voisins de Clairvaux, soutenait ses pas fatigués de la longueur du chemin qu'il venait de parcourir.

» — Soyez le bien-venu dans notre comté de Flandre, ô mon très révérend père! s'écria Thierry d'Alsace, qui, descendu de son palefroi, s'était précipité aux pieds du saint voyageur pour recevoir sa bénédiction. Voilà que tout ce que je possède est à vous. Venez, choisissez parmi nos vastes domaines le vallon le plus solitaire et le plus fertile.

» L'abbé de Clairvaux, qui avait pour les vallons autant de prédilection que saint Benoît pour les collines, trouva fort à son goût les bords déserts de la Deûle, et résolut d'y bâtir le monastère.

» — Voilà, ma noble dame, dit-il à la comtesse de Flandre, un lieu bien retiré qui convient aux enfants de la solitude. Si tel est le bon plaisir de Monseigneur votre auguste époux, je pourrai dessécher ces marais, défricher ces terres, et fonder en cet endroit la silencieuse et active colonie de moines cisterciens qu'il désire posséder en ses États.

» — Votre vouloir, mon révérend père, est le nôtre, répondit Sibylle d'Anjou. »

Or, les terres en question avaient été concédées, à titre de fief, par le comte Thierry, aux sires du Duremont, d'Annekin (1) et de Prémesques; mais, vu le mauvais état dans lequel les ont mis les débordements de la

(1) Nom d'un hameau de Loos, que l'on écrit aujourd'hui *Hennequin*.

Deûle, ceux-ci ne firent point de difficultés pour les vendre à celui qui les leur avait données.

La fille du roi de Jérusalem était d'autant plus charmée du choix de ce lieu, que déjà on lui avait narré de touchantes histoires sur la Vierge qui se garde dans une des chaumières de ce village (voir l'article ci-après, intitulé: *Notre-Dame de Loos*).

C'est ainsi que le cloître fut commencé. — Maître Odo, architecte, conduisit les travaux; moines, Lillois, gentilshommes, manants du pays, tous se mirent à l'œuvre. Dom Jehan, déjà institué premier abbé de Loos par saint Bernard, ordonnait avec une activité et un courage extraordinaires les dispositions de l'édifice, qui fut bientôt achevé sans embarras ni encombre.

L'acte de donation des terres, en faveur des moines de Cîteaux, était en même temps proclamé dans les termes suivants:

« Au nom du Père, et du Fils, et du Saint-Esprit,

» Moi, Thierry, par la grâce de Dieu comte de Flandre,
» veux rendre notoire à tous présents et à venir que les
» moines de Clairvaux ont acheté pour les besoins de
» l'église de Sainte-Marie de Loos la terre de Bernard de
» Annekin, que lui-même a reçue en fief de Pierre de
» Bargas, lequel la tenait de moi. Et afin que cet acte
» demeure à perpétuité immobile et indestructible dans
» les archives de la susdite église, je l'ai confirmé pour
» la rémission de mes péchés, le scellant de mon propre

21

» sceau et de ma signature, en présence de témoins suf-
» fisants.

» Signé : Roger *de Vafrin*, Pierre de Mainil, Hugues
» de Loz, Derbald, son frère, Lambert, son fils, et Jean
» Pulcher.

» Donné à Lille, l'an mcxlvii, la veille de la Pente-
» côte (1). »

Les moines de Loos cultivaient tout à la fois la terre
et les lettres. Une partie de leur domaine fut desséché,
labouré (2). Ils amassèrent des livres, élevèrent une
bonne bibliothèque. On y voyait des manuscrits précieux
qui avaient coûté toute une vie de travail (3).

Leur existence était assez austère; à côté du double
travail du corps et de l'esprit, les pères de Loos avaient,
bien entendu, la prière et l'abstinence.

Vers minuit, la cloche interrompait leur sommeil, et
jusqu'au crépuscule ils chantaient dévotement les louanges
de Dieu. — Ils faisaient vœu de ne jamais manger de
viandes, et se contentaient de mets grossiers préparés
avec des feuilles de hêtre.

Vivant dans la plus grande pauvreté, l'abbé donnait à
chacun d'eux, outre ses habits, un couteau, une aiguille,
un poinçon, et des tablettes d'ivoire enduites de cire pour

---

(1) L'original se trouve aux Archives du Nord.
(2) Ce domaine s'étendait depuis le pont d'Haubourdin, sur la Deûle, jusqu'au territoire d'Esquermes, à la hauteur de la Planche à-Quesnoy.
(3) Un ouvrage de ce genre, dû au moine Carpentier, fut trouvé, il y a quelques années, chez M. Lelong, à Sequedin. Il est maintenant en la possession de M. le docteur Leglay, le savant archiviste.

écrire. Une chaise en paille ou en jonc formait tout leur mobilier; ils n'avaient que de dures paillasses pour reposer leurs membres fatigués; encore ne se déshabillaient-ils pas pour être plus modestement couchés et pouvoir se rendre plus tôt aux offices.

On rapporte que, dans ses vieux jours, Thierry d'Alsace se fit moine et mourut à l'abbaye de Loos, de même que son ami le seigneur de Vaucelles.

Noms des abbés de la vénérable abbaye de Notre-Dame de Loos depuis sa fondation jusqu'en 1792.

1. Jehan, institué par saint Bernard en 1146.
2. Samuel, mort en 1187.
3. Simon, mort le 8 juillet 1204.
4. Étienne, mort le 7 mars 1207.
5. Jehan de Warnêton, mort le 25 novembre 1223.
6. Guillaume de Carnin, mort le 30 décembre 1251.
7. Laurent de Thoralt, mort le 16 novembre 1269.
8. Jehan de Fresnoy, mort le 5 janvier 1279.
9. Nicolas D'Auchy, mort le 6 février 1289.
10. Robert D'Englos, mort en 1304.
11. Eustache, mort le 10 septembre 1305.
12. Jean, mort en 1310.
13. Hugues li Pers, mort en 1312.
14. Guillaume, mort en 1313.

15. Jean li Cuviller, mort le 6 mars 1331.
16. Thibault, mort le 2 août 1355.
17. Gilles de Gamans, mort le 11 septembre 1374.
18. Nicolas Maloen, mort en 1377.
19. Jacques de Crissembien, mort le 29 mai 1430.
20. Olivier le Micquiel, mort le 24 mai 1445.
21. Jacques Six, mort le 15 septembre 1460.
22. Liévin Le Mesre, mort en 1465.
23. Pierre Du Bosc, mort le 29 novembre 1490.
24. Michel Requilattre, mort en 1519.
25. Denis De Bauvin, mort le 11 juin 1546.
26. Denis Wattrelot, mort en 1547.
27. Jean Mariage, mort le 2 octobre 1557.
28. François Abeel, mort le 5 juillet 1573.
29. François Momal, mort le 19 août 1575.
30. Pierre Carpentier, mort le 20 août 1606.
31. Vincent Longuespé, mort le 19 avril 1619.
32. Jean Foucart, mort le 30 janvier 1640.
33. Jean Foucart, dit *le Jeune,* mort le 22 février 1654.
34. Antoine Duquesne, mort en 1666.
35. Gaspard Taverne, mort le 23 mai 1684.
36. Albéric Boulit, mort en 1704.
37. Ignace Delfosse (1), mort en 1735.
38. Nicolas Du Beron, mort le 17 février 1746.
39. Breton (2), mort en 1788.
40. Bilau, chassé du monastère par la Révolution : mort en exil.

(1) Auteur d'une histoire de ses prédécesseurs Il fit bâtir la nouvelle église, encore existante aujourd'hui, l'ancienne s'étant écroulée de vétusté.
(2) C'est lui qui fit construire le beau et majestueux portique de la maison que l'on voit encore sur les bords de la Deûle.

On sait que l'abbaye et ses vastes domaines furent vendus publiquement comme les autres biens du clergé.

Toutefois, le département, et ensuite l'État, conservèrent les bâtiments et quelques terrains adjacents.

Sous la République, ils furent consacrés à un hôpital militaire, et, sous le premier Empire, on tenta d'y créer un dépôt de mendicité.

Une ordonnance du roi, de 1819, transforma l'établissement dans l'état où il se trouve encore de nos jours, c'est-à-dire en une maison de force et de correction, avec une colonie pénitentiaire.

Notre-Dame de Loos, dite Notre-Dame de Grâce. — Pèlerinage. — Son origine.

La dévotion à Notre-Dame de Loos date de bien loin, et, comme pèlerinage, c'est le plus fréquenté dans le rayon de Lille.

Quelques écrivains, et particulièrement feu l'abbé Détrez, en ont fait l'historique et désigné un grand nombre de hauts personnages, qui, à diverses époques, sont venus vénérer la madone.

Voici, sur son origine, le récit d'un autre historien, tel qu'il fut fait à Sibylle d'Anjou, fille du roi de Jérusalem, notre comtesse de l'époque (en 1138) :

« La vierge de Loos fut trouvée d'une manière merveil-
» leuse, par un jeune homme nommé *Maurice*. Un jour qu'il
» était allé chasser dans les bois voisins de son hameau, il
» fut surpris par un orage. S'étant mis à l'abri sous les
» branches touffues d'un vieux chêne, dont le sommet élevé
» surpassait tous les arbres d'alentour, il en fut bientôt
» arraché par une main invisible qui le poussa jusqu'au
» pied d'un buisson d'aubépine en fleurs qui parfumait le
» voisinage.

» A peine y était-il arrivé, que la foudre tomba sur le
» chêne qu'il venait de quitter et le fendit par la moitié.
» Quelle ne fut pas sa surprise, lorsqu'après l'horrible
» fracas qui avait accompagné le tonnerre, ayant détourné
» la tête, il aperçut dans la partie du chêne foudroyé, qui
» se tenait encore debout, une petite statue de la Vierge
» environnée d'une brillante auréole. Le pauvre garçon,
» saisi de crainte et d'admiration, tomba sur ses deux
» genoux, et, prosternant son front nu sur la terre que
» lavaient des torrents de pluie, il entendit une voix qui
» lui dit :

» *Je suis la mère de ceux qui n'en ont plus et la*
» *consolatrice des affligés. Ceux qui m'honoreront en ce*
» *lieu ressentiront les puissants effets de ma protection,*
» *et me donneront le nom glorieux de* Notre-Dame de
» Grace.

» Quand la voix eut cessé de parler, le jeune chasseur
» releva la tête et vit avec surprise que les rayons de feu
» qui entouraient la statue avaient disparu. L'orage s'étant
» éloigné, il prit avec respect l'image sainte et l'emporta

» dans sa chaumière qui était voisine, et où elle reçut
» depuis les fréquentes visites des villageois émerveillés
» des prodiges nombreux qui s'opéraient par son inter-
» cession. »

La vierge resta quelque temps sur le rustique autel que le jeune homme lui avait élevé dans sa chaumière, jusqu'à ce qu'une occasion se présentât de faire construire une chapelle pour la recevoir, dans le lieu où elle fut trouvée.

C'est ainsi qu'à l'époque de la fondation de l'abbaye de Loos, la comtesse de Flandre et saint Bernard se rendirent à Loos, chez Maurice, pour y prendre la statuette et la déposer *au monastère*. Cette visite, annoncée à ce dernier, émerveilla sa vieille mère, nommée *Margot*, infirme et atteinte de cécité. Elle se jeta aux pieds de *saint Bernard*, en s'écriant : « *Mon très révérend père* » *en Dieu, je sais que vous possédez le don de faire des* » *miracles. Oh! je vous en conjure, par les entrailles de* » *la miséricorde divine, daignez me bénir et je serai* » *guérie.* » Et ses lèvres couvraient de baisers les pieds de l'illustre moine, dont la voix éloquente devait bientôt ébranler toute l'Europe.

— Femme, lui répondit Bernard, je ne suis qu'un misérable pécheur, que Dieu a tiré d'un monde corrompu et corrupteur pour le placer à l'ombre de son sanctuaire, et s'il a quelquefois daigné se servir de moi pour manifester sa puissance aux yeux de son peuple, je ne suis que l'indigne instrument de sa miséricorde, et je ne puis me glorifier des grandes choses qu'il a opérées par l'entremise de mes mains. Ainsi donc, je ne puis aujourd'hui tenter le Seigneur en le conjurant de faire un miracle; ce serait pécher contre lui par présomption. Je me contenterai de vous bénir du fond de mon cœur, vous et vos enfants.

Élevant aussitôt les yeux vers le Ciel, et étendant les mains sur la tête de la malade: *Que le Dieu trois fois saint*, ajouta-t-il d'un ton grave et solennel, *vous bénisse, et que la douce rosée de sa grâce se répande sur vous et sur les enfants de vos enfants, dans tous les siècles!*

— *Ainsi soit-il!* firent, en se signant, tous les assistants.

— *Miracle! Noël! Laus!* (1) *Je suis guérie!* s'écria soudain Margot, en se relevant; mes yeux voient aussi clair que lorsque j'avais quinze ans, et mes oreilles entendent jusqu'au moindre souffle du vent.

La madone miraculeuse fut donc portée à l'abbaye, et depuis lors jusqu'à nos jours que de conjonctures pour elle frappantes et diverses!

Rapportons succinctement ce qu'ont dit, à cet égard, divers auteurs dignes de foi.

Le parti des huguenots, dit de *la Réforme*, qui, en 1566, avait envahi nos contrées, en ravageant et pillant les églises, surprit également les religieux de l'abbaye de Loos; leurs monuments de sculpture furent brisés,

(1) L'usage de crier: *Laus!* (Loos en français), et *Noël!* en signe de liesse, était ordinaire au moyen-âge.

leurs livres déchirés et jetés au vent, etc.; mais la statue de la Vierge avait été soustraite à la rapacité des pillards; elle fut emportée dans le bois voisin et cachée sous le dôme touffu d'un tilleul. Quelques habitants, d'abord, puis ensuite le village tout entier, prirent l'habitude d'aller prier la madone, qui fut alors appelée la *Vierge des Tilleuls*, et vers la fin du xvie siècle, dit *Buzelin*, il n'y avait point dans la contrée de pèlerinage plus célèbre et plus fréquenté.

C'est à cette époque que le récit des miracles opérés au pied du tilleul attira à Loos des populations entières. Ému de ces événements, l'évêque de Tournai, *Jean de Vendeville*, au diocèse duquel nous appartenions alors, voulut s'assurer de la réalité de ces faits miraculeux. — Il envoya sur les lieux des notaires et des députés, afin de les constater et de les coucher sur parchemin (dit le Père Martin, l'hermite), ce qui fut octroyé authentiquement par des attestations de témoins ; du reste, la foi vive et confiante de ce temps-là, ne croyait pas qu'il fût possible de révoquer en doute des faits qui se renouvelaient presque d'une façon quotidienne.

Parmi les faits de ce genre consignés dans les actes des notaires apostoliques, on cite la guérison obtenue le 23 avril 1581, par Jacques Dubois, bourgeois de Lille, affligé d'une paralysie complète; celle de madame de Varennes, percluse aussi de tous les membres, et qui fut de même radicalement guérie le 20 mai même année, à la suite d'un pèlerinage au tilleul vénéré. On reconnut alors la nécessité de donner à la sainte image un oratoire plus digne et plus convenable que le tronc d'un arbre, et en 1591 ce projet fut mis à exécution sur l'emplacement de ce même arbre.

Madame de Varennes avait fourni les matériaux pour bâtir une chapelle ; Mathieu et Jean Meurisse, habitants de Loos, donnèrent le champ où le tilleul était planté. Monseigneur de Vendeville vint bénir lui-même le petit monument, et il réunit ses largesses à celles de dom Pierre Carpentier, abbé de Loos, pour l'ornementation du saint édifice. Cet abbé et ses successeurs furent alors investis du droit de nommer le chapelain chargé de recevoir les pèlerins.

La chapelle était placée à l'angle d'un chemin, près la grand'route voisine de la maison du *Bon-Pasteur*; son emplacement est aujourd'hui la propriété de madame veuve Raboisson.

C'est vers cette époque qu'il faut placer un odieux sacrilège, raconté par quelques historiens et omis par d'autres, notamment par le respectable abbé Détrez, qui dit, page 49 de son écrit sur Notre-Dame de Grâce:

« *Il demeure incontestable et solidement prouvé que la statue de la Sainte-Vierge, que l'on honore* aujourd'hui à Loos, *est physiquement* la même que celle qui a été solennellement bénie en 1591. »

L'amour de la vérité nous fait un devoir de déclarer que quelques historiens ne partagent pas cette opinion, car ils rapportent que des hérétiques, frémissant de l'importance qu'acquérait chaque jour le pèlerinage de Loos, s'introduisirent nuitamment dans la chapelle, enlevèrent la statuette sacrée, en laissant à sa place un écrit dans lequel ils se vantaient de leur larcin, en donnant les motifs scandaleux qui les avaient poussés à l'exécuter.

Le triomphe des méchants ne fut pas de longue durée, dit un autre historien; il se trouvait dans la chapelle du monastère, au-dessus de la stalle du prieur, une image exactement semblable à celle qui avait été dérobée. Dom Carpentier la fit porter solennellement dans la chapelle, et le pieux évêque Jean de Vendeville fit une seconde fois le voyage de Loos pour la bénir. Il assura aux fidèles, désolés, que la perte de la première image ne tarirait pas la source des grâces, parce que la Sainte-Vierge avait choisi cet endroit pour y être particulièrement honorée.

En 1611, le nouvel évêque de Tournai, Monseigneur Michel d'Esne, vint à son tour à Loos, et c'est lui qui *consacra*, sous le titre de *Notre-Dame de Grâce*, la nouvelle chapelle *bénie* seulement par son prédécesseur, et enrichie dans l'intervalle par les magnifiques offrandes de l'archiduchesse Isabelle et de l'archiduc Albert, son époux.

C'est en 1600 que ces augustes voyageurs, venus à Lille pour jurer sur les Évangiles de respecter les priviléges de la cité, voulurent faire un pèlerinage à Notre-Dame de Grâce; une lampe d'argent artistement ciselée, et une rente de 25 florins pour l'entretien du luminaire, furent données à l'humble chapelle par les nobles pèlerins.

En 1635, la guerre s'étant allumée entre la France et

l'Espagne, l'ennemi allait envahir notre contrée, et les habitants de Loos, pour sauver leur image chérie de la fureur des soldats, la transportèrent à Lille, dans une chapelle de la rue des Malades, et ce ne fut que quatorze ans plus tard que M. Foucard, 33e abbé de Loos, porta le précieux dépôt, accompagné d'une foule de religieux et de tout le peuple de Lille, dans une autre chapelle située sur la paroisse Sainte-Catherine.

Cependant, en 1660, la célèbre statue fut réintégrée dans son sanctuaire par M. Antoine Duquenne, abbé de Loos. La procession se fit au son de la cloche Emmanuel de l'église Saint-Étienne et aux accords d'une musique nombreuse.

La petite chapelle témoin de tant de merveilles tombait en ruines, et en 1681, M. Taverne, 35e abbé de Loos, la fit démolir, pour en élever, sur le même emplacement, une plus vaste et plus digne de la mère de Dieu.

Quelques années après, la nouvelle chapelle fut visitée par un illustre personnage.

Le prince Joseph-Clément de Bavière, archevêque de Cologne, légat-né du Saint-Siége, etc., etc., obligé de quitter ses États, vint pendant quatre ans tenir sa cour à Lille, où Louis XIV, son puissant allié, lui avait proposé de séjourner. — C'était en 1704. — Joseph-Clément voulut recevoir le sous-diaconat dans la chapelle de Notre-Dame de Grâce, à laquelle il fit, à cette occasion, de riches présents. Ce fut l'immortel Fenélon, archevêque de Cambrai, qui vint à Loos pour cette ordination extraordinaire.

Le nouveau sous-diacre passa rapidement par les différents degrés de la hiérarchie ecclésiastique, et un an ne s'était pas écoulé qu'il était sacré archevêque. Il voulut alors consacrer lui-même et solennellement la chapelle de Loos, et le 16 juillet 1707 eut lieu cette cérémonie, dont l'éclat inusité étonna les bonnes gens du village.

Le prince-prélat donna au sanctuaire son portrait en argent massif; c'était un gage de sa reconnaissance, comme ayant vu s'éteindre subitement, au moment même où il implorait Notre-Dame de Grâce, un incendie qui menaçait de dévorer le palais qu'il occupait à Lille, rue de l'Abbiette.

Lorsque les armées d'Eugène de Savoie et de Frédéric, roi de Pologne, envahirent les environs de Lille, en 1708, ce dernier, étant logé au château de Loos, donna l'ordre à ses soldats de respecter la sainte chapelle du village; mais déjà Ignace Delfosse, abbé de Loos, avait voulu, dans ce temps de guerre, que la statue miraculeuse fut transportée une seconde fois à Lille, et déposée au refuge de son monastère.

Le traité de paix de 1713 rendit au village de Loos sa bien-aimée madone.

A la Révolution, les habitants de Loos voulurent préserver de la fureur des démagogues l'image vénérée de leur patronne. Elle fut cachée et conservée avec soin par Félix Jacquart, charpentier, demeurant à Hennequin, hameau de la commune, lequel, en 1800, la remit entre les mains de M. l'abbé Schlim, ancien religieux du monastère, remplissant alors les fonctions de curé de Loos.

Ce vénérable ecclésiastique fit placer la Vierge au-dessus du maître-autel de l'église paroissiale, et, depuis cette époque, les nombreux pèlerins qui se dirigeaient autrefois vers la chapelle prirent le chemin de l'église de Loos.

C'est donc dans l'église de la paroisse que, depuis 1800, on vient vénérer la madone. Chaque jour de l'année voit arriver des pèlerins, mais surtout les lundis de Pâques et de Pentecôte; il y a foule alors, et littéralement la grand'-route est encombrée par le monde. Spectacle édifiant! La statue séculaire est le rendez-vous de toutes les âmes qui souffrent, qui prient, qui espèrent; les larmes des yeux et celles du cœur, les soupirs du regard et quelquefois ceux du remords, les anxiétés de la crainte et les ardeurs du désir viennent se mêler et se confondre devant l'autel de Notre-Dame de Grâce. Là, comme aux autres sanctuaires de Marie, on sait qu'elle est dépositaire de la grâce, trésorière du Ciel, dispensatrice de tous les dons, l'ange du bon conseil, la reine des vertus, le soutien des faibles, la consolatrice des affligés, la guérison des malades, en un mot, la source de tous les biens pour le temps et pour l'éternité.

Le pèlerinage de Loos, sans aucun doute, compte parmi les plus fréquentés du diocèse, et prime tous ceux du rayon de Lille, notamment saint Chrysole à Verlinghem, saint Piat, à Seclin, et Notre-Dame de la Treille, à Lille.

Ce genre de dévotion, nos lecteurs savent comme nous qu'il n'est pas propre à notre pays seulement. Les pèlerinages, dans l'Église, sont de tous les siècles et de toutes les parties du monde. Qui ne connaît, par l'histoire, les grands pèlerinages en Terre-Sainte, aux tombeaux de saint Pierre et de saint Paul, à saint Jacques de Compostelle en Galice, à saint Martin de Tours, à Notre-Dame de Lorette? Par là, nous ne signalons que les plus marquants; les autres se compteraient par milliers.

Les grands pèlerinages ne sont plus ce qu'ils étaient autrefois. On peut même dire, sauf quelque réserve, qu'il n'en reste guère que le souvenir. Comme suite naturelle, avec le refroidissement de la foi est venu l'abandon de ces pérégrinations religieuses et lointaines. Qu'il y a loin, en effet, des temps présents à ceux dont nous parlons! alors que l'Occident, tout entier comme un seul homme, se portait vers l'Orient, en Terre-Sainte, sur le tombeau de Jésus-Christ. La comparaison est frappante, surtout si l'on tient compte des difficultés de voyager alors et qui n'existent plus aujourd'hui; aujourd'hui, dont le trait caractéristique est la puissance, la facilité des transports, et que de l'homme à l'homme, d'un endroit à l'autre, il n'y a plus d'espace, plus de barrière.

Disons cependant que, depuis quelques années, notamment en France, il se manifeste un commencement de cette dévotion qu'avaient nos pères à visiter les Lieux-Saints. Il existe à Paris un Conseil de l'œuvre des pèlerinages, siégeant rue de Furstenberg, 6, lequel s'occupe d'organiser, chaque année, quelques caravanes. Ceux-là peuvent en faire partie qui ont de l'argent à dépenser et du temps : 1,250 francs et deux mois.

ANNEXES.

ANNEXES.

N° 1.

Percement du canal par Jean III, en 1271.

Nous, Jehans, Castelain de Lille, chevaliers, et nous li eskevin, li wit hommes, li jure et toute li communites due le ville de Lille, faisons asavoir à tous chiaus qui ces lettres verront et oront que tele est li convenence entre nous Jehan Castelain de Lille, d'une part, eskevins, wit homes, jure, et le communite de le ville de Lille d'autre part; que jou, Jehans, Castelains devant dis, doi faire faire un fosse movant de le Bassee qui viengne tresci à Habourdin a men frait et a men coust, tel que le fosses doit avoir 40 pies de deuwe à autre et 4 pies deuwe au mains en este au plus sec tans, et sis pies de voie alun les u a l'autre, pour traire les nes. Et si doi faire aussi un fosse tout en autel point et de largeue et de profondeue et autel voie que devant est dit, mouvant de Habourdin, qui viengne tresci au liu la u on doit faire portes et de larient portes desous tresci en le Deûle derriere le folie. Et tout ce fosse movant de le Bassee et venant tresci en le Deûle, si que dit est, doi jou, Jehans Castelains devant dis, faire faire et faire fuir et faire voie de ses pies a lun les u a lautre et terre livrer a men frait et a men coust, arres de le tiere dou Ries qui est a le ville, cele tiere ne doi jou mie acater, mais le fosse tout ensi que deseure est dit idoi jou faire. Et si doi le riviere devant dite frankir de winaye, de tous paiages et de toutes autres prises a tous jours et de cout frankir doi jou donner as eskevins et au Consel de le vile de Lille lettres me dame le contesse et les moies lettres et lettres de tous segneurs qui droit idemandent. Et si doi faire pais a tous ceux qui moulins ont moulans de cele riviere, si avant que li riviere portera, que on n'en demandera ni ent a le ville de Lille, et si doi oster mes moulins de Habourdin tous nes. Et si doi faire un fosse tel qui puist porter navie dou bos dou ploic movant qui veigne trescie en cele riviere. Et est asavoir que jou doi tout avant faire faire le fosse bien et souffisaument si que dit est a men frait et a men coust de le Bassec tresci a Habourdin, ançois que li vile me paice nul denier. Et pour toutes ces coses faire bien et souffisaument, si que deseure est devise, nous li eskevin li wit home, li jure et toute li communites de le vile de Lille, devons donner au castelain devant dit, quinze cens livres dartois de le monoie de flandre, par si qu'il face les coses si que devant sunt dites. Et pour cou que toutes ces coses soient fermes et bien tenues et de lune partie et de lautre, avons nous ces presentes lettres saelees de nos seaus. Ce fu fait lan del incarnation notre Segneur mil cc et sissante et onse le dioels devant le jour tout sains.

N° 2.

Acte de fondation de l'hôpital d'Haubourdin,

PASSÉ LE 24 AVRIL 1466.

A tous ceux qui ces présentes lettres voiront ou viront

Jean de Luxembourg, seigneur de St. Pol, d'Haubourdin et d'Ailly-sur-Noye, et Jacqueline de la Trimouille, femme et épouse de mondit seigneur et mary, dame des dits lieux, **salut**, et mesmement moy Jacqueline dessus nommée, quant à ce deuement et suffisamment licentiée et authorisée de mondit seigneur et mary, laquelle authorisation, j'ai prins et recheu en moy agréablement, comme il soit ainsi : que nous avons fait édifier et fonder **ung hospital**, seant en la paroisse dudit lieu de Haubourdin au lieu qu'on dit **Delecroix** et qu'est fondé à l'honneur de la Passion de notre Seigneur et de la vierge Marye, auquelle hospital avons estoré y avoir nœuf litz, sy comme les sept pour héberger les pauvres passans, pour ung nuit à une fois et les deux aultres litz pour les pauvres femmes passant, dont s'il advenait que d'aventure aucune pauvre femme accouchast d'enffant audit hospital où que mal lui prinst sy soudainement, qu'elle ponist en ce cas gésir son terme audit hospital aux despens que la dite femme pourrat pouchasser ou que ledit hospital pourrant supporter les aultres charges d'y celluy furnies accomplies, sy comme les sept pour les dits pauvres passans, furnies de laigne pottaige et aultres nécessités dont cy après serat faicte mention et ainsi fondé ung messe qu'y se dira chacun jour perpétuellement audit hospital, s'y estant fortune de guerre parquoy, les messes dessus dites ne se ponissent à chette cause dire audit hospital, en ce cas elles se diront a Lille ou ailleurs en lieu seur que nous avons estoré et estorons, en l'honneur dessus dit, pers ces présentes et l'aultre lict employé pour les dites femmes, selon que par la manière que les hommes pauvres passans auront et ausquelles pauvres passans, tant hommes que femmes, avons ordonné par les dites présentes qu'il auront leur heberges chacune nuict ung sans y coucher deux nuictz continuelles, et depuis le Toussains oront pottaige et le feu, jusques aux Paques seullement, dont pour furnir ce que dessus est dict, il y a esté et est estimé, à cinq razières tant fœves que pois pour ledit pottaige, à trois cens de fassel, deux cens de fagotz, pour chauffer les dits pauvres par le tempts dessus dit, et pour nettaier, buer les draps, trois cens de fassel, et pour les dites messes dire, paié pour vin et luminaires que livreront les ministres dudit hospital, touttes ces choses ensembles 55 livres 4 gros monoye de Flandres et pour le couchier gaerde dudit hospital qui administre les dits pauvres, comprins les fruictz du jardin d'y celle qui seront à son prouffict, pour ce lui serat apointié certaine somme de deniers par les ministres qu'à ce seront commis, selon ce qu'ils pourront adviser par le conseil de la justice dudit lieu de Haubourdin, laquelle justice nous ordonnons pour le temps advenir commettre ladite charge et avoir regardé sur d'y celui partant qui vivront nous lui commettrons, ytem pour l'entretien des ornemens, les lincheux et refections nécessaires audit hospital et maisons des Bocquel qui est censé estimé à l'advenant de 36 livres dicte monoye chacun an qui monte pour tout selon l'estimation qui est mise présentement, la (somme de) valeur **huict vingtz** livres ou environ et pour satisfaire et furnir avons mis et transporté, et par ces présentes mettons et transportons en la main d'yceulx quy par nous sur vies durantes seront commis à gouvernement dudit hospital et après nos trépas en la main de celluy ou ceulx qui seront commis par bailly et hommes de fiefz dudit Haubourdin, le lieu-fief et terres que l'on dit des Bosqués séant en la dite paroisse d'Haubourdin (le lieu fief et terres que l'on dict des) vaillable huict vingtz livres ou environ de vingt gros la livre chacun an, pour en jouir a tousiours perpétuellement lequel fief et terres dessus dites avons acquis du seigneur d'Emmerin, coust par notre mariage et lequel fief se comprend en ung lieu manoir amassé de maison mannable porte marescauché, coullombier et aultres édifices et caves avecq le jardin que l'on dit de Bauvin, tenu de Messieurs les abbés et couvent de Loz, lesquels lieux prés et eaux et herbaige de bois, vont à louaise avecq trois cens de terrain ung enclos seize cens preinez dudit lieu et quatre cens de pretz ou environ à seize livres monoye de Flandres ou environ chacun an et sy apprend douze bonniers et quatorze cens de terre appernable qui ont couru pardevant a cense à dix sept razières d'avoine le bonnier au bled et au maers l'avoine, et maintenant sont a dix nœuf razières le bonnier a bled, le bled et au maers l'avoine (1) et s'y appartient en rentes justiciables 30 livres dicte monoye ou environ, y compris les soubrentes, qui est deue chacun an sur la maison du **Cygne** audit lieu de Haubourdin, que tient à présent Hugues d'Ablain, et sy appartient trois tailles de bois qui se couppent a six ans et qui ont couru en prouffret audit seigneur de l'advenant de quinze livres dicte monoye ou environ et desquels somptuaire et autres choses dessus déclarées et qu'avons voulu ladite terre et fief de Bosquetz (2) estre tenu et chargé chacun an audit hospital demeura et demeure notre obtention le cours de nos vies durantes ; tant seulement pour nostre amour et y bailler aultre assignation pour furnir et accomplir ce que ainsi avons ordonné et ordonnons, et povoir bailler aultre terre on assignat de rente suffisamment vaillable, le pris et retenons le pouvoir de bailler quelqu'autre assignat tant que nous viverons en retenant en nos lieu ladite terre des Bosqués pour en faire notre plaisir, mais si ne l'avons faict en notre pleine vie, la dessus dite premiere ordonnance tiendra son effet et que les derniere aussi ou soit que par nous soit rappellé ou diminué, et pourrons en lieu dudit lieu des Bosquets, bailler aultres revenus pour furnir les dites charges dudit hospital ou aultres sy elles croissoient ou diminueroient, et laquelle restitution demeurer en vertu comme celle à présent, et à la conduire et gouverner après nos trépas ainsy qu'il est dit cy dessus, et a condition que chacun an, les ministres ordonnez à gouverner ledit hospital, et les revenues d'icelle seront tenus de a nous nos vies durantes ou a nos commis rendre compte et reliques des revenus et prouffitz que aura ledit hospital et après nos trépas aux bailly et hommes de fief dudit Haubourdin, et a condition aussi que tout ce que dessus et devansine, porte notre doibve

---

(1) 17 rasières de blé au bonnier de terre formaient le prix de location de cette époque.

(2) Ou *Bocquiau*. Ce nom était, au XV° siècle, synonyme de *Bocquetaux* (habitants des bois).

Cette ferme est actuellement exploitée par M. Auguste Potié.

(Note de l'Auteur).

portois, quelque intérest ou préjudice, à l'église paroissialle dudit lieu de Haubourdin mesmement que les offrandes qui se feront aux messes célébrées audit hospital seront et demeuront au prouffit, tel que les offrandes qui se feront en ladite église paroissialle, et néanmoins, les autres oblations et donnés qui se feront audit hospital à cause des reliquaires et autrement demeureront au proffict d'ycelle hospital.

Et à tout ce que dict est tenir et entretenir et mesmement, moi Jacqueline de la Trimouille dessus nommée, sur ce douement authorisé de mondit seigneur et mary, avons obligez et obligeons ladite terre des Bosquetz, ainsy qu'elle s'extend et comprend ensemble la soubrente du cigne, dessus dite sans y rien retenir saubf la condition dessus déclarée et a seigneurie hautte moyenne et basse qui y peult estre et qui doibt demeurer à nous nos vies durantes et après nos trespas au seigneur d'Emmerin dont la terre naist et vint avec ses reliefs de rentes dues à cause de la dite terre et des droits seigneuriauls qui en peuvent venier ou naistre, et lesquels ministres commis audit hospital seront tenus pour y celluy livrer homme vivant et mourant pour deserver ledit fief et dont ils seront de bailler et paier à la morte d'icelle pour relief au seigneur d'Emmerin la somme de 30 sols de tel monoye et pour les choses être fermes et stables, avons ces présentes lettres scellés de nos sceaulx et signés de nos sings manuels quy sont faictz en double, dont l'un serat baillé en notre garde et l'aure serat mise au service des hommes de fief dudit Haubourdin et pour plus grande sicureté et approbation, prions et requérons à Jacques Desmarez et François Jean de Terfferies, Jean Delobel, Guillaume Mois, Gilles Morielle, et M' Nicolas Maupard, tous hommes de fief de notre dite terre, et seigneurie de Haubourdin, qu'ils veuillent à ces présentes lettres, mettre et prendre leurs sceaux aveucq le notre, et nous, les hommes de fief dessus nommés à commandement de nos ditz tres honorez et deullez seigneur et dame et a leur requête et prière afin que tous nous fumes présens en tout ce que cy dessus et esté ordonné fait et passé avons mis et pendues nos seaulx à ces dites présentes avec le seaulx de nos dits seigneur et dame, **le vincgt quatrieme** jour du mois d'april, **l'an de grace** de notre Seigneur **mil quatre cent soixante-six**, lesquelles lettres dessus déclarées nous bailly et hommes dessus premiers nommez, certiffions avoir vues sains et entières visélées et collationnées mot après aultres, entemoin de ce avons mis et pendues nos propres seaulx à ces présentes devidimus, qui furent faictes et données le quatrième jour du mois **d'octobre l'an de grace mil quatre cent soixante-six.**

Signé Jehan DE LUXEMBOURG.
Jacqueline DE LA TRIMOUILLE.

N° 3.

COVSTVMES DE HAVBOVRDIN ET AMMERIN

Extraictes du registre au Conseil et affaires de la Chastellenie de Lille, Court et Halle de Phalempin, et seigneurie de Haubourdin et Ammerin.

Dv xviij. jour du mois de may mil cinq cents nonante-neuf, par deuant Bauduin de Croix, escuyer, seigneur de Wayembourg, grand bailly, maistre Hippolite Petipas, escuyer, seigneur de le Walle, Aduocate, Iean Cuuillon, Procureur, et Simon Cuuillon, greffier.

Le dit iour, le dit Procureur a rapporté à ce Conseil la déclaratio des coustumes et vsages des terres et seigneuries de Haubourdin et Ammerin, dérogeans à celles de la chastellenie de

Lille, à luy mise en mains par Monseigneur de Manicamp, à l'effect de les faire enregistrer au registre de ce Conseil. Lesquelles coustumes ont suiuant ce, esté ordonnées de les enregistrer audit registre de ce conseil, desquelles la teneur s'ensuit :

I. En la dite terre et seigneurie de Haubourdin, laquelle est terre tenuë de Dieu et de l'espée, et aussi en celle d'Ammerin dependant du dit Haubourdin, y a toutes voyes de poursuittes tant par plaincte à loy, saisine, mise de faict, purges, côplainte, partie formée, arrest de corps, et actios personnelles.

ij. Esdites Seigneuries est droict de maisneté et de quind, conformément à la coustume Chastellenie de Lille.

iij. Esdites Seigneuries et des cours en ressortissans, tous héritages y séans et en tenus, soit acqueste ou autrement, resortent et sont réputez comme patrimoniaux.

iiij. Comme aussi sont réputez pour patrimoniaux tous édifices et bois montans et croissans adhérans au fond.

v. Esquels héritages, édifices et bois croissans, les masles, les femelles, et à faute de masles, les femelles partissent également excluant les nepueux et niepces.

vj. Pour paruenir par lesdites femelles, nepueux ou niepces à succéder et partir esdits héritages, édifices et bois montans, est requis que pères et mères, ou grand pères et mères en disposent par partage, donation ou autrement, et qu'iceux soient passez, ou du moings recogneuz par deuant la Iustice des dites Seigneuries de Haubourdin et Ammerin, ou des Seigneuries dans les dits héritages sont tenus et mouuants.

vij. Vne personne ayant vendu vn lieu, manoir ou héritage venant de patrimoine ou acqueste, ratraicte à tistre de proximité a lieu, mais est requis que la redemande se fait sur le champ du déshéritement ou adhéritement faict et baillé, ou le mesme iour en dedens soleil couchant, à péril que ladite demande ou retraicte n'a lieu.

viij. De tous héritages vendus, droict seigneurial est deu, tel que le cinquielme denier, comme aussi est à donatio ou trâsport quâd le cas y eschet.

ix. Si quelque personne a vendu vn lieu, manoir ou héritage, et si l'acheteur, tant moings aux deniers de son marché, retient et s'oblige en quelque somme en cours de rente héritière, et que pour seureté d'icelle rente héritière, aurait rapporté le dit héritage vendu, la dite rente tient la même nature, et les masles excluent les femelles.

x. Toutes sentences ou interlocutoires rendues par Mayeur et Escheuins, peuvent rappeler par deuant Bailly et hommes de fiefs de Haubourdin, et pour relever leur dit appel ont temps de six sepmaines, et ne se pouuent icelles sentences ou interlocutoires, ny lettres de tax, de déspens, mettre en exécution durant le litige dudit appel.

xj. Toutes sentences, interlocutoires et lettres de tax rendues par Bailly et hommes de fiefs se mettent en exécution, et n'y doit avoir appellation n'y ressort ailleurs.

xij. Plainctes, saisines, mise de faict decretées, et sentences rendues, faictes sur aucuns biens et héritages, créent hypotecque, et non autres.

xiij. Si deux personnes foraines traictent l'vn l'autre par deuât la Iustice desdites Seigneuries de Haubourdin et Amrin, sont tenus respectiuement, s'ils en sont arguez, bailler caution de despens, et élection de domicile resseant sur lesdites Seigneuries, nonobstant qu'icelles ayent héritages et biens à eux appartenans sur la jurisdiction desdites parties.

xiiij. Vne personne estant caution pour autruy sur procez qui seraient meu pour auoir par le débiteur main leuée de son bien saisi, ou eslargissement de la personne estant arrestée, et que sentence fut rendue par Mayeur et Escheuins au préiudice du dit débiteur, et qu'il y eust appellation par deuant Bailly et hommes de fiefs, la dite caution ne se peut despestrer du principal fors s'il estait aussi caution des despens du procez en première instance, se peut débouter de la dite caution pour la seconde instance sur appel, et sont les appellants ou inthimés, tenus bailler nouuelle caution de despens, et élection de domicile, s'ils en sont arguez.

xv. Pour transport d'héritage, ou biens meubles et réputez pour meubles valides, est réquis qu'il soit passé et liuré effectuellement par deuant la Iustice et pour transport de lettres de rentes, combien qu'elles soient hypotecquées sur héritage et tenus des dites Seigneuries, n'est réquis qu'iceluy soit passé n'y recogneu par deuant Iustice, ains suffit de Notaire publicq.

xvj. A vne vefue droict de douaire, et de vefue coustumier de meubles par metnage est deu, combien que son traicté de mariage ne soit passé ne recogneu par deuant Iustice, mais ne crée hypotecque sur les biens du terminé.

xvij. Représentation de nepueux ou niepces faicte sur un traicté de mariage ou par dispositions pour venir représenter les chef et corps de père ou mère terminez, en la succession et hoirie des biens héréditaires gisants esdites Seigneuries et en mouuants n'a lieu, ne soit que lesdits traicté ou dispositions soiet passées ou recogneues par deuant Iustice, fors que pour biens meubles.

xviij. Pere et mère ne sont héritiers des héritages délaissez par leurs enfans terminez sans hoirs légitime, ainsi ceux héritages succèdent aux frères excluans les femelles, et à faute de frère aux sœurs, par égalle portion ne soit par disposition faicte et passée ou recogneue comme dessus, et sont les dits père et mère héritiers mobiliaires de leurs enfants.

xix. Pour plaincte et saisine faicte sur aucuns héritages, biens meubles ou deniers, n'est requis que les deuoirs de signification soient faicts à la personne dont les dits biens appartiennent en dedens sept jours et sept nuits, ains suffit certain temps après, sans y auoir limitation.

xx. L'on ne peut commettre gardes et maneurs aux biens d'vn manant des dites Seigneuries estans héritiers des lieux, ne soit par le rendre insoluent ou du mvins latitant. Et audit cas, peut commettre gardes et maneurs, ou faire séquestrer le bien en lieu saulf.

xxj. Pour vn arrêté au corps est réquis que celuy ayant faict faire le dict arrest, obtiennent en deux tiers de sa demande, à péril de décheoir de l'instance, et estre condamné es despens d'icelle.

xxij. Pour vne donation de somme, de deniers ou biens mouuables faicte par testament ou autrement, de dernière volonté, est réquis qu'icelle soit passée ou recogneuë par deuant iustice, ne soit que la dite somme ou meubles soient déliurez au donataire auparauant le trespas du donateur aduenu, ou austrement la dite donation n'a lieu.

N° 4.

Vente par Henri IV à Duchatel en 1603.

HENRY, PAR LA GRACE DE DIEU, ROY DE FRANCE ET DE NAVARE, Seigneur souverain de Haubourdin et Emmerin et Châtelain de Lille en Flandres : A tous ceux qui ces présentes Lettres verront, Salut : Comme nous ayant cy-devant et dès le quatorzième de may dernier, Expédié nôtre commission à nos Amez et Feaux Mes. Auguste Gallant, nôtre Consseiller en nos

Conseils d'Estat et Privé de Nôtre Maison et Couronne de Navare et Ancien Domaine, et Abraham Boulleau, aussi nôtre Consseiller Secrétaire des Finances de Nôtre Maison, et l'un d'eux en absence, maladie ou empêchement légitime de l'autre pour vendre toutes et chacunes les Terres et Seigneuries à nous appartenantes, sizes ès Pays-Bas de Flandres, et soit ainsi qu'en vertu de nôtre commission, ledit de Boulleau eut pour et en Nôtre nom et sur Nôtre bon plaisir, vendu à noble Antoine du Castel, Sr. de Cavrines, au Nom et comme Procureur de Nicolas du Chastel, chevalier, Seigneur de la Hovardrie, Aix en Pévèle, son Père, les Terres et Seigneuries, Franchises et Souveraineté de Haubourdin et Emmerin, enclavées en la Chatelenie de Lille, Pays de Flandres, appartenances et dépendances avec le Domaine et tous droits généralement quelconques à Nous appartenans à cause des dites Seigneuries, ainsi que Nous en avons cy-devant et par nos Receveurs et Fermiers bien et dûëment jouy et jouissons encore à présent, fors le Fief Deffremaux qui a été n'aguères vendu au sieur de le Walle pour la somme de dix-huit cents florins, par Contract fait et passé pardevant Cuvillon, Notaire à Lille, le quatrième Février aussi dernier, la dite vente faite moyennant la somme de trente-six mille florins Carolus de vingt patars pièce y compris le sol pour livre d'icelle, sur ce déduits les dits dix huits cents florins pour la dite vente du fief Deffremaux, et ce aux charges, clauses, conditions et réservations portées par le Contract, qui en a été pour ce fait et passé par devant le dit Cuvillon, notaire, résident audit Lille, le vingt-huitième jour de May dernier, Sçavoir Faisons que de l'advis de Nôtre Conseil privé de Nôtre Maison de Navare et ancien Domaine, qui a vû ledit Contract cy-attaché sous le contre-Seel de Nôtre Chancellerie. Nous avons icy loué, ratifié et approuvé, louons, ratifions et approuvons par ces présentes, suivant et conformément auquel contract voulons et nous plaît que ledit Sr. de Cavrines au dit nom, ses successeurs ou ayans cause soient mis en pleine possession et joüissance desdites Terres, Seigneuries et Souveraineté de Haubourdin et Emmerin, appartenances et dépendances d'icelles, sans qu'il leur soit fait, mis et donné aucun trouble ni empêchement.

Mandons à tous nos justiciers et Officiers, qu'il appartiendra qu'en ce qui dépend de l'accomplissement du dit Contract, ils ayent à tenir la main et leur donner Conseil, confort et aide si besoin est, et requis en sont, CAR TEL EST NOTRE PLAISIR, nonobstant qu'à cause de l'absence du Sr. du Plessis, sur-Intendant Général de Notre Maison et Finances de Navarre et ancien Domaine, ces présentes Lettres ne soient visées, lesquels néanmoins voulons être de pareille force et valeur que si elles étaient visées ; dérogeant à tous Réglements, Ordonnances et autres Lettres à ce contraires, pour cette fois seulement, et sans tirer à conséquence; en témoin de quoy, Nous avons à cesdites présentes signées de nôtre main, fait mettre et apposer nostre Seel.

Donné à Paris le dix-septième jour de Juin mil six cens trois. Ainsi signé HENRI, et sur le replis estoit écrit, PAR LE ROY, SEIGNEUR SOUVERAIN, et Signé de Lomenye, et si estoit à côté ces mots, registré et seellé d'un seel de cire vermeille sur double queuë pendant en parchemin, et si estoient attachées lesdites Lettres avec le Contract et autres pièçs cy devant avec un petit seel de Navarre de cire vermeille avec un cordon de parchemin.

N° 5.

Érection en vicomté des terres et seigneuries de Haubourdin et Emmerin (1).

ALBERT ET ISABELLE CLARA EUGENIA PAR LA GRACE DE DIEU ARCHIDUCS D'AUTRICE, DUCS DE BOURGOGNE, etc. A tous ceux qui ces présentes verront : SALUT : comme cy-devant ayant été müe Difficulté entre les Officiers de feu très-haute mémoire le Roy Philippe II. de ce nom nôtre très honoré Seigneur et Père, que Dieu absolve, et les Sis. de la maison de Luxembourg et de Vendosme, comme Seigneurs de Haubourdin et Emmerin, à cause de la souveraineté, juridiction et Ressort desdites Seigneuries, ensemble sur le fait de la contribution des Aydes; et que depuis quelque tems ença icelles ont été venduës par le Roy très-Chrétien heritier desdites maisons à Nostre Amé et Feal Nicolas du Chastel Seigneur de la Hovardrie, lequel ayant fait proposer quelques offres pour vuider et mettre fin à la susdite Difficulté, ont été tenuës aucune conférence entre ceux qui de Nostre Part en ont eu la charge, et le Sr. de Cavrines fils dudit Seigneur de la Hovardrie ayant de ce pouvoir tant d'iceluy, que des Manans et Habitants desdits lieux dont et des points sur ce conclus, Nous ayant été fait relation particulière, SAVOIR FAISONS, qu'ayant les dites déclarations desdits Seigneurs de la Hovardrie et Manans de Haubourdin et Emmerin pour agréables et désirant les traiter favorablement, avons érigé et érigeons par ces présentes ladite Seigneurie de Haubourdin et Emmerin en un fief noble avec titre et Préminence de Vicomté, à tenir et relever de Nous et nos successeurs, Comte et Comtesse

(1) Extrait du registre aux chartes, étant en la Chambre des comptes à Lille.

d'Hainaut, en toute justice haute, moienne et basse, comme elle a été exercée du passé, à dix livres parisis de Relief par changement d'héritier, et cinquième denier à la vente, et transport; sauf, si donation se faisait à Personne descendante en ligne directe, tant et si longuement que la dite Terre, Seigneurie et Vicomté demeurer à la ligne masculine et famille dudit de la Hovardrie; sans préjudice, toutefois, ou innovation, à la nature ou qualité des Arrières-Fiefs et main-fermes dudit Haubourdin et Emmerin, ny des coustumes locales desdits lieux, selon lesquelles lesdits fiefs et main-fermes se règleront, estant néanmoins nostre intention que nonobstant le susdit Relief, feauté et hommage, la dite Terre Seigneurie et Vicomté d'Haubourdin et Emmerin, ne soit sujette à la Justice de nostre Pays d'Haynaut, ains aura ressort en Nostre grand Conseil séant à Malines immédiatement, vers lequel nostre grand Conseil, se pourront adresser par appel, ceux qui voudront prétendre estre grévéz par le Jugement des hommes de Fiefs et gens de Loy desdits Lieux : Voulons et entendons qu'au surplus ledit Sr. de la Hovardrie ses Hoirs ou ayant cause jouiront de tous autres droits, franchises et Libertez, Prerogatives et Autorités, dont on jouy leurs prédécesseurs de Luxembourg et Vendosme, sauf et Réservé à nous les Souveraineté, Feauté, Hommage, Relief et ressort que dessus : Si avons accordé et accordons par ces présentes, que lesdits Manans et Habitants desdits Lieux ne seront comprins ne cottisez ès Aydes ordinaires ou extraordinaires des autres Provinces voisines, soit de nostre dit Pays d'Haynaut Comté de Flandre ou Chatelenie de Lille, Douay et Orchies ny chargez des Gens de Guerre, par envoys des Gouverneurs desdites Provinces, sors la nécessité le requérant, par ordre particulier émané et signé de nous, adressant audit Sr. d'Haubourdin, ou à son bailly en son absence, pourquoy, lors, et toutes et quantes fois que les dites Provinces voisines Nous ferons quelques aides ou à nos successeurs, lesdits Manants et inhabitants passeront en payant à nostre profit, et de nos successeurs en rédemption desdites Aydes, la somme de sept cens livres du prix de quarante gros nostre Monnoye de Flandre la livre par an, ès mains de nostre Receveur de nos Domaines audit Lille, qui sera tenu d'en répondre avec les autres deniers de son entremise; et seront lesdits d'Haubourdin tenus faire présenter ces mêmes Originelles tant au Conseil desdits de Nos finances, que de Nostre Chambre des comptes à Lille, pour y estre respectivement enregistrées, vérifiées et enterinées à la conservation de nos droits et Autorité, là et ainsi qu'il appartiendra : si Donnons en Mandement à Nos très chers et féaux les Chefs, Présidens et Gens de nos Privé et grand Consaux, grand Bailly d'Haynaut et Gens de nostre Conseil à Mons, Gouverneurs de Lille, Douay et Orchies, Chef Trésorier Général et commis de nos domaines et Finances, Présidens et Gens de nos Comptes à Lille, et à tous nos Justiciers, Officiers et Sujets qui se regardera, que cette nostre présente Grâce, Erection, Déclaration et Accord, aux charges, Conditions et réservations, selon et en la forme et manière que dit est, ils fassent, souffrent, et laissent les dits Seigneurs de la Hovardrie, ses Hoirs, successeurs, ou ayans cause, pleinement et paisiblement jouir et user sans leur faire, mettre, ou donner, ni souffrir estre fait, mis, ou donné aucun trouble, Destourbier, ou Empêchement au contraire, CAR AINSI NOUS PLAIT-IL : en témoin de ce Nous avons fait mettre Nostre Scel à ces Présentes. Donné en Nostre ville de Bruxelles le troisieme jour d'Octobre mil six cens cinq. RICH. V.

Sur le reply était écrit PAR LES ARCHIDUCS, Et signé VERREYCKEN, sur le dos estoit écrit les Chief Trésorier Général et commis des Domaines et Finances des Archiducs, consentent et accordent en tant qu'en eux est, que le contenu au blanc de Cette, soit furny et accomply tout ainsi et en la même forme et manière que leurs Altèzes le veüille et mandent être fait par iceluy blanc.

Fait à Bruxelles au bureau desdites Finances, sous les seings manuels desdits Chief Trésorier Général et Commis le 14 d'Octobre 1605, et signé N. DE MONTMORENCY, DE DRENEWAAIT et P. STERCKE.

N° 6.

Notice nécrologique de M. Derbigny.

—

Bien peu d'hommes suivent une carrière parfaitement conforme à leurs goûts, à leurs penchants. Presque tous, au contraire, entraînés par des influences étrangères ou par une nécessité impérieuse, sont en quelque sorte contraints de marcher dans une voie différente de celle où ils semblaient appelés. Celui dont nous allons nous occuper eut le rare bonheur de pouvoir se livrer pendant presque toute sa vie à des occupations littéraires qui faisaient ses délices. Il ne fut cependant pas à l'abri des déceptions qui assaillent généralement les hommes de cœur. Peut-être a-t-on pu lui reprocher justement d'avoir dédaigné ou rejeté quelquefois de sages et d'utiles conseils, d'avoir trop compté sur ses propres forces, d'avoir trop souvent voulu marcher seul. Malheureusement, cette tendance de son caractère ne fit que s'accroître avec les années, et, dans les derniers temps de son existence, son désir d'isolement l'avait entraîné à rompre les liens les plus chers. Replié sur lui-même, il en était arrivé à se laisser dominer par une exaltation misanthropique qui le priva de beaucoup de soins et de consolations.

M. Pierre-François-Xavier Bourguignon Derbigny naquit à Laon (Aisne) le 4 décembre 1772, d'une famille depuis longtemps établie et honorée dans le pays. Son frère aîné, Pierre Derbigny, partit pour l'Amérique à l'époque de l'émigration, parcourut, à la Nouvelle-Orléans, une brillante carrière, fut successivement avocat, membre du Conseil suprême de justice et président de l'État de la Louisiane. C'est dans ce poste élevé, où l'avaient appelé ses talents, qu'il mourut entouré de l'estime et de l'affection de ses concitoyens, au moment où il pouvait se promettre de plus hautes destinées.

M. Bourguignon Derbigny fut dirigé par son père dans l'étude des belles-lettres, et, servi par une intelligence facile et par une mémoire heureuse, il fit de bonne heure de rapides progrès. Le marquis de Condorcet portait un grand attachement à sa famille, et cet académicien, qui avait reconnu le mérite du jeune Derbigny et lui avait voué une bienveillance toute particulière, se chargea de le produire, et le fit nommer secrétaire du Comité d'instruction publique.

Introduit dans le monde politique par des hommes qui poussaient jusqu'à l'exagération les idées révolutionnaires, et quoiqu'il eût de fréquentes occasions de se trouver en contact avec les chefs du parti démagogique, M. Derbigny découvrit bientôt les funestes conséquences de leurs doctrines et ne tarda pas à faire scission avec eux.

M. Derbigny avait, à cette époque, l'habitude de consigner chaque jour, par écrit, les événements qui se passaient sous ses yeux, ainsi que les réflexions qu'ils faisaient naître dans son esprit. Ce journal curieux renfermait de vives peintures faites en face des modèles et saisissantes de réalité. Malheureusement pour l'histoire contemporaine, l'auteur de ces précieux matériaux se décida à les sacrifier, pendant la Terreur, au moment des visites domiciliaires, craignant que les hommes dont il osait condamner les excès ne trouvassent dans ces notes intimes de nombreux titres de proscription. Depuis, M. Derbigny regretta vivement la perte de ces documents qui l'eussent mis à même d'écrire une histoire de la Révolution, dans laquelle il eût allié l'énergie du style à l'élévation de la pensée.

M. Derbigny s'empressa de donner sa démission lors de la mort du Roi-martyr, et rompit sans retour tous les liens qui l'attachaient au monstrueux pouvoir qui pesait sur la France. Fuyant le spectacle sanglant qui fatiguait sans cesse ses regards, attristés, il quitta la capitale et alla se réfugier à Haubourdin, dans le département du Nord, chez d'anciens amis de sa famille. Au sein de la retraite, il se livra exclusivement aux lettres, et s'appliqua surtout à étudier les auteurs anciens. Tacite était son maître le plus chéri, et il traduisit ce vigoureux écrivain avec tant d'énergie et de concision, qu'il parvint à le rendre presque mot pour mot. Ces études furent loin d'être inutiles pour M. Derbigny. On retrouve la trace et les fruits de ces persévérants travaux dans tous les écrits qui sortirent tour-à-tour de sa plume, et qu'il publia par la suite.

A cette triste époque, le Gouvernement, on le sait, était peu srupuleux. Sans respect pour le droit des gens, on arrêta, comme émigrés, MM. de Choiseul, de Vibray et de Montmorency, qui, embarqués sur un vaisseau neutre se rendant aux Indes, avaient été jetés par un horrible tempête sur les côtes de Calais. Les trois naufragés furent traduits devant une commission militaire. Transférés dans les prisons de Lille, ces malheureuses victimes eurent le bonheur de trouver un chaud défenseur dans M. Derbigny, qui habitait les environs de la ville. Ému par ces hautes infortunes, il se consacra tout entier au soulagement des nobles prisonniers, et poursuivit sans relâche l'œuvre difficile de leur délivrance.

M. de Choiseul et ses deux illustres compagnons ne furent rendus à la liberté qu'à l'avènement du premier consul Bonaparte. Depuis ce moment, ils restèrent tous trois jusqu'à leur mort les amis intimes de M. Derbigny, à qui, comme dernier témoignage de cette amitié, M. le duc de Choiseul confia, par son testament, l'examen des documents précieux émanant de son oncle, ministre du roi Louis XV, ainsi que celui de mémoires secrets sur les derniers règnes et sur la Révolution française. La mauvaise santé de M. Derbigny, non moins que d'autres fâcheuses préoccupations, l'empêchèrent malheureusement de remplir cette tâche honorable. Nous lisons dans les **Mémoires de M. le duc de Choiseul** :

« M. Dufaux, pendant tout le temps de nos malheurs, voua
» son existence à la nôtre, devint notre égide et brava pour
» nous tous les dégoûts et tous les dangers. Un jeune Anglo-
» Américain, M. Eden, s'associa à ses sentiments. Ils s'unirent
» depuis, à Lille, à M. Derbigny, modèle de tous les senti-
» ments les plus purs et les plus élevés.

» M. Derbigny avait consacré sa vie entière à la cause royale,
» et avait rempli pour elle des missions périlleuses. »

Autant ennemi du despotisme que de l'anarchie, M. Derbigny ne partageait pas, à l'égard de Napoléon, les sympathies générales. Il ne quitta guère sa solitaire retraite d'Haubourdin pendant la durée de l'Empire, dont il considérait la chute comme inévitable. Cette manière de voir amena naturellement des relations entre lui et les hommes qui, comme Royer-Collard, aspiraient à un autre ordre de choses, et il entretint pendant longtemps une correspondance suivie avec ce profond penseur.

Pendant les Cent-Jours, M. Derbigny faillit périr victime du même dévouement qui coûta la vie, devant Condé, au brave colonel Gordon. Il fut chargé de négocier, au nom du roi Louis XVIII, la reddition de la place de Lille, et il s'acquitta avec sangfroid et courage de cette périlleuse mission.

Après le retour des Bourbons, M. Royer-Collard, qui avait pris le portefeuille de l'instruction publique, appela M. Derbigny, le 4 mai 1816, au rectorat de l'Académie de Grenoble, et le 27 mars de l'année suivante, il lui confia le rectorat de l'Académie de Rouen.

La promesse d'être bientôt promu au grade élevé d'inspecteur général des études, avait été faite à M. Derbigny. Le plus brillant avenir s'ouvrait donc devant lui, lorsque tout-à-coup, sacrifiant les avantages solides attachés à sa nouvelle existence, il crut devoir donner sa démission.

Il avait alors composé trois tragédies : **Hécube et Polyxène,**

Absalon, les Parthes. Il se décida à faire représenter la première, qui fut admise à l'unanimité par la commission du Théâtre-Français. La mise en scène de cette pièce fut complètement négligée, et elle échoua à la première représentation. L'auteur refusa de céder aux conseils d'amis éclairés qui l'engageaient à tenter une nouvelle épreuve. Plus tard, en **1819**, **Hécube et Polyxène** fut imprimée. On y reconnut alors la touche d'un digne émule de nos grands poëtes tragiques, et l'on ne douta plus du succès qui aurait couronné cette œuvre à une seconde représentation.

Rentré de nouveau dans la vie privée, M. Derbigny se livra à ses études de prédilection avec plus d'ardeur que jamais, et il s'occupa de la traduction de plusieurs auteurs grecs, entre autres des fragments de Phocylidès. Rien de ses travaux dans ce genre n'a été publié, et cependant il conserva un tel goût pour le grec, que, jusqu'au terme de son existence, il ne laissa jamais écouler un seul jour sans relire quelques morceaux écrits dans cette magnifique langue.

Le 1" août 1820, sous le ministère du duc de Richelieu, dont M. Derbigny partageait entièrement les vues politiques, il fut nommé censeur à Lille, puis, le 30 septembre suivant, il fut investi des fonctions de secrétaire-général de la préfecture du Nord. Il préféra ces dernières et modestes fonctions à un poste plus important qui l'eût éloigné du département où il était fixé depuis plus de trente ans et où il était dignement apprécié.

Lorsque M. de Villèle fut nommé président du conseil des ministres, M. de Rémusat, préfet du Nord, ayant été remplacé, M. Derbigny, alors censeur, refusa de laisser passer un article de journal qui applaudissait, en termes inconvenants, à la destitution de cet administrateur. Travestie en acte d'opposition, cette honorable démarche valut à **M.** Derbigny une destitution imméritée dont auraient dû le préserver ses services et son ancien dévouement à la royauté.

Une si injuste disgrâce jeta M. Derbigny dans les rangs de cette opposition qui renfermait les hommes politiques les plus distingués du moment : le général Foy, MM. Molé, de Barante, etc.

Le début de M. Derbigny fut un coup de maître. Il publia la **Revue politique de l'Europe en 1825**, ouvrage le plus remarquable peut-être qui soit sorti de sa plume, et qui produisit une grande sensation. Imprimée sous le voile de l'anonyme, cette œuvre fut attribuée tour-à-tour par le public à plusieurs des hommes les plus éminents de l'opinion libérale, et entre autres au baron Bignon. « Nous balbutions la politique, vous seul en savez parler, » écrivait le général Foy à M. Derbigny avec lequel il était lié; et il se félicitait sincèrement de connaître l'auteur de la brochure à la mode.

M. Derbigny fit paraître l'année suivante la **Revue politique de la France en 1826**, écrit qui n'eut pas le même succès que le précédent; il avait déjà donné **les Nouvelles Lettres provinciales**, ouvrage d'un style élégant, mais pamphlet virulent qui provoqua les poursuites du ministère public. Ne nous en étonnons pas. M. Derbigny avait avancé à si grands pas dans les voies de l'opposition, que ses tendances n'allaient à rien moins qu'à protestantiser la France et à changer sa dynastie. Condamné à trois mois de prison, il se résolut volontairement à endurer l'exil plutôt que de subir cette captivité.

Il alla demander un asile à la Belgique. Le choix que faisait M. Derbigny était dicté par l'admiration profonde qu'il professait pour le souverain de ce pays et la sagesse héréditaire de la maison de Nassau. Il fut accueilli par le roi Guillaume de la manière la plus bienveillante, la plus distinguée. Les sentiments que M. Derbigny avait pour ce prince, avant la connaissance intime qu'il fit de sa personne, ne purent que grandir et se fortifier par suite de fréquentes et honorables relations, qui lui inspirèrent pour le roi et sa famille un dévouement auquel seule la mort put mettre un terme.

Le **Traité politique de l'Éducation publique** que M. Derbigny publia en 1830 avait été adressé par lui au souverain des Pays-Bas. Il avait écrit précédemment, pendant son exil, son livre **Des Destinées futures de l'Europe,** qui parut à Bruxelles en 1828. L'auteur y prophétisait les événements de la révolution de 1830.

« Un prince français contemporain, disait-il, a donné à ses fils
» une éducation généreuse et nationale; c'est un grand trait
» de prince, action profonde qui, dans le péril d'une famille
» royale, empêcherait peut-être d'y envelopper tous ses mem-
» bres. »

Le talent de M Derbigny s'offrit sous un jour tout nouveau dans **Paris port de mer**, brochures imprimées en 1826 et 1828, où il traite avec ampleur les questions industrielles et commerciales, et cherche à démontrer la possibilité de rendre Paris l'émule de Londres, en permettant à toutes les contrées du monde d'apporter directement leurs produits dans le sein de la capitale de la France. C'est à lui que revient la gloire d'avoir conçu cette grande et féconde pensée que l'avenir réalisera probablement un jour.

M. Derbigny, fit imprimer en 1829 un volume de **Fables,** ouvrage de sa jeunesse. Quoique l'on retrouve dans ces productions, remarquables par une exquise finesse d'aperçus philosophiques et politiques, une rare pureté de style et une grande vigueur, on peut leur reprocher peut-être à bon droit de manquer du naturel et surtout de la gaîté qui doivent être le mérite distinctif de ces sortes d'élucubrations poétiques.

Rendu à sa patrie par la révolution de 1830, M. Derbigny refusa d'accepter les fonctions les plus élevées, afin de ne pas paraître adopter les vues d'une politique hostile au roi des Pays-Bas, son bienfaiteur. Considérant cette politique comme contraire aux vrais intérêts de la France, il persista dans une ligne d'opposition fortement tranchée, et il publia successivement sa **Lettre au roi Léopold,** en 1831 ; **Discours au roi de France,** en 1832, sous ce titre : **De l'Etat moral et politique de l'Europe en**

1832; Etudes politiques et historiques, en 1836 ; et enfin, **Du Déclin de la France et de l'égarement de sa politique,** en décembre 1842.

Dans ses derniers ouvrages, M. Derbigny laisse voir combien l'affecte péniblement la décadence qu'il croit apercevoir dans la politique du pays, tant à l'intérieur qu'à l'extérieur. « Le plus
» grand malheur d'un État, dit-il dans les **Études politiques**
» **et historiques,** est de tomber dans la main des légistes qui
» prennent la connaissance des lois pour la science du gouver-
» nement, et qui s'imaginent que dans les plis de leur robe, il
» y a de l'étoffe de grands ministres ; il n'en est pas ainsi. Il en
» est des grands ministres comme des héros, et comme de tout
» ce qui porte le caractère de la grandeur ; la nature les crée ;
» le savoir les forme ; si l'éducation ou l'étude les produisait, il
» y aurait autant de grands ministres qu'il y a d'habiles juris-
» consultes, et l'on ne reprocherait point à la France de n'en
» avoir pas eu un par siècle. »

« C'est justement, dit M. Derbigny dans sa brochure **Du Déclin**
» **de la France,** que, dans le dernier siècle, on a fait ce reproche
» aux Français de n'appliquer leur ardeur qu'à des guerres
» d'ambition, et de ne prodiguer leurs trésors et leurs soldats
» que pour quelques remparts et quelques citadelles de plus.
» Détournant leurs regards des vastes intérêts qui les attendent
» dans de plus utiles et de plus hautes entreprises, la conquête
» d'une rivière leur fait perdre de vue toute leur gloire mari-
» time. Le Rhin leur fait oublier l'Océan, n'observant pas même
» que la maîtresse de l'Océan porte aussi ses ordres sur le
» fleuve. »

Les œuvres de M. Derbigny doivent être étudiées par les hommes soucieux d'atteindre les plus hautes élévations de la science politique. Aucun surtout n'est plus digne de leur attention que son avant-dernière publication, parue sous le titre d'**Études politiques et historiques.** Dans ce livre, l'auteur a déposé le plus complet, le plus fécond résumé de ses vastes travaux. Il

trace d'abord, à grands traits, le tableau du monde à l'époque du renversement de l'Empire romain et établit la part qu'ont eue, suivant lui, la philosophie antique et la religion chrétienne dans l'enfantement de la civilisation moderne; puis il explique les commencements et les progrès de la science politique dont la mission est de « trouver le secret d'arrêter les victoires, de ré-
» parer les défaites, d'augmenter la force des faibles, d'affaiblir
» celle des puissants, de donner des règles à la guerre, des ga-
» ranties à la paix, et de créer un équilibre entre toutes les
» forces rivales. » Il développe ensuite de hautes considérations sur le rôle fondamental qui appartient, dans la politique des peuples, à leur situation géographique. Il signale les places fortes « comme des barrières autrement puissantes que des mon-
» tagnes qu'on peut toujours franchir ou des fleuves qu'on peut
» toujours traverser. » Et quand il parle des conditions d'étendue, il s'exprime ainsi : « Une république qui étend trop ses limites,
» marche à la monarchie; une monarchie qui étend trop les
» siennes court au despotisme. A mesure que les rouages se
» multiplient, le mouvement doit se simplifier. Si la circonfé-
» rence s'élargit, l'action du centre doit se resserrer. Rien ne
» peut changer l'ordre qui sort des nécessités. Aux grands em-
» pires, un grand moteur : c'est la même loi qui régit le monde. »

Il nous serait impossible d'analyser, dans cette courte notice, toutes les vues de M. Derbigny sur les plus hautes matières de gouvernement et d'administration; de le suivre dans l'examen auquel il se livre au sujet de la centralisation administrative; dans les éloquentes distinctions qu'il établit entre la science du jurisconsulte et celle de l'homme d'État.

M. Derbigny était entièrement monarchique; c'est ce que l'on reconnaît quand on se pénètre de la substance de ses œuvres. Il regarde la royauté comme « l'institution politique la plus nerveuse, » et il attribue à la royauté l'action la plus profonde et la plus bienfaisante sur les sociétés politiques. Bien loin d'appartenir à l'école démocratique, il caractérise en ces termes la

souveraineté du peuple dans son dernier écrit **Du Déclin de la France** : « La souveraineté du peuple est un mot sonore qui
» frappe plus aisément l'esprit qu'il n'arrive à l'intelligence. Il
» exprime la toute puissance nationale résidant dans la pluralité
» des suffrages. Mais il ne serait pas prudent de le soumettre
» à un calcul mathématique ni à un examen philosophique, car
» l'on pourrait ne trouver que des majorités numériques où l'on
» croit rencontrer des majorités intelligentes. » Il veut que la politique s'appuie constamment sur la loi morale, et il exprime magnifiquement cette noble pensée quand il s'écrie : « Il est
» donc vrai que la justice, comme une divinité, est présente
» chez tous les peuples. Elle seule est triomphante, elle seule
» est éternelle. Les empires périssent, les dynasties s'éteignent,
» les renommées se perdent, les événements s'effacent ; il y a
» une sépulture dans le temps comme dans la terre ; tout s'y
» abime : la loi seule du juste et de l'injuste survit à toutes les
» extinctions. »

En lisant les **Études politiques**, on se prend à regretter que la plupart des ouvrages de l'auteur aient été écrits sous l'impression des circonstances et des événements dont il était le témoin, ce qui vraisemblablement leur enlèvera une partie de leur intérêt aux yeux de la postérité. Par l'étendue et la variété de ses connaissances, la grandeur et la hauteur de ses conceptions, l'abondance de ses pensées, l'énergie et la pureté de son style, M. Derbigny aurait eu sa place marquée parmi les premiers écrivains du siècle, s'il avait plus souvent exercé son rare talent sur des sujets de tous les temps et de tous les lieux.

M. Derbigny entretenait de nombreuses correspondances, et les lettres qu'il écrivait à ses amis sont des modèles de délicatesse et de goût. Outre les ouvrages politiques qu'il a publiés, il a consacré quelques-uns de ses loisirs à la polémique quotidienne, et, vers la fin de sa vie, il fut pendant plusieurs années l'un des rédacteurs du **Messager de Gand**. Il donna également quelques articles aux journaux de Lille.

Telle fut la vie de M. Derbigny. — Né avec de hautes facultés, il vivait plus par les satisfactions de l'esprit que par celles du cœur. Il avait étudié les choses plutôt dans le silence du cabinet que dans les agitations de la vie pratique ; son coup d'œil était profond, mais ses allures incertaines décelaient même souvent l'inhabilité. Aussi était-il plutôt en état de raconter le passé et de prévoir l'avenir des sociétés politiques que de saisir le gouvernail des affaires contemporaines.

Il avait puisé le secret d'une exquise politesse dans les salons d'un monde d'élite, et il conservait cette politesse dans le commerce ordinaire de la vie. Se plaisant dans la fréquentation des hommes supérieurs à lui par leur naissance, ou leur position, et même dans celle de personnes d'un mérite de beaucoup inférieur au sien, il recherchait cependant l'entretien des villageois et savait se faire aimer d'eux.

M. Derbigny est mort à Loos, le 13 mars 1846, après une très courte maladie, à l'âge de soixante-treize ans.

En mémoire des sentiments de reconnaissante affection que son auguste père avait portés à M. Derbigny, le roi régnant de Hollande, S. M. Guillaume III, l'avait créé conseiller de légation et membre de l'Ordre du Lion néerlandais, par ordonnance royale du 8 octobre 1842.

M. Derbigny avait épousé, le 4 octobre 1825, à Paris, Mme Aglaé-Lasthénie Leclerc de Landremont. Des souvenirs qui dataient de l'époque où les naufragés de Calais se trouvaient dans les prisons de Lille avaient contribué à cette union, qui fut malheureusement de très courte durée. Mme de Landremont, petite-fille du général dont le nom est honorablement cité dans les mémoires du duc de Choiseul, mourut neuf mois après son mariage, dont les témoins avaient été le duc de Choiseul, pair de France, le général Foy, membre de la chambre des députés, le baron de Barante, pair de France, et M. Cordier, directeur des domaines.

E. SAINT-MAURICE CABANY,

CORRECTIONS D'AUTEUR.

Pages 44 et 45, dernier paragraphe, lire ainsi cet alinéa : La célébrité du comte de Saint-Pol.

Page 68, dernier paragraphe, *lisez :* Les abus cessèrent, etc.

Page 94, ligne 13, au lieu de : Qu'il fût, etc., *lisez :* Qu'il ne fût, etc.

Page 116, ligne 5, au lieu de : Se réunirent avec, *lisez :* Se réunirent à.

Page 146, ligne 2, au lieu : Il blessât ou tuât, *lisez :* Il ne blessât ou ne tuât, etc.

Page 227, à la note, au lieu de : A l'époque de sa mort (1560), *lisez :* Peu après son abdication (1555), etc.

TABLE DES MATIÈRES.

	Pag.
Introduction	1
Lettre dédicatoire	7
Haubourdin; son avenir	11

CHAPITRE 1".
Coup d'œil rétrospectif sur notre pays ; origine d'Haubourdin ; la Motte	19
Châtellenie; châtelain, origine de ce nom, ses pouvoirs, etc.; les CATTELAINES	24
Table chronologique pour notre pays depuis l'ère chrétienne jusqu'à nos jours	26
Seigneurs d'Haubourdin	29
Généalogie des seigneurs d'Haubourdin depuis 1603 jusqu'à nos jours	53

CHAPITRE II.
Faits chronologiques depuis l'an 1200 jusqu'à nos jours	57
Coutumes d'Haubourdin et Emmerin	70

CHAPITRE III.
La fontaine de la rue de l'Étang	181
Marais; leur origine, leur dessèchement	183
Château de Beaupré — L'avocat Dinet, MM. Derbigny	190
Église	194
Curés et vicaires d'Haubourdin	209
Hospice d'Haubourdin; sa fondation, son état actuel; la ferme de Bocqniau	Id.
Bienfaiteurs de l'hospice	212

CHAPITRE IV.
Bière, vin	219
Octroi	223

	Pag.
Police	227
Échevins, mayeurs	231
Intendance; mairie	234
Secrétaires, greffiers	236
Sergents et gardes-champêtres	Id.

CHAPITRE V.

Rues, chemins, sentiers d'Haubourdin	241
Places	243
Manufactures; usines	Id.
Professions diverses	244
Population, nombre d'indigents	245
Instruction publique	248
Pensionnat de demoiselles	249
Asile, école	252
École de garçons	253
Pensionnat et noviciat de Beaucamps	254
Service médical	256
Maladies	257
Plaine d'Haubourdin; moulins à vent; valeur des terres; prix de la journée de travail	259
Agriculture	262
Produits divers	264
Valeurs et rendements divers	265
Contributions directes	Id.
Budget d'Haubourdin	268
Administration des contributions indirectes	273

CHAPITRE VI.

Justice de paix	277
Notariat	279
Bureau de l'enregistrement et des domaines	281
Corps des sapeurs-pompiers	282
Garde nationale	289
Médaillés de Sainte-Hélène	293
Actions généreuses	294
Sociétés et corporations	296
Société de musique	297
Concours de musique et fêtes musicales	300

	Pag.
Société du Cercle	301
— de saint Simon	302
— de secours mutuels	303
— de saint Vincent de Paule	305
— de saint Joseph	306
— de saint Louis de Gonzague	Id.
Réunions	307
Sociétés à l'arc	Id.
Sociétés à l'arbalète	310
Société chorale	313

CHAPITRE VII.

Abbaye de Loos	317
Noms des abbés de Notre-Dame de Loos depuis sa fondation jusqu'en 1792	323
Notre-Dame de Loos, dite Notre-Dame de Grâce ; pélerinage, son origine	325

ANNEXES.

N° 1. — Percement du canal par Jean III, en 1271	339
N° 2. — Acte de fondation de l'hôpital d'Haubourdin	340
N° 3. — Coutumes d'Haubourdin et d'Emmerin	345
N° 4. — Vente par Henri IV à Duchatel en 1603	349
N° 5. — Érection en vicomté des terres et seigneuries d'Haubourdin et d'Emmerin	352
N° 6. — Notice nécrologique de M. Derbigny	355
Corrections d'auteur	357
Table des matières	369

AVIS AU RELIEUR

POUR LE PLACEMENT DES GRAVURES.

Plan d'Haubourdin.	12
La Motte.	19
Armes des seigneurs d'Haubourdin.	29
Tombeau de Jean de Luxembourg	43
Vue du jardin de Madame Torck en 1855.	168
Château de M. Dhespel en 1858	172
Château de M. Menche en 1858.	175
Château de Beaupré	190
Portrait d'un Haubourdinois.	303
Portique de l'abbaye de Loos.	324

www.ingramcontent.com/pod-product-compliance
Lightning Source LLC
Chambersburg PA
CBHW052045230426
43671CB00011B/1793